《欧洲模式研究丛书》编委会

总主编 周 弘

编委会成员（按姓氏笔画排列）

马胜利　邝 杨　刘 绯

沈燕南　周 弘　罗红波

祝得彬　贝娅特·科勒-科赫

程卫东　裘元伦

欧洲模式研究丛书·周弘/总主编

欧洲模式研究丛书·周弘 / 总主编

EU GOVERNANCE
MODEL

欧盟治理模式

周 弘 〔德〕贝娅特·科勒—科赫 / 主编

社会科学文献出版社
SOCIAL SCIENCES ACADEMIC PRESS (CHINA)

图书在版编目（CIP）数据

欧盟治理模式/周弘等主编． -北京：社会科学文献出版社，2008.7
（欧洲模式研究丛书）
ISBN 978-7-5097-0236-9

Ⅰ.欧… Ⅱ.周… Ⅲ.欧洲联盟-行政管理-研究
Ⅳ.D750.31

中国版本图书馆 CIP 数据核字（2008）第 085913 号

《欧洲模式研究丛书》总序

一 我们为什么要研究"欧洲模式"？

对于欧洲人来说，也许不存在着什么"欧洲模式"，因为在欧洲，每个民族都有它独特的文化底蕴和生活方式。它们虽然相互影响，但却各有其宗，源和流都不尽相同。但是在外界人看来，欧洲作为一种"整体文明"，无论是在制造机器、组织农业、管理经济、实施分配、进行决策，还是在保护语言、推广文化、处理国家关系等方面，都有一套特定的标准或规范。在欧洲以外的人们看来，来自不同国度的欧洲人在社会生活的几乎所有事务中，都有神似甚至形似的地方，都有一种超乎常规的默契和协作，都有一个"整体"欧洲的影子。代表这个整体欧洲的不仅仅是有时会凌驾于各成员国之上的欧洲联盟体制，而且还包括那些民族国家之间的各种协调机制与认同方式。

我们是否可以将这个"整体的欧洲"看做是一种独有的"模式"？这个问题是欧洲人自己最先开始讨论的。他们承认他们所创造的欧洲联盟体制既非国家性质，又非超国家性质，而是一种"自成一体的"（sui generis）体制。由于这种"自成一体的"特殊性，欧盟作为一种行为体，它的机制与方式就不可能仅仅表现在技术指标、排放标准之类的领域，而是涉及经济、社会、政治、外交等各个领域。

美国人认为欧洲是一种特殊的模式，他们越来越多地将这些昔日的盟友看做是一种挑战，因为"布鲁塞尔正在成为世界的规制首都"。来自欧盟的规制不是美国人所熟悉的那种简单的成本效益分析，而是以"欧洲式的""预防性原则"为前提条件制定规则，并且让这些规则以"海啸"般的力量冲击美国的全球化企业，使它们接二连三地屈服于欧洲标准。彼得·曼德尔森承认，欧洲正在"向整个世界输出规则和标准"，而它在大西洋彼岸的伙伴则认为,"欧洲联盟正在赢得规制竞争"①。

中国人也关注"欧洲模式"②。这是因为人们习惯使用的"西方"概念并不能令人信服地解释错综复杂的跨大西洋关系,也不能全面地概括欧洲和美国,乃至其他属于传统"西方"概念范畴的国家在世界上的地位与作用。欧洲联盟及其前身欧洲共同体(简称欧共体)半个多世纪以来的发展已经使它成为一支独立的力量,这支力量的形成和发展在人类历史上是独有的,所以我们就把它作为一种特定的、欧洲的"模式"来进行讨论。我们使用"欧洲模式"一词并不意味着我们把欧洲联盟看做一种可以和民族国家相比拟的,可以同时负载维护和平、自由与福利等职责的政治制度。通过对于"欧洲模式"的探讨,我们试图理解的是欧洲联盟作为一个"自成一体的"体制所建立的机制和使用的方法。

除了那些可见、可触、可定义的欧盟体制、机制与方法以外,还有一种可以依稀感觉到的力量,一种推动着欧洲各国不断加紧相互联系与融合的"欧洲一体化"的力量和逻辑。这种力量使得欧洲联盟成为一个不断变动、快速发展的力量和体制,从而形成"欧洲模式"另外一个突出的特征,即所谓建构中的模式。上述力量和逻辑将把欧洲带向何方?将会怎样影响着整个人类社会的未来?这些问题不仅为中国人所关注,也为所有欧洲以外的人们所关注。

二 我们如何研究"欧洲模式"?

我们按照学科将课题分为四组,分别由来自不同学科的研究团队就"欧洲模式"展开研究与讨论。

在政治领域里,我们探讨了欧洲民族国家特殊的发展进程与组织形态,研究了欧洲联盟和成员国相互作用的治理方式,最后通过各个不同的案例,解释由欧洲的特殊性而产生的欧洲的对外行为方式、世界作用和国际影响。

在经济领域里,我们重点研究了欧洲的经济与社会模式,并就欧洲的

---

① "How the European Union is Becoming the World's Chief Regulator", From *The Economist*, print edition, Sep. 20th, 2007.
② 见《欧洲模式与欧美关系》,中国社会科学出版社,2003。

整体模式与国别方式进行了比较，从公平与效率、多层治理与协调、同一性与多样性等方面具体地剖析了一些可以说明欧洲经济模式的案例。

在法律领域里，我们跟踪了欧盟法律制度在统一大市场建设过程中所发挥的作用、进行的法制创新及其独特性，并介绍了欧盟经济宪法的一些基本问题以及市场经济建设过程中市场价值与其他价值之间的平衡。

在文化领域里，我们从多个视角考察和分析欧洲认同概念、公民与社会认同，并且选择了一些欧洲化的案例进行具体的分析。

在上述研究过程中，中国学者有机会到欧洲进行实证研究，并在很多方面得到欧洲同行的帮助与支持。整个研究凝聚了中欧学者共同的心血。

三　我们的初步结论

我们认为，欧洲联盟仍然是民族国家的联盟，它建筑在国家之上（超国家），成长于国家之间（政府间），与欧洲的国家建设和转型有着难以分割的关系。尽管欧洲联盟不是一个"国家"，但却是一个国际行为体，特别是近20年以来，欧洲联盟的成员国越来越注重它们之间在外交与安全政策方面的协调，越来越努力"用一个声音说话"，在发挥"民事力量"优势的同时，加强了欧盟层面的军事工具，并且使民事和军事力量服务于欧盟设定的世界目标：多边外交、民主建设和建设持久的和平机制。

在经济领域里，欧洲联盟早已不能等同于简单的国家联盟，因为在欧盟层面上已经形成了一个可以被看作欧洲经济模式基础的独特的经济政策协调结构。支持这一结构的经济理论、政策目标、管理结构、职权分配和运行成效等构成了欧洲经济模式的主要特点。所谓"欧洲社会模式"就是"欧洲模式"的核心内容之一，也是受到经济全球化最严峻挑战的领域。

欧盟法律体系的制度设计在欧洲一体化中发挥着重要作用，它也是欧洲一体化的一个重要特征。欧盟/欧共体因此而发展成为一个法治的共同体。欧盟通过法律（包括立法与司法）途径来规范成员国与欧盟之间权能的划分，用法律规范成员国与欧盟机构之间的关系，将国内司法体系纳入欧盟的司法体系之中，从而形成一套整体的司法体系，欧洲法院将欧盟的目标确立为欧盟必须遵守的一般法律原则，使得欧盟的目标法律化，这些都使得欧洲一体化获得了独特的法律性与规范性特征。

欧洲认同是塑造欧洲模式的观念基础。近年来，随着欧洲一体化的深化和扩大，欧洲认同问题成为热点话题，人们开始深入探讨"欧洲是谁"、"欧洲从何处来"、"欧洲向何处去"等重大问题。欧洲认同并非固定和僵化的事物，而是具有多层面、复杂性和动态的特征。

我们认为，"欧洲模式"仍然是一个开放性的议题，这不仅因为欧洲一体化涉及的领域是广泛和深入的，而且因为它是一个动态的进程，它不仅涉及欧洲的各个成员国，关系到整个欧洲地区，而且影响到与欧洲交往的世界各地。

周 弘

2008 年 4 月

目 录

代序一　欧洲模式与世界 …………………………………… 陈佳贵 / 1

代序二　欧洲模式与欧盟 ……………………………… 〔德〕史丹泽 / 3

绪论　讨论"欧洲模式" ……………………………………………… 1
 一　欧盟作为一种模式 …………………………………………… 1
 二　中—欧联合项目 ……………………………………………… 3
 三　国家建设和共同体建构 ……………………………………… 4
 四　对多样性的治理 ……………………………………………… 6
 五　世界事务中的"软力量" …………………………………… 8
 六　结语 ………………………………………………………… 10

第一编　欧洲国家体制

Ⅰ　民族建设、国家转型与欧洲一体化 ………………………… 15
 一　关于国家建设与转型的两种观念 ………………………… 16
 二　"中心构成"、"体制建设"与"系统程序" ………………… 19
 三　"民族建设"与"国家转型" ……………………………… 25
 四　结语：民族国家的转型与欧洲一体化 …………………… 30

Ⅱ 欧洲国家建构和欧盟一体化
　　——一个亚里士多德主义的视角 ················ 34
　　一　引言 ································ 34
　　二　国家 ································ 36
　　三　真假宪法 ···························· 43
　　四　结语 ································ 49

Ⅲ 欧洲福利国家的未来在哪里？ ·············· 52
　　一　欧洲社会模式 ························ 53
　　二　社会模式的多样性 ···················· 56
　　三　欧洲社会模式面临的挑战 ·············· 63
　　四　结语：向欧洲联盟的其他成员国学习 ···· 68

第二编　欧盟社会治理

Ⅳ 欧盟治理的批判性评判 ···················· 73
　　一　引言 ································ 73
　　二　政府主导下的欧盟治理 ················ 74
　　三　向新的治理模式的转变 ················ 75
　　四　对欧盟新治理模式的批判性评价 ········ 80

Ⅴ 欧盟治理下社会伙伴的角色变化 ············ 88
　　一　社会对话的概念 ······················ 88
　　二　标准立法程序下社会伙伴的作用 ········ 91
　　三　社会伙伴程序的特别之处 ·············· 92
　　四　开放式协调法下社会伙伴的新角色 ······ 95
　　五　结语 ································ 99

VI 如何在多层和多元文化的国家间构建民主：可行性和正当性（能实现吗？应该实现吗？） ……… 102

一　欧盟的背景 ……… 103
二　民主与人权的个案 ……… 109
三　大型的、多层次、多语言、多文化的政治秩序
　　能否回应民众的要求？ ……… 113
四　一个欧盟这样的多层政治秩序是否应该民主？ ……… 117
五　如何使欧盟更民主、更具合法性？ ……… 119
六　结语 ……… 121

VII 协商还是博弈？——对"欧洲制宪会议"的考察 ……… 127

一　导言 ……… 127
二　协商的定义和作用 ……… 128
三　"欧洲制宪会议"中的协商和博弈 ……… 132
四　结语 ……… 140

第三编　欧盟的外部治理

VIII 欧盟的外部治理：欧盟在欧洲内外的民主促进 ……… 145

一　引言 ……… 145
二　欧盟扩大和中东欧国家民主改革的经验 ……… 147
三　如何在更广泛的欧洲范围内促进民主 ……… 149
四　结语 ……… 159

IX 从亚欧会议进程看发展国际关系的"欧洲模式" ……… 162

一　导言 ……… 162
二　"制度化的一体化"：欧洲一体化进程中的制度建设 ……… 163
三　亚欧会议的制度框架：欧洲的烙印 ……… 166
四　"间接的制度影响力"：其实施方式和结果 ……… 171

五　结语："欧洲模式"和国际舞台上的"民事力量" …………… 175

X　欧盟能源安全战略及启示 ……………………………………… 177
一　欧盟能源安全战略的演变 …………………………………… 177
二　共同能源安全战略的基本架构 ……………………………… 181
三　欧盟能源安全战略的绩效和启示 …………………………… 187

XI　欧盟国际危机管理的转变与理论视角 ……………………… 195
一　国际危机管理新趋向与欧盟的转变 ………………………… 195
二　对欧盟危机管理转变的理论解释 …………………………… 201
三　结语 …………………………………………………………… 207

XII　欧盟对巴尔干的冲突调解政策
　　——一种新制度主义的分析 ……………………………… 211
一　巴尔干冲突的潜在根源 ……………………………………… 211
二　欧盟在巴尔干的冲突调解：一种新制度主义的分析视角 … 213
三　欧盟冲突调解模式的实施和评估 …………………………… 214
四　欧盟在西巴尔干能建成新的路径依赖吗？ ………………… 222

XIII　欧盟与拉美国家关系及"欧洲方式" …………………… 226
一　引言 …………………………………………………………… 226
二　欧拉对话与"欧洲方式" …………………………………… 227
三　欧拉对话的建立与"欧洲方式" …………………………… 233
四　欧拉对话的发展及其意义 …………………………………… 238

代序一
欧洲模式与世界[*]

在经济全球化不断加速、世界多极化初现端倪的今天，欧洲模式在经济、政治领域中的形成与发展，不仅对于欧洲自身的发展非常重要，而且对于中欧关系乃至世界的和平与发展进程都会产生重大而深远的影响。

近年来，"欧洲模式"一直是一个在国际学术界引起广泛讨论的话题。在政治、经济领域中，到底有没有一种"欧洲模式"？如果有的话，它的特点是什么？基础是什么？未来的走向如何？将会在人类和平与发展进程中发挥什么样的作用？这些问题在学术上都是极具挑战性的，同时具有重大的现实政治意义。

讨论欧洲模式问题不能离开欧洲一体化，一体化进程使得"欧洲模式"作为一种独特的治理方式而凸现出来。一体化的欧洲已经走过了五十多年的历程，按照我们中国人的说法，是到了"知天命"的时候。一体化欧洲的"天命"是什么呢？我认为就是和平与发展。历史上，欧洲曾经是战争频繁的地方，是两次世界大战的策源地。二战后的欧洲在浩劫中彻底觉醒了，通过一体化走上了和平与发展的道路。因此，讨论"欧洲模式"问题离不开和平与发展，这应该是它的精髓所在。

欧洲一体化是在民族国家的基础上进行的，是一些主权国家共同行使主权的过程。五十多年来，欧洲一体化的范围从行业性的煤钢联营发展到统一大市场，从单纯的经济共同体发展到政治经济联盟。同时，参加一体化进程的国家从最初的6个发展到现在的27个。这是人类历史上一次前所未有的尝试，是一个民族国家形态发生重大变化的过程。对这个过程进行

---

[*] 作者：陈佳贵，中国社会科学院副院长。本文为作者在2007年6月12～13日召开的"欧洲模式与世界"国际学术研讨会上的致辞。

深入的学术讨论是非常必要的：一体化使欧洲的民族国家发生了哪些变化？一体化的欧洲是如何治理的？欧洲的治理方式对于欧洲自身乃至整个世界有着怎样的影响和意义？对这些问题的探讨应该是讨论"欧洲模式"问题的基础。毋庸讳言，目前欧洲一体化进程面临着很多挑战和问题。解决这些问题有赖于欧洲各国领导人的政治智慧，但从根本上说还得依靠欧洲人民对于一体化的支持，依靠欧洲人民在制度建设和治理创新方面所取得的成就。在《柏林宣言》中，欧盟宣称欧洲人已经认识到，"欧洲是我们共同的未来"。我认为，这种共识就是欧洲一体化进程中的根本动力，它已经为欧洲带来了和平与发展，这种以和平与发展为基本价值取向的欧洲一体化是符合欧洲和人类社会发展方向的。

目前，欧盟已经成为世界舞台上一个重要的角色，在经济和政治领域中都发挥着重要的作用。探讨欧盟的国际行为模式应该是研究欧洲模式问题的一个重要领域。中国希望看到一个强大的欧盟，希望它能够在人类社会的和平与发展进程中发挥自己应有的作用。欧盟是中国重要的国际合作伙伴，深化对其外交模式的认识与理解，对中国而言应该是非常重要的。

欧洲一体化不仅是政治和经济的过程，也是一个文化的过程。欧盟成员国公民对于欧洲的认同是在对于自身民族国家认同的基础上逐步建立起来的。欧洲一体化的基本准则是在多样性的基础上追求同一性，尊重成员国在政治、经济和文化上的多样性，共同追求和平与发展的根本目标。我想这也应该是欧洲模式的一个基本准则。在欧洲一体化的过程中，每个国家都需要结合本国的实际情况设计符合自己国情的发展路径。它们的根本目的是一致的，都是为了增进本国人民的福祉、铸造欧洲共同的未来。但是，由于历史背景、文化特性、发展水平等方面的不同，各国在具体的治理方式和发展道路上存在很大的差异。欧洲一体化成功的秘诀就是找到了在差异性的基础上寻求统一性的方法。推而广之，在更加多样性和多元化的世界上，欧洲模式的这种准则应该具有更大的意义。从这种意义上说，我们讨论欧洲模式，不仅有助于更好地理解欧洲，而且有助于更好地理解世界格局的发展和发展中存在的问题。

经过32年的发展，目前中欧之间已经建立了全面的战略伙伴关系。增进相互之间的了解、强化相互之间的互信与共识，是推进中欧关系进一步发展的重要条件。我相信，对于欧洲模式的深入探讨是很有意义的。

代序二
欧洲模式与欧盟*

欧洲模式尚处于讨论中，但欧洲模式通常也可能被认为是欧盟力量的组成部分。对于欧盟成员国来说，最重要的是共同努力，但在欧盟内外环境不断变化的情况下，这一点认识却不得不一次次接受考验；欧盟的各项事业也将克服前进道路上的挫折。什么是欧洲模式呢？具体说来，欧盟或许有很多模式，在此次国际会议上欧盟的有些模式可能会得到详尽的讨论。但是作为一名远在欧洲之外任职的外交官，我认为欧盟显著和核心的特征在于其独特的方法为欧洲大陆可持续共赢合作提供了长期性基础。早在成为日常政治术语之前，"共赢"已经成为欧洲一体化工程中特别成功的理念。如大家所知，欧洲联合的愿景远先于欧洲经济共同体、欧洲共同体或欧盟而存在，但它们仍仅是愿景。二战以后，尽管处于一片废墟中，欧洲却意外地迎来了发展的机会。饱受战争蹂躏的欧洲，破败、虚弱。位于欧洲中心的德国以及其他欧洲国家，在大屠杀的阴影下，道德基础彻底动摇。尽管有上述的不幸以及开始在欧洲出现的东西方对抗，我们仍然很幸运。

首先，具有清晰远见的欧洲贤哲们，如罗伯特·舒曼、德·加斯佩利以及德国的康拉德—阿登纳总理，知道欧洲的未来需要所有欧洲国家的团结。其次，他们从欧洲近代以来的历史中吸取了惨痛的教训，也就是，面对利益冲突以及爆发利益冲突的领域，良好和高尚的意图将无能为力。1928年《白里安—凯洛格公约》非常悲哀地未能阻止战争；国际联盟既没有保障世界和平，也没能提供世界的安全。迫于苏联新的威胁（这一点不

---

* 作者：史丹泽博士，德国前任驻华大使。本文为作者在2007年6月12～13日召开的"欧洲模式与世界"国际学术研讨会上的致辞。中文译者：金玲。

能忘记），加上美国的支持，欧洲一体化工程，从欧洲煤钢共同体到欧洲经济共同体，再到今天的欧盟，得益于以下两方面因素的紧密结合：联合框架下自我利益的实现以及主权汇集，它们是欧洲一体化进程的发动机。欧洲一体化进程中，各成员国通过不断加强合作而有所收益。

但上述明智的精明算计却并不能够充分说明欧洲一体化进程。欧洲的传统——作为欧洲大家庭中一员的文化意识，将那些如德·加斯佩利那样具有跨国成长体验的欧洲人和那些如德国的阿登纳一样土生土长的欧洲人，团结在一起。这种欧洲大家庭的传统，同样有助于缓解德国重新回到欧洲大家庭的难度，尽管它的铁蹄曾经肆虐过它的邻国以及更广泛的欧洲地区。虽然还没有被欧洲之外的观察家充分认识，但正是这一认同，使得戈尔巴乔夫的"欧洲大厦"理论在从里斯本到列宁格勒（时称圣彼得堡）的欧洲人那里产生共鸣。

欧盟在其不同阶段让其成员国受益匪浅。经济上自不待说，加入欧盟的效益已经很快地超越 GDP 和贸易统计数据：它教会了我们跨国的合作参与，不是传统意义上主权国家进行条约谈判和操纵权力平衡的外交交往，而是带有日常管理性质的欧洲治理。一定程度上来说，那些指责欧盟内部官僚政治以及欧盟政治进程已经远离民众的说法有一定的道理。但与此同时，迄今欧盟在大量的政策领域，为了寻求可以共同接受的政策而进行的不断尝试和验证，已经成为欧盟珍贵的政治资产。如果与世界其他地区为了实现有效合作，而寻求互信、团结以及建立相应制度机制的努力相比，欧盟上述政治资产的价值不言而喻。

欧盟的上述政治资产使其对外界来说充满魅力。它不但有助于实现经济增长，也有利于民主回归，如在葡萄牙、西班牙和希腊，以及冷战结束十多年以后的中东欧国家；它是欧盟真正的软实力所在：建立在政治社会吸引力而并非武力基础上的实力。这种吸引力并不能无限地吸收新成员国，但即使在吸收能力之外，欧盟也将继续充当有效、和平地管理各种竞争性力量的重要典范。

欧盟之外的世界正经历着快速的变革。继日本成功实现现代化以后，中国和印度这两个具有悠久和辉煌历史的大国，正处于迈向全球化的现代化进程中。世界范围内的贸易与合作机会正成倍增加。过去的几十年表明，贸易和合作机会的增加可以惠及千千万万人，尤其是处于贫困中的人们。与此同时，随着全球联系网络的日益密切，更加需要相应的规则保障以及审慎的决策：任何错误都将具有更广泛的影响性。

不过，需要理解和重视的一点是：欧盟的经验并非放之四海而皆准，从中东到亚洲的其他地区，必须寻找适合自己的解决方案。但欧洲的经验使我们深切感受到，欧盟创始者的勇气终于有所回报，那就是将民族国家互信的意愿与通过分享而收益的机遇进行了有机的结合。很难明确规定欧洲模式的准确特性，但通过良性的权力汇集以及开放边界，从煤钢共同体到今天27国的欧盟，我们可以发现一根主线：欧盟越变化，欧盟越趋同（plus ça change, plus c'est la même chose）。

绪论　讨论"欧洲模式"*

从很多方面来说，欧盟都非常独特，这首先是因为它实现了"多样性统一"，欧盟实现"多样性统一"的方式或许可以被称为一种模式。正因为欧盟的独特性、强大的经济力量以及对世界的影响力，所以，更好地理解欧盟所代表的价值和目标以及它的运行方式才至关重要。作为集体研究的成果，本书各章就欧盟在国家建设和共同体建构、治理内部多样性的方式和手段以及在世界事务中运用"软实力"发挥影响过程中的"模式"特征进行了分析。在对各章内容进行评述之后，作者认为，欧盟之所以成为一种"模式"，源自它的独特性、它特殊的和平与发展模式以及它通过"软实力"塑造和建构世界秩序和规则的对外关系模式。欧盟是一个正在形成的体系，会随着外部的压力而进行变革。在全球化的世界中，它最终也会对中国产生影响。

一　欧盟作为一种模式

在比较政治学领域内，学者们通常不愿意将某种体系特征归纳为一种"模式"。同样，人们在分析欧盟的过程中更应该审慎地使用"模式"一词。当然，欧盟自始至终都被认为是"自成一体的"（sui generis）政体，一个既不同于主权国家，也不同于国际组织，而是具有独特特征的政治体系。基于上述两方面原因，我们必须向读者解释本书中"模式"的含义，说明我们为什么把这项工作称为"讨论欧洲模式"。

当我们使用"模式"这一术语时，我们既没有假设欧盟作为一个政治体系已经为实现和平、自由以及公民的福利寻找到最优方案，也没有假设

---

* 作者：贝娅特·科勒—科赫、周弘。

欧盟已经形成了一套放之四海而皆准的制度和程序。我们的研究旨在探寻，欧盟为了实现成员国之间的和平与合作而选择了怎样的方法和路径。和平合作是欧洲范围内实现福利与和平的前提条件，也是当前其他政治体系应对挑战和把握机遇所共同面临的问题。就此而言，欧盟既具独特性，又可作为一种模式。它的独特性在于，它是唯一的主权国家和人民的联盟，它实现了主权汇集（pooling of national sovereignty），因此，可以称得上是"超国家的"。它可以成为一种模式，因为在全球化时代，通过紧密的跨国和跨地区合作形成合力，已经成为重要的国际议题。况且，欧盟是一个正在形成的体系，它启迪人们重新审视其固有的政治制度和新的治理模式之间不断变动的关系。我们清楚地认识到，任何政治进程的组织方式、组织手段以及实现共同行动和遵守共同准则的程序，如果不经过彻底的本土化进程，都不能从一个社会移植到另一个社会。我们要分析制度的功能性作用，分析它们在既有系统中的互动过程。我们必须分析如何改革制度，使它们在不同的政治环境中发挥作用。因此，我们并不寻求输出一种标准模式，相反，我们对欧盟模式进行剖析主要有两点目的：其一是为了更好地理解欧盟的运行方式；其二是希望能够在各领域内获得进行改善的启迪。

我们希望从欧盟获得启示，因为欧盟与中国拥有一些共同之处。欧盟致力于实现"多样性统一"，希望根据人们的利益和需求，提高自身的行动能力、保障全球安全、和平解决冲突、实现经济和环境的可持续发展，希望在国际舞台上拥有更大的发言权。自从欧盟扩大为27国以来，欧盟成员国之间完全不同的历史传统和政治文化就使"多样性统一"成为欧盟面临的主要挑战。中国正努力实现各地区、各部门以及不同人群之间的和谐与均衡发展，目的是提高社会效益，实现社会公正。中国对理想社会状态的表述是中国古代哲学家孔夫子的"和而不同"观。"和而不同"与"多样性统一"有异曲同工之妙。"和"意味着和谐，"不同"意味着多样性。

欧盟东扩和南扩加剧了欧盟的经济和社会分化，也因此要求欧盟提供更多的经济和社会保护。欧盟东扩和南扩还加剧了欧盟内部现有的保护主义者和自由主义者之间的分野，当然分野并非明显体现在新老成员国之间，而是体现在整个欧盟范围内。欧盟福利体系中同样存在上述分野。欧盟市场的一体化对民族国家社会福利体系转型产生显著影响，尽管转型主要是人口结构变化以及全球竞争的结果，但转型肯定表现出路径依赖，就欧盟各成员国目前社会福利体制的多样性来看，全欧盟范围内的福利国家几乎不可能实现。

欧盟新成员国大多是小国，且获得完全政治自主的时间不长，对主权高度敏感，因此欧盟任何的制度和决策程序设计都必须在成员国的控制力和必要与有效的合作之间寻求平衡。欧盟新的治理模式，如"开放式协调"意在尽最大可能保留各成员国以及次国家主体自主性的同时，实现解决问题的共同战略。成员国制度和规范体系的多样性和独特性与市场的一体化以及欧盟规制同时存在。"欧洲化"进程虽然相当明显，但仍然没有实现趋同，更不用说共同的政策。"欧洲化"的结果是各成员国对各自的政策体系进行了不同的调整。因此，从规制的影响性来看，欧盟在实现"多样性统一"方面已经相当成功。欧盟既有的治理体系虽然经常被指责为缺少民主合法性，但却实现了相当高的效率。历史地看，民主通常与民族国家相联系，"没有民众，就没有民主"的论断很好地支持了上述论断。因此，对于既不是主权国家，也不是（民族）政治共同体的欧盟来说，主要问题是如何在多层次、多元文化的政治体系中实现民主。

虽然欧盟不是主权国家，但它却是国际事务的行为体。在欧洲一体化过程中，欧盟成员国在外交与安全政策领域内对超越体制的合作一直持勉强态度。当然，过去的20年中，欧盟成员国已经表现出相当大的实行共同政策的决心，为的是使欧盟能够在国际舞台上发挥更大的作用。欧盟虽然已经发展了一定的军事能力，但欧盟仍然坚持其"民事力量"的自我定位。"民事力量"特征不是因为欧盟缺乏或放弃使用军事工具，而是其自觉的规范性取向（a conscious normative orientation）。欧盟的规范性取向最鲜明地体现在其外交政策目标中：通过促进民主、多边外交手段，建立可持续的和平，最终解决冲突。

因此，本书内容包含以下三个主要领域：①国家/共同体建设和②国家转型、治理和③对外事务。

二 中—欧联合项目

本书的作者来自中欧双方，他们努力合作探寻欧洲模式及其对世界的影响。该项目三年前启动，得到欧盟—中国欧洲研究中心项目资助。该项目主要通过支持联合研究，组织国际会议，举办研讨会、讲习班，共同出版著作以及其他能够加强中欧研究机构的活动，促进中欧教授、学者以及学生之间的交流和相互学习。

跨文化合作并非易事，需要很高的沟通水平以及彼此之间的理解和宽容，最重要的是双方合作的决心。本次合作的顺利进展建立在合作双方——中国社会科学院欧洲研究所和德国曼海姆欧洲社会研究中心——长达十年之久的合作基础上，也归功于两个机构的负责人——周弘教授和贝娅特·科勒—科赫教授的共同努力。上述两个机构之间此前的合作包括：依托中欧高等教育项目开展的双方学者和教授之间的交流、依托亚洲链接项目进行的欧洲研究核心课程开发以及其他小型合作项目。

欧盟—中国欧洲研究中心项目启动伊始，合作双方即发现了新的共同合作的兴趣点。"欧洲模式及其对世界的影响"这一选题能满足双方共同的研究兴趣，因此他们决定开始新一轮的合作，承诺不遗余力、一如既往地合作。双方的合作采取了多学科交叉的方法，中欧双方学者就大量跨学科的问题进行了分工。很多中国学者从该项目获得了在欧洲进行相关领域研究的机会。他们从曼海姆欧洲社会研究中心优良的研究环境中受益匪浅。欧方学者通过讲习班、研讨会以及在欧洲对中国青年学者和研究生进行培训等形式，帮助中国同行掌握最新的知识和方法论。2007年6月在北京举办的国际会议成功展现了双方合作的硕果。

本书的研究成果涉及政治科学、政治哲学、社会学、国际关系以及国际和平等诸多领域，其中绝大部分内容都是在理论指导下进行实证研究的结果。

三　国家建设和共同体建构

《欧洲宪法条约》旨在实现欧洲一体化"质"的飞跃。从功能的角度来看，《宪法条约》试图修订现有条约，提高联盟的行动能力，应对欧洲公众对联盟合法性缺失不断上升的质疑。但是从政治角度来看，《宪法条约》则试图赋予联盟某种"类国家"的特质。新条约是欧盟制度体系的基本法，称其为宪法意指欧盟具有类国家特征。相关术语的变化，诸如以"法律"代替"指令"以及有关盟歌、盟旗等规定都赋予了欧盟类国家的表象（appearance）。《宪法条约》的上述雄心引起了欧盟公众的误解，法国和荷兰否决《宪法条约》的部分原因正是由于民众拒绝欧盟上述深远的设计。经过一段反思期后，欧盟成员国政府和领导人决定继续进行欧盟改革，重新激活欧盟的条约改革进程。值得一提的是，最终的妥协性协议并没有对内容进行实质性修改，只是删除了一些暗含类国家特征的象征性规定，如盟歌、盟旗，继续沿用"高级代表"的称谓。上述改革是政治阶层对公众敏感性的回应，因为，目前欧盟范围内公众的政治忠诚对象仍然是民族国家。尽管在欧洲范围内出现了一种普遍的欧洲归属感，但是欧洲人的首要身份认同仍然是国家认同。相对于其他成员国的公民，欧洲人觉得本国同胞更亲近也更值得信任，毕竟社会团结和社会保障仍与民族国家相联系。因此，欧盟的两个创始国对《宪法条约》的否决让人们认识到，"制定宪法并不能实现国家建设"。国家建设的失败历史告诉人们一个教训，社会一体化虽然并非国家建设的充分前提，但却是必要前提。除了就政治权能基本实施规则达成一致以外，社会一体化是政体可持续性的黏着剂。众所周知，政治共同体中的社会一体化进程并非一个同化进程，因此欧洲一体化进程中"体制建设"的动力和矛盾值得探索。

　　施泰因·罗坎和其同行的著作提供了一个很好的分析框架，促进人们更好地理解政治一体化进程中的动力和阻力以及经济、政治和社会体制建设中的相互依赖以及领土范围内的分离性因素。欧洲一体化进程并非仅发生在现有的民族国家领土和制度领域内，它同样对成员国的整合能力发生影响。因此，系统评估一体化进程中民族和国家的功能不可或缺。周弘在研究施泰因·罗坎的"中心构成"理论和斯特凡诺·巴尔托里尼的"系统程序"理论后认为，在领土国家出现之前，"中心构成"和"系统程序"遵循着不同的运动路径，只有在民族国家的疆界内，政治和文化中心以及经济和社会中心才形成了一种"相互协作的格局"，在新的现代民主国家形式下，它们之间出现了一种"相对稳定的均势"。欧洲一体化打开了成员国的边界，使得各种"中心"可以在更广泛的领土范围内扩张和运行。欧盟成员国领土疆界内部上述各中心的"均衡"面临"分散化"（diffusion）。民族国家中的经济和法律等机制来自于国家建设历程，它们遵照功能性规律向欧洲联盟层面转移；民族国家中的社会文化等机制来自于民族建设的历史，它们根据民众的逻辑滞留在民族国家的层面。在欧洲一体化进程中，民族和国家在欧洲一体化时代的错位发展将那些出现于民族国家形成之时、受到民族和国家两种力量双重推动的社会机制置于被分解的状态，转移的将只是其功能性部分。因此，欧洲一体化进程给人们展示的是一种"犬牙交错的国家转型"形式。

埃尔玛·里格尔（Elmar Rieger）从亚里士多德的观点出发，认为制宪大会上的"宪政主义"（constitutionalism）提法具有很大误导性。里格尔的分析认为将欧洲一体化理解为国家和共同体建设过程并不符合欧洲一体化现实。他认为，应该从亚里士多德那里寻求对欧洲一体化进程的可靠评价。亚里士多德认为国家是共同体的同义词，共同体建立在对基本规范性原则的共识基础上，规范性原则来源于公开辩论。没有确立共同规则的协商过程，政治体系就缺乏成为共同体的社会和文化前提。里格尔认为制宪大会并没有真正体现公开辩论讨论和协商一致的精神。因此制宪进程是"伪宪政主义"，掩盖了欧盟并非一个正在形成的政体的真相。超越民族国家的治理体系符合成员国的利益。欧盟制度改革的"效率秘密"指的是：欧盟成员国希望通过制度化欧盟层面的治理体系，更有效地解决国内选民不同需求之间的矛盾。

伯恩哈德·埃宾豪斯转向了相对世俗的问题：研究欧洲福利国家的未来。与国际上其他社会模式相比，即使在经济结构面临深刻变化的背景下，欧洲社会模式仍然提供完善的社会保护以及先进的就业保障，更为显著的是其合作型的劳资关系。欧盟坚定地融入世界市场，加之全球竞争力的转移，给欧洲社会市场经济、保障体系以及工业关系增加了压力。除此之外，社会人口变化也要求欧洲社会模式实行全面改革。欧洲面临的挑战是如何在其社会模式的现代化和调整过程中保持其比较优势。欧洲社会模式调整的目标是通过削减福利控制社会开支；社会责任从主要由公共机构承担，更多地向私人自愿性保险转变，从而增加劳动力市场的灵活性。成员国政府不得不赞许欧盟层面的经济和规制性框架，同时欧盟也具备软性协调工具，使得成员国政府愿意使他们的改革与其他成员国相一致，但社会模式仍然是成员国的职责。欧洲福利制度的调整是成员国之间平行和相互协调的改革，不会消除成员国福利制度的特性。

四 对多样性的治理

治理的概念在国际关系中获得了与其在国内政治中同样的重要性。人们对治理的关注开始转向，已经从制度层面转向政治进程方面，这里包括：治理目标的设定、社会行为体之间意见的协调，以及使这些社会行为体信守承诺。随着国家责任的不断分散化，非国家行为体无论在国际关系中还是在扩大的欧盟中都越来越活跃了，它们的参与会产生更广泛的专业知识，代表更广泛的多样性利益。并且，治理强调谈判和协商，而不是等级制的决策，因此更容易获得认同。

贝娅特·科勒—科赫对欧盟治理进行了系统评价。她认为，在绝大多数情况下欧盟内部决策仍然带有以条约为基础的"共同体方法"的烙印。欧盟已经引入新的治理模式来补充和支持欧盟决策。新治理模式提高了专家和行政机构的作用，推动欧盟权能向下级管理层和准独立机构进一步下放，激发目标群体的参与。由于新治理模式的引入，欧盟开始以更加灵活的治理方式应对欧盟扩大所带来的复杂性和异质性；通过日益分化的决策工具和决策程序支持欧盟相对平稳地运行。不过，权能在不同政府层面和众多功能性领域的分散以及越来越多的行为体参与决策，进一步损害了欧盟内部的民主代表制和民主责任制。

在《欧盟治理下社会伙伴角色的变化》一章中，杨解朴集中研究了欧盟在社会政策领域治理模式的转变。欧盟在社会事务领域内权能的扩张伴随着社会伙伴对欧盟决策的不断参与。"共同体方法"的相关法规仅赋予社会伙伴发挥咨询的作用。发展社会对话、参与三方会谈，并为立法提供咨询增加了欧盟的社会维度。《马约》引入的"社会伙伴程序"使社会伙伴角色发生了质的转变。《马约》规定社会伙伴在社会问题上享有直接参与立法的权利。"开放式协调法"进一步扩大了社会伙伴的参与权利，他们在更广泛的政策领域内拥有发言权，当然，他们必须与公民社会分享他们的发言权。本章重点论述了不同治理模式的共存以及社会伙伴在不同治理模式下所发挥的不同作用。

在《宪法条约》制定过程中，制宪大会旨在通过强化良政、制度化民主责任制原则，并通过引入人权问题弥合联盟和人民之间的距离。《宪法条约》批准失利以后，成员国之间就《改革条约》达成一致，《改革条约》仍然包含"辅助性原则"，增加了实施民主责任制的机会，通过提及《人权宪章》，表明了对人权问题的注重。

安德烈亚斯·弗勒斯达尔认为，欧盟的扩大和深化增加了欧盟层面对民主合法性的需要。他分析了规范性民主理论下民主的核心特征，并对西方政治思想和儒家思想中良政的基本原则、规则以及信赖法则进行了比较。弗勒斯达尔认真分析和梳理了其他学者对在欧盟范围内实现民主的担忧,讨论了成员国利益和文化日益异质的情况下没有欧洲公民的欧盟很难实现民主的问题,在此基础上提出,正确应用辅助性原则和寻求共识的决策程序可能作用于调和民主和多样性的矛盾。而且,《改革条约》加强了现有的民主责任制机制,引入了参与式民主的要素,更明确地表示促进人权。尽管《欧盟基本权利宪章》不再是条约的组成部分,但仍然对欧盟机构具有约束力。

尽管所有旨在提高欧盟民主质量的改革仍然表现出路径依赖,但是制定《宪法条约》的制度性框架则表现出创新性。成员国政府将制定宪法的使命交给了制宪大会,而不是通常的政府间会议。制宪大会中成员国议会代表以及欧盟议会代表的数目超过了成员国政府的代表。政府间谈判往往因为在地位和权力问题上讨价还价而陷入僵局,制宪大会更加重视协商而不是博弈,因此避免了政府间谈判的缺憾。赵晨对"协商"和"博弈"进行了理论区分,并分析了各自的功能性特征。与根据利益和资源分配预设偏好和谈判结果的"博弈"不同,"协商"假定,行为体为了实现更好的结果而具有相互学习和调整立场的协商能力和意愿。在为欧盟的未来设计一部宪法时,欧盟成员国都明智地选择了协商模式。不过,制宪大会是否为协商提供了充分的框架?赵晨运用"宪政说辞"理论探讨了制宪大会以及大会草案和相关文献所表现出的协商特性,也指出了大会中协商的局限性。

五 世界事务中的"软力量"

欧盟独特的结构和特性不仅体现在其内部行为中,同样表现在其外部行为中。

杨光细致地分析了欧盟能源安全战略,认为欧盟安全战略自20世纪60年代以来经历了三个发展阶段。他论证了欧盟模式的多维能源战略,即将能源安全、环境保护以及建立单一的能源市场纳入能源安全的总体战略,包括建设石油储备,构建国际能源供应网络以及尽可能引入国际对话。很多关键因素促进了该战略的成功:决策的科学化、成功协调不同成员国的战略目标、法律规定的顺利实施、政府有力和适当的干预以及各行为体之间不断的对话与合作。杨光认为,欧盟能源战略中的政策方法可以运用于中国的能源安全供应战略中,如,就能源安全加强地区协调、充分转让能源技术、能源政策实施过程中实行环境标准以及政府采用不同的相关干预手段等。

与国内政治相比,欧盟成员国在对外关系领域内的权能转移要缓慢得多。尽管过去20年欧盟已经在很大程度上加强了它在国际舞台上的存在,但它仍然主要表现为经济影响力,并且主要通过软的政策工具施加政治影响。贝特霍尔德·里滕伯格(Berthold Rittberger)以及西蒙·迈耶—贝克研究了欧盟外部治理新政策工具的恰当性和有效性。随着欧盟最近一次的扩大,欧盟与其东部邻国就"欧洲睦邻政策"达成协议。睦邻政策的目标是构建与邻国之间的经济与政治合作关系,并在目标国家中促进民主。"欧洲睦邻政策"运用了欧盟扩大过程中使用的政策工具以及战略。作者认为,因为睦邻政策的对象国并不拥有入盟前景,成功推动欧盟候选国家政策调整和转型的"附加条件"政策(policies of conditionality)在睦邻政策的对象国中作用非常有限。

亚欧会议是欧盟在欧洲之外发挥作用和施加影响的重要平台。张浚以亚欧会议作为个案进行制度分析。她分析了亚欧会议现有制度框架的基本规则和原则,对亚欧会议的制度运行机制以及指导亚欧会议运行的四项原则进行了评述,四项原则分别是:促进地区一体化、加强多边的亚欧会议、跨国合作的部门化,并促进针对具体问题的对话。张浚在进行实证分析的基础上指出,由于欧盟缺乏强大的军事实力,因此不认为军事行动是应对当前全球挑战的有效手段,更愿意使用各种"软"的政策实现外交政策目标。由于欧盟方面具有更强大的协调能力,能够动员更多的资源、配备更多的专家,更愿意使用软的政策工具实现政策目标,因此在亚欧会议进程中,欧盟方面的代表相比亚洲同行处于更加有利的地位。

在国际危机管理方面,欧盟具有经验和知识的积累,且特征独具,研究欧盟的危机管理特色有助于了解欧盟的制度和方式特征。吴白乙对欧盟国际危机管理的作用进行了分析。通过对欧盟危机管理机制的分析,他解释了欧盟危机管理实践在各层面所面临的动力或局限,分析了欧盟危机管理概念、规则以及行为在一体化过程中所发生的变革。吴白乙认为政府能力以及政府动用资源的能力决定其管理危机的决策模式。就欧盟的危机管理模式而言,欧盟拥有超国家和成员国两个层面上的资源,这表明了欧盟在国际危机管理领域中的独特性。

20世纪90年代初，欧盟的近邻地区面临着国家分裂和冲突导致内战的局面。尤其是前南斯拉夫事件表明，在解决长期种族冲突方面，国家建设并非可持续的制度性方案。刘作奎披露了巴尔干地区不同的种族很难共存的现象，讨论了欧盟冲突解决的政策。欧盟制定了一系列解决冲突的政策工具，进行了相关的制度建设，最主要的办法是赋予巴尔干国家入盟资格，然后实行各种条件限制，让这些国家遵守哥本哈根标准，从事一系列的政治、经济和法律等方面的改革和建设。巴尔干国家内在"成为欧盟成员国"还是"维持现状"之间做出利益核算。因为欧盟的框架安排势必会改变对立群体的行为和动机，促使他们在服从条件获得长远收益和不服从条件之间权衡利弊。

欧拉关系以"对话"为特征，这种"对话"是通向以法律和秩序为基础的新国际秩序的中间步骤。但是，欧拉对话同样在一定程度上体现了建立在战略竞争和权力平衡基础上的地缘政治和地缘经济。张凡分析了双方对话机制的建立和发展，欧盟在对话中采取的不同于美国的单边主义的政策方法。相似的政治传统、密切的历史联系、相近的文化以及共同的价值观被认为是欧拉双方发展地区间关系的根本支柱。张凡认为，在过去几年里，随着拉美重新融入全球经济，经历了20世纪80年代"损失的十年"的拉美国家普遍将经济发展作为最重要的优先政策。因此欧拉关系的建立和加强取决于欧拉双方如何通过各自的内部发展，克服经济利益上的冲突。

六 结语

治理的概念已经从国际关系领域扩大到国内决策领域，它充分表达了：治理是一种具有类似特征、无处不在的现象。那么，是否存在着一种与众不同的"欧洲模式"呢？我们的研究成果表明，欧盟治理是特有的，可以被称为一种"模式"。本书广泛和深入的研究提供了大量的证据，表明欧盟采取了独特的治理方法。在合作双方联合举办的研讨会、讲习班以及国际会议上，人们对"欧盟治理模式为什么是独特的"进行了详尽的讨论。由众多成员国组成的欧盟，其多层体系的独特性决定了其作为国际行为体的行为方式和立场。欧盟内部尽管存在着不同的利益和文化传统，但是调和欧盟多样性和统一性并使欧盟能够采取共同行动的制度机制决定了它的外交政策行为。

研究欧洲模式意义重大，原因如下：首先，欧盟的重要性决定了更好地理解其运行方式，了解其政策目标的必要性。欧盟是世界上最大的市场，在全球贸易中占有最大的份额。欧盟正向世界多边机制输出其市场规则和法规。其次，欧盟作为国际行为体在国际外交舞台上对国际行为准则和规则发挥日益重要的作用。最为重要的是，欧盟改变了欧洲内部关系，在欧盟范围内实现了和平、福利和法治，用新的方式实现了国家和人民的团结。成员国主导下的欧盟治理虽然有很多显著的不足，但却实现了平稳和有效的运行。

欧盟之所以成为一种"模式"，源自其独特性，其不同的和平与发展模式，其通过"软实力"塑造和建构世界秩序和规则的对外关系模式。

欧盟是一个正在形成的体系，会随着外部压力的加大而不断发生变革，在全球化的世界中，这种模式最终会对中国产生影响。

第一编

欧洲国家体制

第一篇

文化家国本体

Ⅰ 民族建设、国家转型与欧洲一体化[*]

尽管欧洲联盟不是一个国家,而是一种特殊政体(sui generis)[①],但是人们却不断地尝试在民族国家建设的经验中寻找对于欧洲联盟建设的规律性认识。[②] 这不仅是因为欧洲联盟建筑在国家之上(超国家),成长于国家之间(政府间),与国家有着难以分割的关系和很多类似的情况,更因为欧洲在民族国家建设时期曾经历过一些波澜壮阔、甚至惊心动魄的社会和历史现象,而这些现象并没有在欧洲一体化的进程中再现,因而留给人们很多的疑问与悬念:首先,产生于欧洲民族国家的欧洲联盟是否处于新的"国家建设"进程中?如果是,它完成了哪些国家建设步骤,有哪些尚未完成?那些尚未完成的步骤最终是否可能完成?欧洲联盟是否有可能发展成为"欧罗巴合众国"?如果欧洲一体化的进程不能被看做是一种国家

---

[*] 作者:周弘,博士,中国社会科学院欧洲研究所研究员、所长,中国社会科学院学部委员、国际学部副主任。

[①] 许多欧洲学者都在他们的著述中讨论过欧洲联盟这种特殊政体的性质问题,如 Hix, S., *The Political System of the European Union* (Basingstoke: Macmillan, 1999); Eising, R. and Kohler-Kcoh, B., "Introduction: Network Governance in the European Union", and Kohler-Koch, B., "The Evolution and Transformation of European Governance", in: Kohler-Koch, B. and Eising, R. (ed.), *The Transformation of Governance in the European Union* (London: Routledge, 1999); Majone, G., "The Rise of the Regulatory State in Europe", *West European Politics*, 17 (1994), 77 – 101; Marks, G., Hooghe, L. and Blank, K., "European Integration from the 1980s: State Centric versus Multi-level Governance", *Journal of Common Market Studies*, 34 (1996), 341 – 378; Moravcsik, A., *The Choice of Europe: Social Purpose and State Power from Messina to Maastricht* (Cornell University Press, 1998), 121 – 150; 等等。

[②] 这方面的尝试包括了政治学者、历史学者,还有不少多学科的尝试,例如:Bartolini, S., *Restructuring Europe: Center Formation, System Building and Political Structuring between Nation State and the European Union*, Oxford: Oxford University Press, 2005; Hurrelmann, A., Leibfried, S. and Mayer, P. (ed.), *Transforming the Golden Nation State*, Palgrave, 2007.

建设的过程,那么又如何解释民族国家在功能领域里的权力大量地向欧洲联盟层面转移的现象?其次,欧洲联盟是否避开了"民族建设"进程而直接进行"国家建设"?如果是,那么没有文化融合、社会认同和普及性政治参与权这些现代政治体制的基本条件,欧洲联盟怎么会快速地实现体制构成(system formation)?还有,欧洲联盟是否只是一种多质和多速的"中心构成"(center formation)过程?从"中心构成"而非"国家建设"(state building)的视角能否比较全面地解释欧洲一体化的基本方式和路径?

要回答上述这些问题,就需要了解民族国家形成和发展的规律,了解构成民族国家的各种关键要素和这些要素之间的组合变异,从各种组合中分解出可变和不可变的成分,追寻它们在国家建设和欧盟建构过程中的演变和结构关系。

一 关于国家建设与转型的两种观念

对于国家建设与转型的认识向来都有两种主要的观念,一种认为,"国家"有一个"先验的"(a priori)原因,是为着某种目的、某种道德的前提,或者社会文化的前提,被国家中的"人"(或国民)建立起来的。[①]一般的社会组织可以根据经济和市场的发展而改变自己,但是国家却不同,因为只有国家中的"人"才能根据人们的社会组合和利益关系确定国家的功能,让国家根据特定的原则调动资源和力量,建立体制和机制,规范冲突与保障安全,成为统治和秩序的工具。

决定国家性质和功能的"人"决不是抽象的,有关人和人的组织的内涵要比国家机器本身丰富得多。人来自于不同的族群,拥有独特的文字、语言、生产生活方式和社会共享方式等特性,这些特性由于经过了漫长而久远的发展历程,所以很难因环境的改变而轻易地褪去自己的色泽。

另外一种观念认为,国家作为一种统治和管理的机器,它的内涵和外延在人类发展的历史中一直都在发展中变化着。从古希腊的"城邦国家",

---

[①] 约瑟夫·威勒认为,欧盟没有"一个公民",因此也就"不是一个国家",而是"先行动后思考"的典型。Weiler, J. H. H. and Wind M. (ed.), *European Constitutionalism Beyond the State*, Cambridge UK: Cambridge University Press, 2003(中译本:程卫东等译,《欧洲宪政》,北京,中国社会科学出版社,2004,第3~9页)。

到 16~17 世纪欧洲的"领土国家"(territorial state)、17~18 世纪的"宪政国家"(constitutional state)、19~20 世纪的"民族民主国家"(national democratic state),再到 20 世纪的"民族福利国家"(national welfare state)①,不同时期的国家具有不同的特征。这种现象说明,国家本身包含着多重的功能,由于时代的不同,国家机器的各种不同功能交替发挥着主要的作用。因此,认识国家建设与转型的规律的一个主要方法就是分解这些功能,并且考察它们在不同历史条件下的变化和作用。

胡勒曼等人的新作将当代欧洲的国家机制称为四种"核心的规范性福利"的提供者,也就是说,国家首先要确保和平和人身安全,其次要提供自由和法律的确定性,第三要保证民主自决权,第四要保障经济增长和社会福利。② 他们和不少经济社会史学家们③一样,把 20 世纪 60~70 年代看做是所有上述国家功能都得到了充分体现的欧洲民族国家的"黄金时代"。在欧洲一体化的趋势冲击民族国家体制之前,在欧洲的领土国家之内,经济力量、政治力量和社会文化力量曾经相互制约而又相互支持,国家保证安全、法治、民主和福利的功能相互联系,形成了一种"相对稳定的均势"(relatively stable equilibrium)和一种"相互协作的格局"(synergetic constellation)。④ 但是,从 20 世纪 80 年代开始,上述均势被打破,欧洲民族国家内部的力量格局出现了重组,在国家之内,经济力量、政治力量和社会力量的变动导致了国家机制的改革和变迁。那么,这些力量是怎样变动和组合的呢?新的组合有哪些特性?新的均势是否有可能在更大的范围内,或更高的层次上出现?

胡勒曼等人尝试按照不同的功能领域分别考察国家机制的变化,用以观察力量重新组合的趋向与方式。他们根据国家作为"领土国家"的安全保障功能、作为"宪政国家"的秩序维持功能、作为"民主国家"的权利维护功能和作为"干预国家"的福利创造功能,对税收与安全、商业法的

---

① Hurrelmann, A., Leibfried, S. and Mayer, P. (ed.), *Transforming the Golden Nation State*, Palgrave, 2007, pp. 5-7.

② Hurrelmann, A., Leibfried, S. and Mayer, P., 2007, p. 4.

③ See for example: Polanyi, K., *The Great Transformation: The Political and Economic Origins of Our Time*, Boston: Beacon Press, 1957; Esping-Anderson, G. (ed.), *Welfare States in Transition—National Adaptations in Global Economies*, SAGE Publications, 1996; etc.

④ Hurrelmann, A., Leibfried, S. and Mayer, P., 2007, p. 3 &7.

制定、因特网管理过程中的民主合法性和有效性,以及一些社会政策等进行了案例研究。在上述几乎所有的领域里都发现了力量转移的现象。例如在民族国家征收税赋的领域里,国家的责任已经开始向国际和超国家的层面转移,特别是向欧洲联盟的层面上转移。欧盟的体制给成员国的税收法规设置了严格的制约标准,欧盟甚至在很多场合里都担负了原来属于国家的执行(行政)责任。留给成员国的只有最后干预的权力。[1] 在国家的核心权力领域,如军事领域里,也发生了"重要的转型"。"多层治理的结构正在形成"[2]。在这种治理结构中,国家传统的规制和执行责任正在"分散"(diffusion),成员国和超国家行为者正在共同地履行着那些责任。国家的其他很多责任领域,特别是经济和社会政策领域,日益呈现出欧洲联盟相对于成员国的主导作用。尽管如此,研究也证明,在公民社会的政治参与领域,在欧洲联盟的层面上却"找不到为公民社会提供的高民主素质(high quality democracy)的参与"[3]。

　　欧盟成员国的国家功能在欧洲一体化的进程中正在发生着"分散化"的权力转移,乃至国家转型,但是这些转移在不同的功能领域中却有着不同的速度和力度。在我们过去一直认为是国家权力的核心领域,例如税收和军事,由于欧洲一体化运动的拉动,成员国的国家并没有逃脱权力和责任被分散化的命运。国家正在经历着转型,虽然由于国家资源和结构的不同,以及功能领域的不同,转型的领域和先后次序也不同。在有些领域里,国家是转型的发动者;在有些领域里,国家是转型的配合者;在另外一些领域中,国家则是转型的主要管理者。但是,如果从民族民主国家的视角来考察,欧洲一体化运动却带来了很少的变化。在国家的层面上,民主的组织方式受到了产业信息化和政治欧洲化的很大挑战,但是却并没有在欧盟层面形成一个真正的民主程序和民主政治空间。

---

[1] Susanne Uhl., "Time to Say Goodbye? The Nation State and Taxation", in: Hurrelmann, A., Leibfried, S. and Mayer, P. (ed.), *Transforming the Golden Nation State*, Palgrave, 2007, pp. 27 - 48.

[2] Sebastian Mayer and Silke Weinlich, "Internationalization of Intervention? UN and EU Security Politics and the Modern State", in: Hurrelmann, A., Leibfried, S. and Mayer, P., 2007, p. 72. 关于这方面的发展,参见王湘穗:《欧盟的独立防务:行动与趋向》,《欧洲研究》2007 年第 1 期。

[3] Jens Steffek, "Breaking the Nation State Shell: Prospects for Democratic Legitimacy in the International Domain", in: Hurrelmann, A., Leibfried, S. and Mayer, P. (ed.), *Transforming the Golden Nation State*, Palgrave, 2007, p. 157.

关于国家功能转移的理论研究将我们带到了国家转型的边缘。无论我们怎样去证明国家干预功能、规制功能和执行功能的转变，都无法解释所谓的"民主赤字"问题。我们看到大量的国家职能和权力转向了超国家机制、多边国际机制、非政府组织，乃至私营部门，但是仍然不能解释民主政治，以及与此相关的，需要民族认同才能实行的国家政策为什么不能"溢出"到欧洲一体化运动的洪流中去这个问题。

对于国家功能转移的研究将我们重新带回到对于国家主体——"人"和人的组织方式的认识。哈贝马斯认为，在欧洲，存在着不同领域里的一体化进程：当城市国家的市民变成了民族国家的国民的时候，资产者的国家建立了资本主义的经济和政治体制，也创造了自己的一套行为逻辑。货物、资本和劳力的市场都遵从于这套不以人的意志为转移的自由交换的规律。这套规律是一种"体制一体化"（system integration），"以金钱作为媒介的社会一体化"（social integration）。这种"体制一体化"与那种以行为者和他们的意识作为媒介，通过价值、规范和相互理解而进行的"社会一体化"形成竞争而非合作的关系。通过民主公民权而实现的"政治一体化"（political integration）代表了社会总体一体化的一个方面而非全部。因此，在哈贝马斯看来，自由经济的一体化并不必然导致政治一体化，资本主义和民主之间本来就蕴藏着冲突。[1]

二 "中心构成"（center formation）、"体制建设"（system building）与"系统程序"（systemic progress）

如果说哈贝马斯的观察提醒我们去关注不同性质的一体化进程，并为我们理解欧洲建设的规律提供了一个新的切入点，那么施泰因·罗坎（Stein Rokkan）使用过的"中心构成"和"体制建构"以及不同的"边界"概念则给我们提供了有用的分析工具。在罗坎看来，罗马帝国的力量来源有三个，它们分别是经济、军事/行政和文化中心，以及它们各自的发展进程。这三个中心在发展演变的过程中调动各自的资源发展自己的组

---

[1] Habermas, Jürgen, *Between Facts and Norms: Contributions to a Discourse Theory of Law and Democracy*, Cambridge, Massachusetts: The MIT Press. 1996, pp. 501 – 502.

织结构，它们只是在特定的时段和特定的条件下才会相互支持。由于这些中心的发展相对独立，所以当军事/行政组织结构在5世纪崩溃的时候，作为经济中心并履行贸易职能的"城市带"（city belt）网络依然存在，并且继续服务于从地中海延伸到北欧的贸易。作为文化中心的罗马教会以及借助字母文书而进行的长途信息传播的网络，也依附密布在"城市带"沿线的教堂、修道院和教会领地保留了下来。罗马帝国作为一种控制领土的政治体制瓦解了，但是其经济和文化的设施却并没有寿终正寝，甚至还在和伊斯兰的对峙中得到了发展。因此，在罗坎看来，领土中心应当不是铁板一块，其中还包含了很多其他的功能中心，这些中心都在按照自己的逻辑生成、发展、变化着（见图1-1）。按照这个逻辑，我们可以根据不同中心在不同时段的相互作用来为具有不同特征的国家冠名，如"军事威权国家"、"法治国家"、"宗教国家"等等。

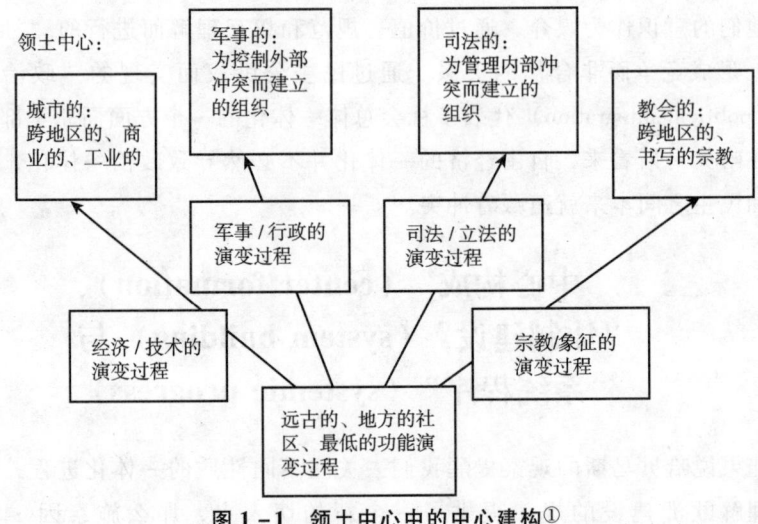

图1-1 领土中心中的中心建构①

罗坎不仅披露了领土中心内多种中心并存的现象，还通过定义"边界"解释了"中心构成"的动力和方式，从而也解释了人的因素与物质因素在国家建设过程中的相互作用。他区分了"前线"（frontier）、"疆界"

---

① Rokkan, Stein, *State Formation, Nation-building, and Mass Politics in Europe*, Oxford University Press, 1999, p. 99.

(border) 和"边界"(boundary), 进而提出, "前线"和"疆界"都与领土相关, 但是"边界"却可以定义成员身份, 因而既可以定义军事/强力边界, 也可以定义经济边界、文化边界和政治/行政边界。在一个疆土范围内, 可以有多个重合的边界, 也可以有不重合的边界, 例如文化或经济的边界就可能独自超出领土边界而形成自己的网络, 现代的因特网和贸易圈就已经跨越了疆土的管辖。不仅如此, 在各个边界内的空间里也实行着不同的规则。罗坎把领土空间称为"地理空间"(geographical space), 把其他物质、社会和文化的空间称为"会员空间"(membership space)。会员空间的边界要比地理空间的边界严密得多。个人可以跨越领土边界, 但是却很难被一个团体接纳为会员。罗坎认为, 人类社会建构的历史就是领土空间与会员空间之间的相互作用的历史。[1] 因此, 他的关注点在于中心构成和发展的过程中各个中心 (或空间) 之间的相互作用。他认为, 资源禀赋、地理距离和沟通渠道等制约要素是问题的核心, 把握了这些要素的演变及它们之间的相互关系, 就把握了中心构成的基本规律。他在另一个图标中将中心构成和体制建设的各种要素及它们之间的关系清晰地表现了出来 (见图 1-2)[2]。

在图 1-2 中, 军事/行政体制的向外扩张, 商业体制的对外渗透, 以及文化体制利用学校、教会等渠道进行的对外信息传播和体制建设, 都是领土中心中的变量。它们遵循不同的发展逻辑扩展着自己的空间, 例如经济中心一方面要保护自己的市场, 另一方面又要发展替代市场, 因此推动了交易网络的建设, 促进了市场和领地的整合; 文化中心为了使本中心区别于他中心, 巩固自我, 征服他者而致力于特定标准的传播和规范的建立。军事/行政中心致力于领地的占有, 但是不能支配和调度所有的资源。各种不同中心的权重、组合及相互影响使得领土中心的成分和侧重点不断地发生着变化。领土分割和领土整合的趋势相互砥砺、相互依存的力量和分庭抗礼的力量此消彼长, 形成了历史发展的丰富内涵, 也解释了欧洲历史上的多重体制结构, 以及这些结构之间深层次的不对称和发展的不均衡: 经济和文化体制可以忽视军事割据状态而在自己的空间中顽强地延伸着, 一直到领土中心的边界于中世纪后期开始收缩和重新

---

[1] Rokkan, Stein, 1999, p. 104.
[2] Rokkan, Stein, 1999, p. 119.

划定。当新的、强大的、以"民族"为标志的领土边界切断了经济和文化自然延伸的网络,一种新的政治力量就崛起了。同时,一个新的民族国家的时代也就开始了。

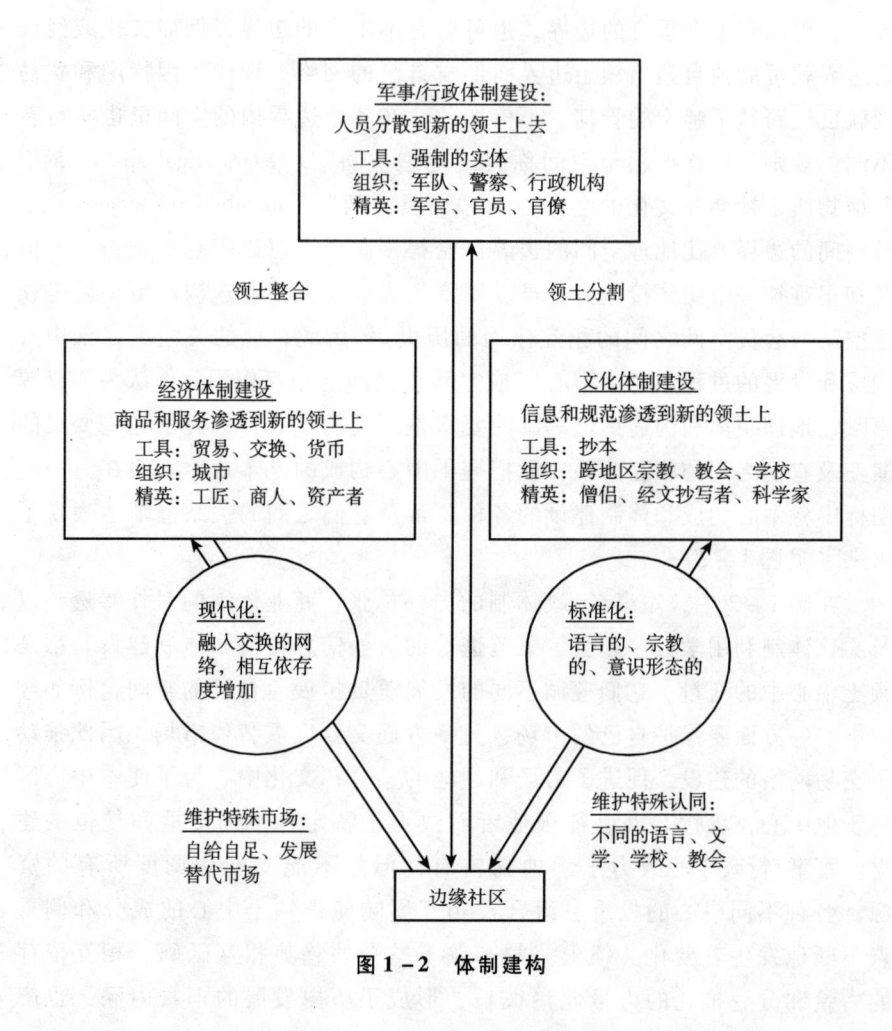

```
                    ┌─────────────────────────┐
                    │ 军事/行政体制建设:       │
                    │ 人员分散到新的领土上去   │
                    │   工具:强制的实体       │
                    │   组织:军队、警察、行政机构│
                    │   精英:军官、官员、官僚  │
                    └─────────────────────────┘
                              ↑
          领土整合                    领土分割
  ┌─────────────────────┐      ┌─────────────────────┐
  │ 经济体制建设         │      │ 文化体制建设         │
  │ 商品和服务渗透到新的领土上│  │ 信息和规范渗透到新的领土上│
  │   工具:贸易、交换、货币│    │   工具:抄本         │
  │   组织:城市         │      │   组织:跨地区宗教、教会、学校│
  │   精英:工匠、商人、资产者│  │   精英:僧侣、经文抄写者、科学家│
  └─────────────────────┘      └─────────────────────┘
            ↓                            ↓
      ╱─────────╲                  ╱─────────╲
     │ 现代化:   │                 │ 标准化:   │
     │ 融入交换的│                 │ 语言的、宗教│
     │ 网络,相互依存│              │ 的、意识形态的│
     │ 度增加    │                 │           │
      ╲─────────╱                  ╲─────────╱
            ↓                            ↓
  维护特殊市场:                  维护特殊认同:
  自给自足、发展                  不同的语言、文
  替代市场                        学、学校、教会
                    ┌─────────┐
                    │ 边缘社区 │
                    └─────────┘
```

图 1 - 2　体制建构

斯特凡诺·巴尔托里尼（Stefano Bartolini）总结了罗坎的理论,特别注重考察了体制之间相互作用的方式,提出系统程序（systemic process）是对个人选择的回应的命题。他认为,一个政体外部疆界的巩固与其内部政治结构的形成之间存在着密切的关联性。环境的变化引发各种各样的调整,系统在调整中生成。巴尔托里尼把罗坎关于"边界"的概念和赫尔施

曼（Hirschman）关于"退出"①和"发言"②之间存在替代作用的论断相衔接，认为"边界"的"锁闭"（locking-in）机制可以增加"退出"的成本（或者强迫购买公共产品，或者允许"发言"），鼓励或者迫使"不退出"的行动③。这种提高"退出"成本和增加"发言"机会的重复使用和不断发展使"边界"之"内"（ins）的机制没有机会与"边界"之"外"（outs）的机制进行交流和沟通，从而形成了内外机制的差别。同时，也促使经济、政治和文化等边界内发生结构调整，建立起新的系统程序。

城市国家、民族国家、帝国等政治体制的形成都是从不同的中心向外延伸至极限而同时在边界内建立体制和系统的。从经济中心发展出了经济体制（贸易网、关税同盟、全球经济等），从行政中心延伸出关于权利、义务和责任的职能机构，从文化中心演变出宗教、语言、民族认同等机制，由军事中心产生了对于领土的控制和镇压机制。

巴尔托里尼的主要关注点还是政治系统扩展的过程和方式。他认为，系统不是从单个的团体中生长出来的，而是在划定的领土范围内，借助于内部教育机制的组织、福利国家的建设和政治权力的机制化等一系列措施实现的④。在这里，"发言"权很重要，如果成员们愿意选择不退出，那么就意味着他们具有在某种程度上影响组织的能力，使组织机制的建设向着降低"发言"门槛、提高"退出"代价的方向发展。当然"发言"也需要规范化，否则就不会有人听，也不会发生作用。政治组织于是就这样形成了：边界的设立约束了"退出"，制约了资源，使得政治谈判的系统结构（systemic structure）经过三道机制："内部规则和准则的政治化"、"资源的转换"和"系统的相互作用"而发展起来。⑤这样，巴尔托里尼就将个人选择和体制形成的过程更加紧密地联系了起来，从而在"中心构成"的基础上增加了"系统程序"的内容（见图1-3）。

---

① 主要是指经济行为，例如逃税、从事地下经济活动、逃避社会义务，甚或向外移民。
② 指政治行为，特别是有组织的政治行为。
③ Bartolini, S., *Restructuring Europe: Center Formation, System Building and Political Structuring between Nation State and the European Union*, Oxford University Press, 2007, p. 13.
④ Bartolini, S., 2005, p. 35.
⑤ Bartolini, S., 2005, p. 47.

欧盟治理模式

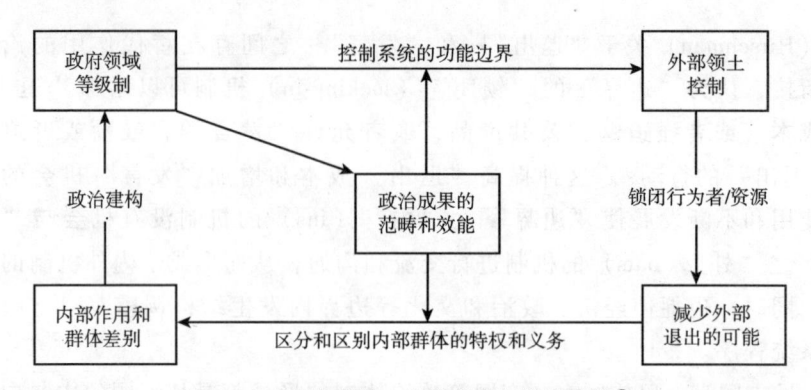

图 1-3　政治成果、边界设定和退出选择①

　　从这个逻辑来看，巴尔托里尼将边界的确立作为政治内部系统建设的一个最主要的先决条件。比较严密的边界对于边界内空间的资源整合和机制生成起到了最主要的"约束"（circumscription）作用，尽管边界形成在早期受到了环境或生态约束、农地约束、资源禀赋约束和社会约束等先决条件的影响。边界的固定减少了个人退出的可能，并且根据"退出"与"发言"的情况，建立起内部的差别和等级制，这些机制进一步加强了对外部边界的控制和对内部群体的管理。因此，所有的外部边界的建设都会带来内部边界的撤销或者调整。

　　欧洲一体化是否可以被看做是新的中心构成过程？随着时间的推衍，在欧盟的层面上是否会出现在欧洲历史上曾经出现过的中心构成，以及与中心构成相关的体制建设和系统程序？巴尔托里尼认为，在欧洲一体化的过程中，外部边界的确立与内部边界的撤销相互作用着。这个现象被沙普夫（Scharpf, F. W., 1996）称为"消极的一体化"和"积极的一体化"。消极的一体化就是"建立市场"（market-making）的一体化，通过消除贸易壁垒等政策措施来增加市场一体化的程度；积极的一体化则是"校正市场"（market-correcting）的一体化，通过引进社会政策和地区发展措施来影响市场行为。② 建立超越国家的社会和地区政策重心就意味着对外建立排他性的规则，消除壁垒就意味着建立包容性的标准，抹杀群体和领土之间的差别。

---

① Bartolini, S., 2005, p. 52.
② Bartolini, S., 2005, pp. 177–178.

上述边界、标准和政策机制的演变和转型进程明显地出现于欧洲经济、法律等领域里。但是在文化空间中，情势却有所不同。巴尔托里尼分析了三个关键领域：（1）通过建立欧洲层面的认同来创造一个文化平等区域，（2）实现一种极具欧洲特点的政治参与权，（3）共担社会风险的政策和机制。① 但是他的发现却与已有的欧洲国家建设相左。首先，在欧洲一体化的进程中，新中心的规则和标准的建立先于领土边界的确立，作为军事和高层政治疆界的领土边界的重要性降低了，领土中心的拓展不再与经济、文化和政治/行政中心的边界同步。即使在经济和文化中心内，也存在着不同的分领域和不同的边界重组，例如在财政领域里，内部边界的撤销速度就远远慢于其他经济领域。② 在强力和安全的领域里则出现了另外一种奇怪的现象：对外的边界并没有确定，但是对内的边界（警务、司法）却正在消除。要想了解这种犬牙交错的边界的重复出现和规律，还需要认识除了边界和中心以外的其他要素。例如推动体制创新的动力来自于哪些利益？这些利益又是怎样组织的？组织的依据、原则是什么？它们都有哪些内部和外部的约束？譬如在民族国家的层面上，利益的组合是清晰的，政党的政纲也是明确的，但是在欧洲宪政的问题上，民族国家政党的态度就很难用传统的观念来解释，而是多种利益的混合，并不具备民众代表性。选举者们仍然被锁闭在民族政治代议制中，他们的视野和权限的边界与其他中心扩展了的边界之间存在着一个新的空间，这个空间被"欧洲精英"（而非"民族精英"）和他们的组织占据着。

三 "民族建设"（nation building）与"国家转型"（state transformation）

我想再从民族建设和国家转型之间的关系这个角度来探讨"中心形成"在民族国家和欧洲联盟之间的"错位"现象。

说到民族建设，也有至少两种明显不同的观念，一种认为民族的成长与国家并不相干，"民族的权力既不需要被政府承认，也不需要由人民来

---

① Bartolini, S., 2005, p. 212.
② Bartolini, S., 2005, pp. 242-243.

维护"①，它独立于国家，是自在和自为的。这种自在和自为的力量被封建君主们所忽视，但却被拿破仑战争所唤醒。它以"自由"为口号，以"自决"为理想，用民族"合法性"去抵制法国征服者采用的相对先进的行政体制。这种"民族合法性"的主张有很多知名的推崇者，例如赫尔德（Herder, J.）就认为：民族来自于一种自然的成长：人民就像是家庭一样，是一种自然的植物，只是有很多的枝权而已。卢梭（Rousseau）也认为，自然是不变的、天赋的，而国家是变化的，所以国家必须服从自然的要求，国家必须跟随民族，在政治上统一民族。② 安东尼·史密斯（Smith, A.）表述得更加明确：民族是一个与其他人种不同的特殊的群体，政治认同和忠诚首先而且主要针对民族。民族植根于历史，作用于社会，因此"必须是政治性的"③。也就是说，民族应当实行政治自治，而且这种自治通常采取主权国家的形式④。根据这种典型的政治自然主义的逻辑，现代国家无非是民族发展的必然延伸。

但是这种理论无法解释，为什么并非所有的民族都发展成为国家；为什么在过去的历史中，有不少民族相互融和了，在当今的世界上，又有不少国家是多民族的。于是大民族主义应运而生。舒尔策（Schulze, H.）认为，民族是有差别的。有些民族是"文化民族"（Kulturnation），而另外一些民族则成为"国家民族"（Staatsnation），⑤ 布鲁贝克尔（Brubaker, R.）甚至提到"国家是强势文化民族的国家，是为强势文化服务的国家"，假如一个政体里有两个具有文化意识的公民（demoi），那么在民族国家建设的过程中，最终总有一个民族占上风，因此民族国家建设与民主建设是相互冲突的。⑥

---

① Acton, Lord, "Nationality", in: Balakrishnan, Gopal (ed.), "Mapping the Nation", *New Left Review*, 2000, p. 19.

② From: Bauer, Otto, "The Nation", in: Balakrishnan, Gopal (ed.), "Mapping the Nation", *New Left Review*, 2000, p. 75.

③ Smith, Anthony, D, *Nations and Nationalism in a Global Era*, Cambridge UK: Polity Press, 1995, pp. 153 – 155.

④ Smith, Anthony, D., *Theories of Nationalism*, London, 1971, p. 21, elaborated by Breuilly, John, *Nationalism and the State*, Manchester, 1985, pp. 3 – 18.

⑤ Schulze, H., *State und Nation in der Europäischen Geschichte*, München, Verlag C. H. Beck, 1994, p. 16.

⑥ Hall, J. (ed), *The State of the Nation: Ernest Gellner and the Theory of Nationalism*, Cambridge UK: Cambridge University Press, 1998, p. 226.

另外一种观念认为，民族的形成与建设和国家的形成与建设密不可分，甚至民族就是由国家构成的。因为所有独特的民族标志和民族观念都来自于"工作"①，而"工作"本身是具有时代性的，其形式和内涵都在国家的空间内发展变化。鲍威尔（Bauer）甚至干脆质疑民族来自于同种族群体的科学依据，认为语言、习俗等不能构成民族的基本特征。他举例说，意大利民族来自于使用同一种语言的很多人种，而犹太民族则使用着许多种语言。在鲍威尔看来，"民族特性是可变的"②，民族的形成和国家的形成都是历史的过程。历史造就了两个效果：一是创造了物质财富，二是创造了特殊的文化价值。这两者之间并非割裂，而是相互影响的。19世纪的工业化进程使世世代代在同一块土地上务农的人们背井离乡，切断了他们的整个教育和传授经验的系统，以及通过这种系统而传播的文化。在新的外部环境下，人们需要找寻新的认同，在共同面对各种挑战的过程中，人们形成了"命运共同体"③。所以，民族形成的原因不仅仅是共同的祖先、相同的基因、类似的语言文化等自然因素，而是在共同的命运和经历中，在不间断的沟通和相互影响的过程中生长出来的共同特性。霍布斯鲍姆（Hobsbawm）甚至把民族传统称为"被发明创造的传统"（"invented traditions"）④，把民族主义说成是一种政治规划（political programme）⑤，是在特定的历史时期，由特定的利益，为了特定的目的而策划出来的。具体地讲，政治理性主义认为，民族不仅是不断发展变化的，而且是被创造的。在18～19世纪，是新兴的资本主义通过改造教育而造就了民族意识，又让民族意识服务于资本主义的国家。

上述两种截然相反的观念有一个共同点，就是它们都认为欧洲的民族建设与国家建设既不同源也不同步，它们有各自发展的规律。在民族国家

---

① Gellner, Ernest, "The Coming of Nationalism and its Interpretation: The Myths of Nation and Class", in: Balakrishnan, Gopal (ed.), "Mapping the Nation", *New Left Review*, 2000, p. 102.
② Bauer, Otto, "The Nation", in: Balakrishnan, Gopal (ed.), "Mapping the Nation", *New Left Review*, 2000, p. 40.
③ Bauer, Otto, 2000, p. 51.
④ Hobsbawm and Ranger (ed.), *Tradition*, pp. 6 - 7, 10 - 11, etc; From: Breuilly, John, "Approaches to Nationalism", in: Balakrishnan, Gopal (ed.), "Mapping the Nation", *New Left Review*, 2000, p. 191.
⑤ Hobsbawm, Eric. J., "Ethnicity and Nationalism in Europe Today", in: Balakrishnan, Gopal (ed.), "Mapping the Nation", *New Left Review*, 2000, p. 256.

出现之前，不同的国家都曾经提出过自己的合法性标准，声称有权根据某种原则代表其领地的居民。这种合法性取决于国家在多大程度上能够提取或调动资源去建设领土的内部团结机制，并且在多大程度上将这些资源分散或使用到各个阶层的居民中去，并使他们感到满意，或者将他们的不满控制在一定的秩序内。例如在帝国的强力边界之内曾经包容了不同的文化团体和一些相对封闭的市场体系。[1]

民族国家出现以后，这一切就改变了。首先，在以民族程序为主导的民族国家中发展出一种内部的同质化措施，即所谓"平等的领域"（equality area）[2]。到了19世纪和20世纪民族国家和民族社会时代，根据这个平等原则，国民参与到统治之中，"民族认同"的各种标记被一而再、再而三地创造出来，"社会分享的机制化"以及政治参与权的机制化，都加强了在文化和行政领域里的中心机制。因此，"国家和民族所代表的是不同的历史进程"，这两个进程"在现代国家的形成和现代民族的建设过程中实现了汇合"[3]。这次不同进程的汇合是我们理解当前民族国家与欧洲联盟的最关键的钥匙之一。

问题的症结在于民族建设与国家建设是怎样汇合的，是以什么样的方式和结构汇合的。哈贝马斯认为，民族（natio）的概念出现在罗马时代，本来是有着共同祖先的人民的团体，因为有着共同的定居地、语言、习俗和传统而聚集在一起。这种聚集经过了漫长的中世纪，但并没有形成政治国家[4]。在中世纪后期，来自欧洲各地的大学生们在意大利的博洛尼亚求学，他们根据不同的来源地而形成称作"民族"（nation）的学生团体，采用了一套内部的民主管理方法（例如选举制和轮换制）。这些留学生将这种政治性的经验运用到他们在母国的政治活动中去，形成了民族政治的一些规则。所以，民族建设对于民主国家的建设是产生过影响的。

在罗坎看来，构成民族与国家关系的最重要的原因还是"人在欧洲的

---

[1] Bartolini, Stefano, 2005, pp. 22 – 23.
[2] Bartolini, Stefano, 2005, pp. 111 – 112.
[3] Habermas, Jürgen, "The European Nation-state—Its Achievements and Its Limits. On the Past and Future of Sovereignty and Citizenship", in: Balakrishnan, Gopal (ed.), "Mapping the Nation", *New Left Review*, 2000, p. 283.
[4] Habermas, Jürgen, "The European Nation-state—Its Achievements and Its Limits. On the Past and Future of Sovereignty and Citizenship", in: Balakrishnan, Gopal (ed.), "Mapping the Nation", *New Left Review*, 2000, p. 282.

定居"（the Peopling of Europe），是凯尔特人的扩张、罗马人的征战、日耳曼部族的入侵、阿拉伯人18世纪穿过伊比利亚对高卢的征服、维京人的劫掠与占领、斯拉夫人和芬兰—乌戈尔语系民族向日耳曼的西向推进、日耳曼人自12世纪开始的向东扩张……是族群对领土的占据为欧洲民族国家的形成奠定了基础。① 对于有些民族来说，族群建设是一个动力内核，而外部世界则是有可能伸缩的。北欧的君主们一边在异族的领地里进行着快速的帝国扩张，一边在内部巩固族群统治的机制。当他们因为战败而回到他们族群的腹地时，由于有了民族的统一和独特的法律体制，所以国家没有被肢解。英国的君主们自百年战争从法国撤退以后，就开始了一个都铎王朝统治下的内部巩固时期。但是相反的例证也比比皆是：在法国，君主们花费了很长时间才巩固了自己的领土。一直到拿破仑激起了欧洲大陆的民族建设高潮以前，法国的国家建设一直是以王权为核心，而不是以民族为核心进行的。类似的情况还出现在哈布斯堡王朝等封建势力强大的领土上。在德国和意大利，民族意识和民族机制的兴起与领土边界的确定一直拖延到了19世纪后期。所以，在有些国家是民族建设先于现代国家建设，而在有些国家则是现代国家建设先于民族建设。也就是说，除了民族的自然动力以外，国家发展还有其他的、理性或者事物发展规律的推动力。

的确，我们看到，民族建设与国家建设的行为主体是不同的：推动现代国家的行为者主要是律师、外交官和官员，他们的工作是建立有效率的官僚机制。推动民族建设的主要行为者却是另外一些群体：作家、历史学家、新闻记者等等，他们致力于将民族在文化的意义上统一起来。②

回过头来看历史进程：欧洲早期国家的建设与发展的确很少看到民族的力量。群体的生存需要、君主的领土贪欲、商人的贸易活动、体制的发展规律等相继促使国家机构发生和发展。但是到了近现代，特别是社会出现了大规模的转型之后，原来的国家形态开始面临双重的挑战：一是在宗教战争之后，欧洲社会出现了宗教多元的倾向，以罗马教会为主导的文化中心受到肢解，相对强大起来的世俗政权需要一种世俗的合法性，一种以世俗权力控制的领土为边界的新的文化中心；二是人口从农村向城镇的迁移将人们从传统的社会关系中连根拔起。用哈贝马斯的话说，"社会需要有一种抽象的整

---

① Rokkan, Stein, 1999, p. 153.
② Habermas, Jürgen, 2000, p. 283.

合"，一种能够使得散落在广袤领土上的人们感到在政治上负有相互责任的思想意识认同。[①] 民族主义被创造出来，继而升华了民族，改造了国家。

总结一下，种族认同早已存在，但是，种族或民族的认同在漫长的历史中并没有被机制化、法律化、政治化，也没有被国家化。民族作为一种文化中心在欧洲是自在的中心，也是分散的中心，是隐蔽在单一宗教文化中心阴影下的分立的空间。欧洲近代社会的大变迁挑战了国家的功能，迫使它回应社会工业化和世俗教育标准化的问题。社会变迁也挑战了文化中心，新的社会力量和知识力量奋起反抗传统的宗教文化的权威。作为新的文化中心的民族力量崛起了，它和传统的国家力量都需要回应社会巨变带来的新课题，于是它们相互利用、互相支持。国家功能向社会领域"溢出"，民族则在文化舆论方面"认同"，于是，国家功能的加强，特别是对于教育的投入，增加了民族意识，而民族认同程度的提高则使得国家的政治参与和社会分享机制得以建立。民族和国家在"特定时期"和"特定条件"下，共同建立起严密的民族化的边界。"退出"的难度增加了，同时体制与社会提供了物质和精神的双重优惠和机遇，于是，经济、政治、社会机制迅速根据新的情况实行转轨，在民族国家新建的藩篱下调整结构，实现体制勾连，民族国家进入了政治民主制和社会福利制的时代。

在民族国家时代，传统国家的经济中心进行了结构调整、转型和发展，实现了工业化和城市化；传统国家的司法功能因为社会生活的丰富而得到充实；传统国家的军事/行政中心由于税收的支持而空前强盛。唯一例外的是文化中心。在罗马时代，宗教文化中心是普世性的，到了民族国家时代，普世性宗教文化的地位为独特的世俗民族文化中心所替代。

四 结语：民族国家的转型与欧洲一体化

在欧洲民族国家时期，文化、经济和政治/行政的边界高度重合并相互支持，有效地约束了经济、文化和政治资源边界的扩张，因而可能在一个固定的范围内迫使资本和投资者接受协商的规则，并且将它们的部分利润用于国内再分配。但是，这个体制受到了边界外部环境变化的巨大挑战：在欧洲民族国家边界之外出现了经济全球化和欧洲一体化这两大历史进程。

---

① Habermas, Jürgen, 2000, p. 286.

严格地讲，欧洲一体化的发展是对全球化竞争的一种反应，是一种"政治规划"。为建立欧洲统一大市场而做出过突出贡献的雅克·德洛尔（Delors）曾经用迫切的口吻告诫欧洲人，他们必须"快速行动，否则欧洲将变成一个美国人和日本人用来进行考古发掘的场所"[1]。欧洲统一大市场的建立拓展了民族国家的经济边界，扩大了经济交易的空间。经济要素的跨边界活动带动了与之相关的其他要素，如法律规则、货币政策，乃至社会服务等网络相应开始进行跨边界扩展，从而改变了原来领土边界内各中心之间的权重，同时在原来的领土边界之间发生"去区别化"（de-differentiation）的现象[2]。

但是，这次国家转型不同于以往。在国家的众多功能中心中，经济和法律功能中心的转型和扩展大大快于其他中心。为了"更好地为经济服务"，"提高经济竞争力"，"防止国家退化"，"减少由于公共预算赤字而造成的财政压力"等等[3]，成为新的"合法性"说词。那些传统的国家功能随着社会发展的规律而经历着这种"体制的一体化"的转型，但是那些民族带给国家的特性与功能却因为遵循另外一套发展逻辑而往往拒绝转型，因为转型所带来的"去区别化"抹杀的正是民族引以为豪的特性。于是，民族国家的功能中心在向欧盟发展机制，而民族国家的文化中心则固守民族国家的边界。这样一来，在两个不同的空间中就出现了一个"错位"发展造成的新空间。这个空间太过功能性，太缺乏文化特质，欧洲的民族文化精英们不屑于去占领这个空间，将它留给了欧洲理性主义和功能主义的精英们。

综上所述，由于民族建设和国家建设之间存在着时间差，它们提供给民族国家的机制就大体分为两类，一类是国家提供的，形成于民族国家出现之前，例如行政和法制；另外一类是民族对于国家的贡献，例如民主参与。福利国家从严格的意义上来讲既不是功能的简单"溢出"，也不是社会共享的必然结果。即使没有民族对于国家再分配体制的贡献，工业化的大潮也必然促成某种形式的社会保障和社会再分配机制，美国建设"伟大社会"并不是因为民族主义运动的推动。但是，欧洲民族国家的民主参与

---

[1] Delors, 1991: 21, cited in: Bornschier, Volker (ed.), *State-building in Europe: The Revitalization of Western European Integration*, Cambridge University Press, 2000, p. 4.

[2] Bartolini, S., 2005, p. 375.

[3] OECD 1990: 9/10; 1993a: 7; 1993b; 1997: 7.

却推动了欧洲社会保障体制的建立向着全民福利这种社会共享机制发展。在欧洲一体化的历史进程中，民族国家牢固的领土边界被打破了，领土空间中的各类中心必然出现不同速度的转移和重组。民族国家中的经济和法律等机制来自于国家建设历程，它们遵照功能性规律向欧洲联盟层面转移；民族国家中的社会文化等机制来自于民族建设的历史，它们根据民族性逻辑滞留在民族国家的层面。民族和国家在欧洲一体化时代的"错位"发展将那些出现于民族国家形成之时，受到民族和国家两种力量双重推动的经济社会等机制置于被肢解的状态。尽管欧洲联盟在想方设法重新整合功能和民族这两种推动力，用"辅助性原则"来发挥民族的作用，而用"共同体政策"来拉动功能发展，但是两者之间的矛盾和裂痕比比皆是，虽然欧盟通过"里斯本战略"启动了"开放式协调"机制，但是不仅整合的过程还将是长期的，而且最终能够被转移的仍将是体制中的功能性部分。

民族建设和国家建设之间的差别决定了欧洲一体化进程中各个中心和系统发展的取向和速度。那么欧洲一体化是一种独特的"国家建设"进程吗？我们已经看到，在功能领域里，欧洲一体化在某些方面继承了欧洲国家建设的进程，但这种继承本身也是独特的：欧洲共同体是由多个民族国家的政府而非一种社会主导力量率先划出新边界的。由于这个边界一直处于变化之中，因此欧洲联盟内新中心的构成也呈现出不断变动的特点。在最具民族特性的领域里，民族国家政府未能划出新的边界，因此欧洲联盟的文化中心建设还要经历漫长的时间，或者需要等待新的社会大变迁为它提供新的契机。

参考文献

Balakrishnan, Gopal (ed.), "Mapping the Nation", *New Left Review*, 2000.

Bartolini, Stefano, *Restructuring Europe: Center Formation, System Building and Political Structuring between Nation State and the European Union*, Oxford University Press, 2007.

Bornschier, Volker(ed.), *State-building in Europe: The Revitalization of Western European Integration*, Cambridge University Press, 2000.

Breuilly, J., *Nationalism and the State*, Manchester University Press, 1993.

Brubaker, R., *Nationalism Reframed: Nationhood and the National Question in the New Europe*, Cambridge University Press, 1996.

Esping-Andersen, G., *The Three Worlds of Welfare Capitalism*, Oxford: Polity, 1990.

Gellner, E., *Nations and Nationalism*, New York: Cornell University Press, 1983.

Giddens, A., *The Nation-States and Violence*, Cambridge UK: Polity, 1985.

Habermas, Jürgen, *Between Facts and Norms: Contributions to a Discourse Theory of Law and Democracy*, The MIT Press, 1996.

Hall, J. (ed.), *The State of the Nation: Ernest Gellner and the Theory of Nationalism*, Cambridge UK: Cambridge University Press, 1998.

Hastings, Adrian, *The Construction of Nationhood. Ethnicity, Religion and Nationalism*, Cambridge University Press, 1997.

Héritier, Adrienne, Knill, C. and Mingers, S., *Ringing the Changes in Europe. Regulatory Competition and Redefinition of the State. Britain, France, Germany*, New York: Walter de Gruyter, 1996.

Hix, S., *The Political System of the European Union*, Basingstoke: Macmillan, 1999.

Hobsbawm, E. J., *Nations and Nationalism since 1780*, Cambridge: Cambridge University Press, 1990.

Hurrelmann, A., Leibfried, S. and Mayer, P. (ed.), *Transforming the Golden Nation State*, Palgrave, 2007.

Majone, G., "The Rise of the Regulatory State in Europe", *West European Politics*, 17 (1994).

Moravcsik, A., *The Choice for Europe—Social Purpose and State Power from Messina to Maastricht*, Cornell University Press, 1998.

Pierson, C., *The Modern State*, New York: Routledge, 1996.

Rokkan, Stein, *State Formation, Nation-building, and Mass Politics in Europe*, Oxford University Press, 1999.

Skocopol, T., *States and Social Revolution*, Cambridge: Harvard University Press, 1992.

Smith, Anthony D., *Nations and Nationalism in a Global Era*, Cambridge, UK: Polity, 1995.

Smith, Anthony D., *Nationalism and Modernism*, New York: Routledge, 1998.

Schulze, H., *State und Nation in der Europäischen Geschichte*, München, Verlag C. H. Beck, 1994.

Sørensen, G., *The Transformation of the State: Beyond the Myth of Retreat*, New York: Palgrave Macmillan, 2004.

Tilly, C. (ed.), *The Formation of National States in Western Europe*, Princeton, NJ: Princeton University Press, 1975.

Weiler, J. H. H. and Wind M. (ed.), *European Constitutionalism Beyond the State*, Cambridge UK: Cambridge University Press, 2003.

Ⅱ 欧洲国家建构和欧盟一体化

——一个亚里士多德主义的视角*

一 引言

"因为国家不是由偶然聚在一起的一群人发展而来,更不是在某一天突然出现的。"①

2007年6月的布鲁塞尔首脑会议最终决定用一个《改革条约》代替原来的《宪法条约》。②这意味着欧盟已经承认了"制宪计划"在法国(2005年5月29日)和荷兰(2005年6月1日)公投中所遭受的挫败。然而,用一个《改革条约》来取代《宪法条约》并不会改变改革计划的实质。③《改

---

* 作者:伊尔玛·里格尔,博士,毕业于佛罗伦萨欧洲大学学院政治学与社会科学系。现为德国布莱梅大学社会政策中心副教授。中文译者:范勇鹏。

① Politics 1303a26f. 所有引用均来自牛津修订译文版:Jonathan Barnes (ed.), *The Complete Works of Aristotle*, 由普林斯大学出版社出版于1984年的两卷本(Bollingen Series LXXI/2)。注释是根据1831年Immanuel Bekker标准版的希腊文《亚里士多德全集》。多数版本的亚里士多德著作和多数学者所著的关于亚里士多德的文献都采用Bekker版的注释。

② 布鲁塞尔首脑会议在一项正式条款上达成了一致,即在2007年下半年召开一次政府间会议以制定出修改现有条约的《改革条约》,其目的是"提高扩大后的联盟的效率和民主合法性,协调联盟的对外行动"。轮值主席国葡萄牙计划在2007年10月18日的理事会非正式会议上就条约的文本达成一致,并在2007年12月的首脑理事会上签署。这一计划是为了使最终签署的条约在2009年6月的欧洲议会选举之前有充分的时间在各成员国得到批准。《改革条约草案》的文本见以下网址:http://european-convention.eu.int/docs/Treaty/cv00850.en03.pdf.

③ 欧盟宪法条约起草大会主席Valery Giscard d'Estaing公开宣称《宪法条约》只会进行一些修饰性的改动,以引导公共观念在不了解真正本质的情况下接受条约文本。见:David Charter and Philip Webster, "Europe Divided", *The Times* (London), June 15, 2007。

革条约》确实不仅取消了"宪法条约"这一名称，也删去了一些使欧盟看起来更像一个国家的象征性符号，如盟歌、旗帜，以及"欧盟外交部长"这个职位。此外，新条约也抛弃了"法律"和"框架法律"之类的敏感字眼，只保留了"规则"（regulations）、"指示"（directives）和"宣言"（declarations）等形式。与此同时，《改革条约》却保留了一个更为独立的欧盟上层建筑所应具有的大部分因素，包括一个单一的法律人格、常任欧盟主席、全欧性的公诉人主体（欧盟检查官），以及有实无名的欧盟外交部长。由《马斯特里赫特条约》首创、被《阿姆斯特丹条约》所修订的欧盟三支柱结构也将被一个单一的结构所取代。有效多数决策方式的适用范围将包括外交政策、能源、交通、空间政策等广泛领域，进一步缩小了成员国否决欧盟立法的权力。也许最重要的一点是《改革条约》关于自我修订的规定，这意味着欧盟有权力通过修订条约而提高自己的职能。[①] 总的来说，《改革条约》至少为欧盟通过更为集中化的道路走向一个"更加紧密的联盟"提供了潜在的可能。[②]《改革条约》中的一些新条款体现了这一点：条约赋予了成员国在警务和刑法合作领域"选择不参加"（opt out）的权利，还有一个新条款甚至允许成员国退出欧盟。换句话说，尽管再三确认了欧盟不会发展成为一个"超级国家"，《改革条约》却仍然涉及了一个真正的宪法性问题。《宪法条约草案》最初被视为一种使欧盟更加透明、更接近公民的方案。《改革条约》则有着不同的目的。因而，几乎所有的评论家都认为欧盟的"民主赤字"仍旧和以往一样严重，人们依然对欧盟的真正本质抱有疑虑。

然而，我们真的应该使用宪法主义的语汇来描述欧盟的政治本质吗？在众多高于民族国家的政治结构中，为何独有欧盟成为宪法性建构的对象？在当前的修约政治中所经常使用的宪法性语言不仅体现了对学术界和政治界谈论欧盟问题时所通用的中性语言的突破，也意味着人们在面对欧

[①] 《改革条约》的第33（1）条款规定："任何一个成员国的政府、欧洲议会或委员会都可以向理事会提交修订条约的建议。这些建议可以要求增加或削减条约所赋予欧盟的职能。"

[②] 《条约》的第33（3）条款规定部长理事会有权改变政策决策的规则，这进一步限制了否决权所可能发挥的作用："在'联盟的运行机制条约'或者本条约的第5部分所规定的在特定领域或问题上要求部长理事会做出一致同意决策的情况下，欧洲（首脑）理事会可以决定授权部长理事会在这个领域或问题上采取有效多数决策机制。这一规定不适用于与军事和防御领域相关的决策。"

盟宪法问题时已经抛弃了原有的"语义学上的谨慎"①。为了找到"什么是欧洲一体化的政治本质"这一根本性问题的答案，也就是说欧洲一体化的"终极目标"究竟是一个"联邦体系"还是一个由民族国家之间的合作所构成的"邦联"，我们首先应该回到亚里士多德那里去寻找根源。我们难以为欧盟确定一个"名称"这一事实本身就说明欧盟不是一个亚里士多德意义上的"共同体"。亚里士多德所定义的"共同体"——也就是国家——来自于公民关于公正和不公正、好和坏、正确和错误的行动过程等问题的争论。因而，我认为我自己的第一个任务就是"正名"：什么是国家？宪法意味着什么？本章要回答的第二个问题与所谓"虚假的宪法主义"有关：在不具备社会和文化前提的情况下，一个政治实体的"宪法化"意味着什么？在本章的最后部分，我要回答这样一个问题：如果欧盟不是一个形成中的政治实体，那么它究竟是什么？欧盟真正的"终极因"是什么？如何解释它作为一个相当独特的治理结构所取得的成功？欧盟成功的"秘密"是什么？

二　国家

> 子路曰："卫君待子而为政，子将奚先？"子曰："必也正名乎！"子路曰："有是哉，子之迂也！奚其正？"子曰："野哉由也！君子于其所不知，盖阙如也。名不正，则言不顺；言不顺，则事不成；事不成，则礼乐不兴；礼乐不兴，则刑罚不中；刑罚不中，则民无所措手足。故君子名之必可言也，言之必可行也。君子于其言，无所苟而已矣！"②

那么，当进入到一个宪政体系的框架之内时，政治行为者以及他们在法学界和政治科学界的同盟者在欧盟中的行为会产生什么样的结果呢？如果他们声称其立场完全基于欧洲人民的主权，结果又会如何呢？然而，欧盟的政治体系不是建立在一种社会结构之上的，欧盟的治理模式也不是基

---

① Ulrich Haltern, Gestalt und Finalität, in: Armin von Bogdandy (ed.), Europäisches Verfassungsrecht. Theoretische und dogmatische Grundzüge, Berlin: Springer, 2003, pp. 803–845, at p. 809.

② 《论语·子路第十三》，载〔清〕刘宝楠著《论语正义》，中华书局，1990，第517～522页。

于一个文化体系，因而欧盟宪政主义者们实际上正陷于一个谬论之中。阿历克西·德·托克维尔首先指出了这一点：他们从"人民的沉默"中推导出这种主权意愿，从"人民的服从这一事实推断出统治的正义性"[1]。其结果就必然是一种"虚假的宪政"。

欧盟《宪法条约草案》将自己伪装成欧洲制宪时所产生的必然结果，自以为重复了詹姆斯·麦迪逊及其同僚在1787年所成就的伟大功绩：创造出了一个未来的合众国所不可或缺的人民的统一。然而，正如本文所将要论证的，将欧盟"宪法化"的努力最终只会导致一种"虚假的宪政"。这种"虚假宪政"将一个"欧洲"的存在设定为《条约草案》和《改革条约》的预设前提。以亚里士多德的思想为佐证，我认为欧盟的制宪政治迄今尚不存在，而且也极有可能将不会产生的社会和文化条件当成了既成事实。

亚里士多德对城邦政治的分析有一个重要的出发点：一个社会的社会结构和文化体系。韦伯（以及我们中的多数）的思想集中于如何赢得权力或如何扩大自己的权力份额的问题，亚里士多德所关心的核心问题却是一个复杂的、饱受冲突困扰的社会如何转变成一个可以实行有效治理的共同体，并进而提高公民的福利。对于亚里士多德来说，实现这一目的的方式就是宪法。亚里士多德在《政治学》第三卷开篇的论述就指出了欧盟研究的中心问题："对不同形式的政府的本质和特征所做的任何思考都必须首先回答国家是什么。"[2] 对于欧盟的政治组织形式，除了将之界定为政治科学所讨论的一种特殊政体外，人们几乎无法达成任何共识。欧盟是多层治理结构的一部分吗？抑或它本身就是一种特定的政体？在最终的分析中，欧盟这一政治结构是基于公民还是基于国家？然而，尽管政府间主义和制度主义的观点之间存在着鸿沟，但两大思想流派一致认为欧盟是某种超越了"我们所知的"国家的东西。似乎所有的相互竞争的理论路径都有一个共同的讨论基础：欧盟是一种新的政治组织，对作为政治秩序主要形式的国家形成了挑战。几乎没有任何人公开声称欧盟应该发展成为一个国家。可是由于对"国家究竟是什么"这一问题人们尚未取得共识，恐怕关于欧

---

[1] Alexis de Tocqueville, *Democracy in America*. Translated by George Lawrence, edited by J. P. Mayer, New York: Harper & Collins, 1969, p. 58.

[2] Politics 1275b33f.

盟的争论只会变得更加混乱。

在亚里士多德的讨论中，国家被视为公民之间的联合。亚里士多德不厌其烦地指出，"一个人不是因为他居住在某个地方而成为公民，因为外国人和奴隶也住在同样的地方；他也不是因为拥有了起诉和被诉的法律权利而成为公民，因为这种权利可以通过协约条款的规定而获得"[1]。很显然，亚里士多德明确区分了国家和赋予公民平等权利的协约体系两者之间的不同。它们之间的分界线就是公民"在一种基于选择的生活中共享快乐"的能力。他强调说"国家不因不义的联盟和安全而存在，也不是为了交易和相互交往而存在"[2]。换句话说，一个基于"共同市场"的社会不能转变成一个共同体。

马克斯·韦伯、埃米尔·杜克海姆（又译涂尔干）和塔尔科特·帕森斯都重申了亚里士多德关于市场建构不能产生共同体的观点。韦伯指出："市场共同体是现实生活中最不具有人格性的一种关系，……市场的非人格化的原因在于它只重视实利，市场具有只关心商品的倾向。只要允许市场完全按照自己的倾向发展，市场的参与者便会将注意力集中在商品之上，完全忽视了人；在市场中不需要兄弟情谊和相互尊重，这种自发的原始人际关系从来都不需要人之间的联盟来维系。"[3] 由于这个原因，市场交换或金钱交易所产生的群体与通过理性地接受（或外加）的规范而形成的联盟是完全对立的。杜克海姆的观点比韦伯还要极端，他认为个人在市场中依据利益而产生的行为永远都不可能成为一个复杂社会中社会团结的基础："建立在利益基础上的人际关系从来都不可能持久"[4]。相反，他强调，即使是将市场维系在一起的契约性关系也需要以非契约性因素为基

---

[1] Politics 1275a7 – 10.

[2] Politics 1280a34. 亚里士多德继续论述：如果一个国家是为了保护市场交易，"那么伊特鲁里亚人和迦太基人，以及其他一切互有商业协约的民族都可以被看做是一个国家的公民"（1280a36f.）。关于地理因素和领土疆域对于国家的意义，他有着类似的观点："假设将不同的地方，例如科林斯和麦加拉，合为一体，城墙相接，它们仍然不是一个城市；即使它们的公民可以相互通婚——这是国家的特征之一——其结果也是一样。再如，当人们分别居住在相距遥远的地方，当然，没有远到使他们无法进行交易，法律保证他们在交易中不应互相欺诈，他们也同样没有构成一个国家。"（1280b15 – 20）

[3] Max Weber, *Economy and Society*, edited by Guenther Roth and Claus Wittich, Berkeley, California: University of California Press, 1978, p. 636.

[4] Émile Durkheim, *The Division of Labor in Society*, New York: Free Press, 1964, p. 203.

础，因为"任何因素都比利益因素更为持久。今天利益使我和你联合起来；明天同样的原因又使你成为我的敌人。这类原因只能产生短暂的关系和易逝的联合"①。塔尔科特·帕森斯虽然同意市场会产生"相互依赖的生态集合体"，但他还是在此类集合体与具有自我意识和行动能力的集体之间做了明确的区分。② 这样一种集合体对责任没有要求，也无法向承担责任的人提供满足感。换句话说，这种群体是不能自足的，因为它"不具有使公民善良和公正的力量"。③

而城邦，或者国家，是一种共同体，它们具备了维持一个自足体系的所有前提条件。④ 其他任何共同体，无论是家庭、村庄还是某些职业或宗教团体，都不具有这种"完整性"⑤。由于国家具有这种性质，它便有能力使个人得以自给自足，将个人引向"美好的生活"⑥。如果我们使用更现代的术语，国家的这种特征应该被称为"福利国家"，社会政策因而占据了讨论中心位置。⑦ 然而，亚里士多德式的"福利国家"概念的出发点就是人应该发展多方面的潜质，因而它无法约束极权主义："不同的人以不同

---

① Durkheim, *Division of Labor in Society*, p. 204.
② Parsons and Shils, "*The Social System*", p. 193.
③ Politics 1280b11.
④ "当几个村庄联合成一个单一的共同体，其规模足以实现或基本实现自给自足时，国家就产生了，国家的起源于单纯的生活需要，而国家的延续则是为了更好的生活"（Politics 1252b28ff.）。帕森斯对这一定义的态度并不出人意料。塔尔科特·帕森斯在1961年发表的一篇论文中指出，他对社会系统——尤其是"社会性共同体"——概念所做的界定继承了亚里士多德针对城邦政治而得出的范式：Talcott Parsons, "Order and Community in the International Social System", in: James N. Rosenau, Hrsg., *International Politics and Foreign Policy*, Glencoe, Ill: Free Press, 1961, pp. 120 – 129, here pp. 121f。
⑤ "每一个国家都是某种类型的共同体，而每一个共同体都是为了某种有利的预期而建立的；因为每个人的行为都是为了得到他认为好的东西。但是，如果所有共同体都具有某种有利的目的，那么国家或政治共同体是最高级的共同体并包含了其他所有种类的共同体，因而应该是为了更高层次的利益。"（Politics 1252a1 – 6）
⑥ "国家是一个平等的共同体，目的是为了实现尽可能好的生活"（1328a36）。对国家的这种描述来自他在《政治学》第7卷所做出的对理想国家形态的设想。如果说将"美好的生活"作为国家的终极目标显得过于空泛的话，我们可以设想一下：如果将这个要素从定义中删除会带来什么样的后果？毫无疑问，国家会变成专制体制，不再对合法性抱任何要求。这种情况已经无数次地发生，而且还将发生，但它不足以推翻亚里士多德提出的国家定义。
⑦ Newman 的《亚里士多德政治学导论》（*Introduction to the Politics of Aristotle*）在描述古典政体对人们生活的调控时提出了一个短语——"从摇篮到坟墓"，这个短语后来被 William Beveridge 用来衡量福利国家的实现（Oxford: Oxford University Press, 1887, p. 74）。

的方式和手段追求不同的快乐,因而他们有着不同的生活方式和不同的政府形式。"① 能够避免国家成为一个以纯粹的再分配为目的的压制性机器的,是被亚里士多德视为宪政国家本质内容的机制:公民轮流统治和被统治②。

将国家看做一种具有自足能力的共同体,就意味着它"从本质上高于家庭和个人,因为整体高于局部"③。因而,从亚里士多德的视角来看,无论是"领土疆界"还是"共享的地域"都无法构成城邦。一个自足性的共同体,或国家,得以延续的一个前提条件是存在一个决策性的功能体系,这个体系可以将足够的权力和声望分配给这些功能性角色;另一个前提条件是,它应该具有一个能够控制分配和调解冲突的完整的结构。对亚里士多德来讲,更严格意义上的"宪法"就是指城邦国家的各种功能整合而成的一个进行性的体系。

在亚里士多德的概念中,国家是一个以对正义的共同理解为基础的共同体。本尼迪克特·安德森继承了他的思路。安德森造出了一个词汇:"想象的共同体"④。安德森认为"国家是想象的,因为即使是在最小的国家中,一个人也不可能认识或遇到他的同胞中的大多数,甚至都不可能听说过他们。但是共同体的形象却存在于每个人的心中"。⑤ 尽管安德森将国家看做是"印刷资本主义"的产物,他非常明确地指出:构成一个民族——或亚里士多德意义上的"国家"——的关键因素是会话(discourse)⑥。安德

---

① Politics 1328a40 – 1328b1.
② Politics 1259b5.
③ Politics 1253a19f. 由于我们的目的是对欧盟进行分析,因为很有必要注意到亚里士多德充分意识到了正确使用名称——或曰术语——的重要性。他认为国家最关键的本质要素是:它必须是一个可以自足的政治实体,这与它的名称无关。"我们依据事物的功能和力量而界定其定义;当事物的性质发生改变时,我们就不能仍将之视为同样的事物,变化前后的两者之间无非同名而已"(Politics 1253a22 – 25)。
④ Benedict Anderson, *Imagined Communities*: *Reflections on the Origin and Spread of Nationalism*, revised edition, London and New York, 1991.
⑤ Anderson, *Imagined Communities*, p. 6.
⑥ 关于这一点,可参见:Greg Anderson, *The Athenian Experiment*: *Building an Imagined Political Community in Ancient Attica*, 508 – 490 B. C, Ann Arbor, MI: University of Michigan Press, 2003. 有一种观点认为雅典民主起源于一次社会学/意识形态意义上的"认识论"转型——雅典人思考、表达和行为方式的一次迅速而深刻的转变,参见:Josiah Ober, "'I Besieged that Man': Democracy's Revolutionary Start", Princeton/Stanford Working Papers in Classics, November 2005 (http://www.princeton.edu/~pswpc/pdfs/ober/110513.pdf), quote on p. 2。

森将"一种深厚的平行性的同胞情谊"或"兄弟情感"视作民族形成的核心因素的时候,他在本质上是在重新表述亚里士多德的国家概念,即 koinonia(意为国家或共同体——译者)。"共同体"和"联合体"之类的概念无法充分表达它所包含的更为隐性的内涵。对亚里士多德来讲,国家就是"公民间在宪法之下的一种伙伴关系"①。所谓"伙伴关系"在本质上意味着公民有能力使其社会中的关键问题成为"全体社会成员的事务"②。因为共同体具有这种性质,亚里士多德得以做出如此论断:"共同体就是宪法。"宪法在本质上就是有意建立起来的理性的反馈机制,它将一个社会变成一个共同体,使其有能力实现对自身的控制,用亚里士多德的话来说,就是实现"自足"。

很显然,塔尔科特·帕森斯一定具有类似的想法。他认为检验一个"集体"在现实中存在的方法就是看它对共同价值所面临的威胁做出什么样的反应。"成为一个集体就是指其成员被整合到一套共同的价值体系之中。这种整合意味着这个集体的成员在合适的环境下会'捍卫'他们的共同价值"③。在杜克海姆的社会学之中,一个社会的精神表达体现为一种道德集体,它在反击入侵的过程中被重建和加强。因而,如果想探查欧洲"社会"的存在,我们应该去观察那些体现了欧洲道德观之存在的行为。杜克海姆认为一个共同体中的"反常行为"应该被看做是"公共健康的一个因素,任何健康社会的一个不可分割的部分",它"受到全部社会生活的基本条件的制约",甚至还在"道德和法律的正常进化"中扮演着"有用的角色",有时它还有助于预先决定必要的变化,因为它"提供了对未来道德的预期"(正如苏格拉底的罪名对雅典所起的作用)④。如果杜克海姆对反常行为所做的功能性分析是正确的,那么欧洲的道德体系的进化也存在这种反馈循环吗?我们能否观察到真正的集体行为?在欧洲一体化过程中,我没有看到与这种根本性的社会过程类似的

---

① Politics 1276b.
② Politics 1276b29.
③ Talcott Parsons and Edward Shils, "The Social System", in: id., eds., *Toward a General Theory of Action*, Cambridge, MA: Harvard University Press, 1951, pp. 190 – 233, quote on p. 192.
④ Émile Durkheim, *Les Règles de la méthode sociologique*, Paris: Alcan, 1901 (2nd edn). 在这里我使用的是 Steven Lukes 的译文: Steven Lukes, Émile Durkheim, *His Life and Work: A Historical and Critical Study*, London: Allen Lane, 1973, p. 161。

任何特征。这一点强调了欧洲一体化是体系的一体化，不是社会的一体化；是一种试图控制政府行为的治理结构，不是亚里士多德意义上的共同体建构。

显然，欧盟所缺乏的正是其"公民"之间的任何感情纽带。如果认真对待亚里士多德关于"国家就是公民为了生活的目的而形成的团体"① 这一观念，欧盟的这种缺陷便不足为奇。只有当国家真的成了一个"宪法之下的公民的伙伴关系"，感情纽带和社会团结才会出现。作为与某种类似于"政府"的事物相关联的一种集合体，欧盟可以对其"公民"的生活福利作出贡献，在这一点上，它与家庭、宗教团体和职业团体的功能类似。然而它所做不到的是为现代市场经济中个人的福利所可能受到的威胁提供预防。当然，就我们所知，民族—国家也没有能力完全做到这一点，但至少比欧盟更为胜任。

因而，我的结论就是，尽管国家之间的联盟在执行市场交易方面的功能时似乎很像一个国家，然而亚里士多德所认为的城邦的特征恰恰在于为归属于国家的每一个个人提供善意的照顾。② 作为一种社会集合体的欧盟并不是一个集体，而是具有共同特征——特别是某些公民和政治权利——的一类人。这两种集合体之间的区别在于：欧洲公民这种"类"身份并不包含共同行动。这并不是要否认作为欧洲公民这种身份已经渗入了对角色的定义，已经至少部分地改变了欧洲政体的概念，而是说它还不足以产生出一种集体。一个集体中的团结在多数时间里只是隐性的，只有在特定的情况下才会被激发出来，考虑到这一点，上述论点就更为真实。没有任何一种人类集合体是持久团结的。③ 然而，将欧盟看做是一个具备实在的社会维度的政体是荒谬可笑的。

同样地，我们还必须注意到，欧盟的"法律"对"公民"有"直接的效力"，这与国家法律并不是一回事。国家法律所做的是基于其道德权威而促进社会公正。欧洲无法做到这一点毫不奇怪，因为这种通常难以理解的具有精神本质的功能来源于国家可以满足社会的基本需求这一事实。在尚不存在个体行为者之间的实在的认识论共同体的情况下，通过文化象

---

① Politics 1276b21.
② Politics 1280b1ff.
③ 参见：Parsons and Shils, "The Social System", p. 193。

征将欧洲整合起来的任何尝试都注定是无效的。①

至此,我们已经涉及亚里士多德主义关于国家和联盟区别问题的核心。亚里士多德认为,联盟的用途在于"即使没有质的不同,它也可以以量取胜(因为相互保护是其终极目标)"。他认为使一个联合体得以建立的因素有很多种。对一个国家来说,是公民的团结;对一个联盟来说,则是国家的团结。在一个联盟中不同国家的公民之间的关系中,缺乏一种亚里士多德称之为"国家的救赎"(salvation of states)的东西,即"互惠的原则"。亚里士多德所指的是一种与公正观念紧密联系的互惠关系——这种公正超越了市场交易,因为它将人们所具有的不同地位也纳入考虑。正是这种综合的公正构成了一个共同体的核心。这种共同体是一群分享着关于什么是正义和什么是非正义的共同观念的人的整体,因为这种共同体建立在对正义的问题的持续争论之上。"拥有这种观念的人们之间的联合形成了家庭和国家"。② 亚里士多德的最后结论是:"正义是将人们联系起来形成国家的纽带。"③ 我认为这一结论对今天的"国家"依然有效,正是这种性质使国家与其他的东西,比如欧盟,区别开来。确实,欧盟所具有的对民族国家进行约束的特性比其他任何政治秩序都更为显著和明确,包括美国内战爆发之前的"费城体系"④。然而与此同时,欧盟几乎还完全缺乏国家的特征。它无法执行国家的功能。它的"政府"没有能力保卫它的领土。它不拥有对合法暴力的垄断权。它不进行征税,而且除了在农业方面,它也不具备福利的功能。

三 真假宪法

对于政治家们,现在预言我们已经忘记了公共利益和大多数人民

---

① 关于政治体形成的文化前提的简明讨论,可参考:"The European Void: The Democratic Deficit as a Cultural Lack" by Abram de Swaan (http://www.europanet.org/pub/Swaan_june02.html);关于欧盟的"文化政策",参见:Monica Sassatelli, "Imagined Europe: The Shaping of a European Cultural Identity Through EU Cultural Policy", *European Journal of Social Theory* 5 (2002), pp. 435 – 451。

② Politics 1252b17.

③ Politics 1252b37.

④ Daniel H. Deudney, "The Philadelphian System: Sovereignty, Arms Control, and Balance of Power in the American States-Union, circa 1787 – 1861", *International Organization* 48 (1995), pp. 191 – 228.

的真正福利是值得追求的最高目标还为时尚早；除了实现这一目标，任何政府不应该追求任何其他的价值。①

亚里士多德关于宪法的观点的出发点并不是国家和社会之间的区别，而是一个社会规范和控制自身的能力，也就是说，成为一个共同体的能力。当然，这一点与现代的宪政理论与实践都是矛盾的。现代宪政被定义为通过对政治权力的分配而扼制强力的政治系统。② 对亚里士多德来说，立宪是社会对产生于复杂的劳动分工并深受冲突困扰的社会结构所做出的精心和连贯的反应。随着劳动分工，每一个社会都会产生围绕着社会分配的斗争并因而导致分裂，而这正是国家产生的原因。如果存在秩序与和谐，那么即使它们不是来自表面的或实际的斗争，也会是基于差异的存在。③ 因而，作为共同体的国家是某种难以把握的事物，同时也是最高的利益。④ 根据亚里士多德的观点，宪法就是有效解决国家内部问题和抵御外部威胁的一种工具，或者是说一套工具。"宪法"就是一个社会对自身加以控制并产生有目的性行动的能力的同义词。一般来讲，控制国家的内部环境意味着通过一套结构安排及规则和规范来约束其成员的行为，其目的是为了共同体的实现。这一目的却根本不是现代宪法的功能。除非人们希望建立起来的是一种专制体制，那么亚里士多德意义上的宪法应该考虑到成员的观点、偏好和期望。事实上，亚里士多德所做的这一修正是很关键的，只有这样才能保障宪法解决国家内部问题的有效性，因为"宪法的统治是自由人和平

---

① *Federalist Paper* No. XLV, p. 293.
② 关于宪法概念的演进，参见：Scott Gordon, *Controlling the State: Constitutionalism from Ancient Athens to Today*, Cambridge, Ma. and London, England: Harvard University Press, 1999.
③ 与柏拉图不同，亚里士多德对理想国家的描述并不排斥私有财产："财产……不是国家的一部分"（1328a35）。亚里士多德反对苏格拉底认为最好的国家应该尽可能平均化的观点。他认为国家是一个多元的事物，"不仅仅由许多人组成，也由不同种类的人组织；相似性并不构成国家"（Politics 1261a17；22 - 25）。
④ "自然将一种社会本能赋予所有的人，然而，第一个创建国家的则是一个伟人。人是动物中最为完美的，但是一旦离开了法律和正义，他就变成了动物中最恶的；武装起来的不义则更为危险，他从出生时就被赋予了双手，受到智慧和美德的支配，但也可能用来做最坏的事情。由于这个原因，如果人没有了美德，他就是变成了最邪恶和最野蛮的动物，充满欲望和贪婪"（Politics 1253a30 -37）。

等者的政府"①。

很显然，欧盟《宪法条约》并没有为一种"多数人可以共享的"生活方式而建立起一套制度框架。② 在阅读亚里士多德著作时，我们不得不承认我们失去了关注不同类型的宪法和政治的社会前提的能力。这种社会前提是亚里士多德《政治学》的关键。我们从《政治学》所学到的就是一个宪法政治中政治和社会的紧密关系。也许正因为英语中的宪法概念从来都不具有确定的内容，至少部分研究者认为它是一种"道德"，即受到社会习俗的约束："因为正是在一种社会条件之下，法律的虚构和奥妙之处所提供的唯一的手段使得平等的规则和作为英语文明真正基础的固定的法律的建立成为可能。"③ 此外，亚里士多德认为一个政体存在的必要前提是拥有依靠自己的力量而非外部支持维持稳定的能力。④ 然而，如果没有来自成员国政府的持续的支持，包括财政、人力和行政组织方面的支持，欧盟一天也无法存在下去。另外一个指标可以衡量一个政治体是否具有这种"内在力量"，那就是"国家中的各个阶级具有维持这一宪法的普遍意愿"⑤。显然，欧盟还远未达到这样一种状态。

欧盟与亚里士多德意义上的国家相距甚远，因而我们就很容易理解欧盟所存在的悖论：欧盟内的国家和超国家的组织之间互相增强。⑥ 有一类观察指向国家得以形成和维系的社会前提，而另一类则关注欧盟的治理结构。然而，当前的情况却十分危险，由于对欧盟"效率秘诀"的普遍忽

---

① Politics 1255b19. 亚里士多德严格区分了"君主的统治"和"宪法的统治"，认为"这两种不同的统治方式绝不像某些人声称的那样其实是一回事"(ibid. b16ff.)。
② Politics 1295a26.
③ Dicey, *Introduction to the Study of the Law of the Constitution*, p. 18.
④ Politics 1294b36.
⑤ Politics 1294b38f.
⑥ 保罗·泰勒很早就试图寻求作为成员国的国家对提高自身能力的要求和作为具有很强超国家性的国际组织的欧盟的扩张之间的和谐统一，参见：Paul Taylor, "The European Community and the State: Assumptions, Theories and Propositions", in: Armand Clesse and Raymond Vernon (ed.), *The European Community after 1992: A New Role in World Politics*? Baden-Baden: Nomos, 1991, pp. 64 – 79; and Elmar Rieger, "Die Politik supranationaler Integration. Die Europäische Gemeinschaft in institutionentheoretischer Perspektive", in: *Politische Institutionen im Wandel (Sonderheft der Kölner Zeitschrift für Soziologie und Sozialpsychologie, herausgegeben von Birgitta Nedelmann)*, Opladen: Westdeutscher Verlag, 1995, pp. 349 – 367.

视,欧盟正在转向一种虚假宪法的方向发展。[1] 我认为这种"效率秘诀"存在于欧盟的结构性功能之中,它是与欧盟成员国相对而言的。我们有理由相信,常为人们所诟病的"民主赤字"恰恰是欧盟"效率秘诀"的一个重要部分。

亚里士多德在这方面提供了一个有价值的线索,他发现"许多看起来是民主的行动却会毁掉民主"[2]。特定类型的政治组织在意识形态上适合于特定种类的政体,同样也有一些类型的政治组织有利于特定类型的政体。然而,"适当"和"意识形态的正确性"不是一回事。[3] 用民主的原则来设计所有的国家制度就意味着民主体制的终结,因为"不均衡摧毁国家"[4]。

亚里士多德意义上的国家是多元的,由具有不同终极目标和对"好的生活"有着不同看法的社会群体组成。因而,任何政体得以存续的原则就是有能力将不同的社会群体凝聚在一起,将君主制、贵族制和民主制的因素熔于一炉。亚里士多德关于混合政体的理论与政府权力制衡毫无关系,现代人对混合政体的理解源自波利比乌斯。相反,亚里士多德的目的是设计一种可以将受到相互冲突的利益(包括物质利益和观念利益)的离心力的影响而四分五裂的社会群体聚合起来的机制。因为任何建立在劳动分工基础上的社会都必然是复杂和难以治理的,社会中必然存在着对民主制、贵族制或寡头制、君主制或独裁制具有不同态度的群体。因而,"所有那些认为自己的原则代表了所有美德的群体都会将事情推向极端;他们忽视了不均衡会摧毁国家这一原则"[5]。亚里士多德所说的"不均衡"是指社会

---

[1] "效率秘诀"是沃尔特·白芝浩创造的一个词汇,非常适合用来描述究竟是什么决定了英国宪法的顺利实施。白芝浩对宪法中所包含的"庄严"部分和"有效"部分做了著名的区分。因为多数人只关注第一部分,他们并不真正了解为什么宪法会是有效的,或者在有的时候,是无效的。白芝浩颠覆了孟德斯鸠关于英国宪法包含了对立法权和行政权进行区分的精神的神话。相反,白芝浩指出,"英国宪法的效率秘诀应该被描述为立法权力和行政权力之间的紧密联盟甚至完全融合"(Walter Bagehot, *The English Constitution*, London: Humphrey Milford/Oxford University Press, 1945, p. 9)。关于白芝浩在研究中发现的英国宪法中的"不实和虚构",参见:A. V. Dicey, *Introduction to the Study of the Law of the Constitution*, London: Macmillan, 1927, p. 19。

[2] Politics 1309b20.

[3] Politics 1316b38f.

[4] Politics 1309b23.

[5] Politics 1309b22f.

结构和政体之间的关系——政体的使命就是使社会的群体结构和政府结构相一致。他说:"因而,立法者和政治家必须了解民主政治的哪些措施会挽救民主而哪些会摧毁民主,寡头政治的哪些措施会挽救寡头政治而哪些又会摧毁它。因为除非能将富者和贫者都容纳在内,否则两种政体都无法存在或持久。"①

一般来说,亚里士多德认为相互抵消的因素不仅不会破坏或削弱一个政体,反而会使其存续。"对国王权力的限制有利于保护王权",与此类似,将贵族制甚至"寡头制"因素包容进来反而有利于加强民主制。② 简单来说,欧盟在民主国家之外建立了一个市场,这就将"贵族制"或"寡头制"的因素加入了民主制福利国家的政体结构之中。欧盟委员会的技术官僚们可被视为"贵族"的补充,而各成员国中那些在多层治理体系中享受到特权的集团则类似于"寡头",作为他们生活范围之一部分的市场逃出了民主制的管辖范围。从这个角度看,欧盟的政体,尤其是欧盟委员会的"组织模式",就是为了满足商业阶级的市场利益而创造的一种政体形式。由于这个阶级人数较少,因而在"多数制的政府"之下利益容易受到侵害。

> 民主正义体现的是数量上的平等而非比例制的平等;在民主制下,多数具有至高地位,多数人支持的就必然是最终的和公正的。在这种体制下,每个公民必须是平等的,因而穷人比富人更有力量,因为穷人数量更多,多数的意愿总是至高无上的。③

美国在赢得独立战争、享受到民主制度下的自由之后首先遇到这个问题。在新建立的民主制下,没有财产的阶级立即试图使用他们的政治权力

---

① Politics 1309b35 – 38. 这一点非常重要,亚里士多德将民主制和寡头制都视为"不正当"的政府形式,并且尤其对雅典民主制提出了直言不讳的批评。然而,在所引用的这一段话的开头,他说:"寡头制或民主制,尽管与完美的政府形式尚有差距,仍然堪称好政府,但是如果有人试图将其中一种推向极端,他将不仅破坏了政府,最终也将一无所获。"(1309b30 – 33)
② Politics 1313a19f.《政治学》的第6卷讨论了不同的"组织模式的结合"和"政体的交叉。"(1317a1f.)
③ Politics 1317b2 – 9.

谋求减免债务和重分土地。① 创立于费城的美国宪法是一个反民主的设计，詹姆斯·麦迪逊清楚地表明了这一点：

> 然而现在的我们不能被视为完全平均的一群人，所有可以影响我们一部分的事情都会同样地影响我们的全体。为了建立一个我们愿意长久坚持的制度，我们不应该忽视时间所可能带来的变化。人口的增长将必然导致那些愿意在任何艰苦条件下生活并要求更加平等地分配福利的人们的比重增加。这必然在一定时间里威胁到那些不受贫困侵扰的人们。根据平等的投票法，权力自然会落入前一类人手中。虽然我们的国家尚未进行任何土地方面的改革，但有迹象显示一种平等主义的精神已经在某些地方出现，这预示着未来的危险。在共和制的原则下，我们怎样才能抵御这种危险呢？②

麦迪逊提出的解决民主对财产和自由市场造成的威胁的方案是三重相互制约的多数制：众议院中的多数、参议院中的多数和总统在否决立法提案时所要求的多数。从另一个视角看，这种设计在于将一个社会中公民的不同的意愿表达出来，以保证出现某种不公正的多数联合的可能性降为最低。③ 因而，美国不是有一个，而是有三个"多数制政府"，多数时候它们之间相互制约，而这正是麦迪逊设计的目的。④ 麦迪逊认为"在共和制政

---

① 关于作为"骚乱和斗争前景"的"民主"的讨论，参见：*The Federalist Paper* No. X (James Madison, Alexander Hamilton, and John Jay, *The Federalist Papers*, London: Penguin, 1987。在《联邦党人文集》第 XLV 卷，各州的联合被描写成"抵抗［美国人民的］外敌的关键"，"防止各州之间的斗争和战争的关键"以及"保护它们免受那些对自由充满憎恨的暴力和压制力量的侵害"。由于具有这些重要职能，作为"中央权力"的联邦不能也不应该具有与各州一样的民主性质，以保证它可以对各州的"多数制政府"加以约束："一言以蔽之，如果联邦对美国人民的福利有如此重要的作用，那么允许为了各州政府的重要性而损害联邦政府岂非荒谬绝伦吗？何况如果没有联邦政府，各殖民地联盟的目标就无法实现。"(*The Federalist Papers*, p. 292f.)
② Notes of Debates, p. 194. 关于我对这一点的更深入的讨论，参见：Elmar Rieger, "The Wondrous Politics of Global Ideas", in: *Global Social Policy* 5 (2005), pp. 8 – 14。
③ *The Federalist Paper* No. LI, p. 321.
④ 麦迪逊深信"所有这些制度设计都是为了限制无节制的立法权，保证在任何时期中事情都更倾向于向好的方向发展；因为立法系统更为稳定是有利的。固然这样有时会导致好的立法无法产生，但更多坏的立法同样也无法出现则是最好的补偿"(*The Federalist Paper* No. LXXIII, p. 419)。

府中立法权必须占主导地位"这一原则会带来"不便之处"。因而,"对这种不便的修补就是将立法权分成不同的部分;并通过不同的选举方式和不同的行动原则使它们互相独立,它们之间的关系要限制在它们履行功能所必需的和它们对社会的共同依赖所决定的限度"。①

前面描述的这种"保证社会的一部分抵制社会另一部分的不公正"的设计并非唯一的可能性。麦迪逊指出了另外一种方案,即创建"一个独立于多数人之外的共同体意愿——社会本身的意愿"②。由于这一方案具有明显的反民主性,因而在美国是不可行的。然而,这一方案很显然可以为欧盟所用。如果我对证据的理解无误的话,那么欧盟基本上是对福利国家的抵消力量。不同于美国的政治系统,欧洲民主不具备一种与多数制政府所固有的福利国家主义相对立的固定机制③。因而正如亚里士多德所提到的,在一个民主制度之中,"穷人总是在获得,并且总是要求得到更多,而这种帮助[即福利支付——作者]就像将水倒入漏桶一般"④。正是由于这个原因,亚里士多德将民主视作政治秩序的缺陷,因而他增加了贵族因素以使之成为一个可行的治理体系。

四 结语

很明显,国家不仅仅是一个拥有共同地域、防止相互犯罪和保障市场交易的社会。这些是国家不可缺少的前提条件;但所有这些加起来也不足以构成一个国家,因为国家是小康之家庭和家庭的群体为追

---

① *The Federalist Paper* No. LI, p. 321.
② *The Federalist Paper* No. LI, p. 321.
③ "如果穷人……由于他们的数量更多而得将富人的财产在他们之中分配——这难道不是一种不义吗?不,因为至高的权威[即,"多数人"在民主制中拥有至高的权威——作者]所希望的正义就是这样。但是如果这不是极端的不义,那又是什么?"(Politics 1281a15ff.)
④ Politics 1320a30f. 亚里士多德鼓吹一种今天被称为"工作福利"的政策:"给穷人提供工作的机会"(1320b9)。社会政策对亚里士多德来讲不是一项社会政策而是一项根本的政治计划。贫穷"降低了民主的品质";因而应该采取手段以保证持久的繁荣;"这同样有利于所有阶级,公共税收的收益应该积累起来并在穷人之中进行再分配,如果可能的话应该使穷人买得起一小块土地,或者至少使他们有能力开始经营生意或农业"(1319b34-1320b1)。社会政策的目的是使政体——以及国家——更加安全。将穷人排斥在"幸福生活"之外将使他们成为国家的敌人(1281b29)。

求完善和自足的生活而组成的共同体。①

从亚里士多德的角度来看，欧盟的确有一个终极目标，尽管人们很难承认。这就是：抵消成员国的福利国家主义所带来的"民主的"自我动能（auto-dynamic），以提高自由市场的制度安全。假设欧盟必须具有更加民主的治理以得到更多合法性的想法是错误的，相反，将欧盟视为一个以通过管理共同市场和保持成员国治理结构相一致而提高稳定性为己任的"中央权力"更有意义。从本质上讲，作为成员国政府的一个补充力量的欧盟所实现的成果就是保障了市场利益群体，即亚里士多德称之为"寡头"的商业阶级的安全。

对欧盟将会变成一个类似的国家的担心会对人们产生误导。其原因有二：其一，国家的性质是组成一个共同体以保证公民实现"更好的生活"。这样一种结构正常运转所必需的社会和文化前提欧盟都不具备。其二，欧盟的真正功能是作为一个额外的治理层面。如果我们将宪法看做是"政府的工具"，那么欧盟就是成员国政府手中的一件额外工具。借着它的帮助，成员国可能更好地对付国内共同体不同部分之间的分歧。欧盟的"制宪"和赋予欧洲议会更多权限将使这个额外的治理层面变成一个虚假的实体。由于缺少必要的社会和文化前提，它无法成为一个共同体并管理自己，这个虚假的政体将很快崩溃，更加可能的是，变成一个专制的体制。

参考文献

Benedict Anderson, *Imagined Communities*: *Reflections on the Origin and Spread of Nationalism*, revised edition, London and New York, 1991.

Greg Anderson, *The Athenian Experiment*: *Building an Imagined Political Community in Ancient Attica, 508 – 490 B. C*, Ann Arbor, MI: University of Michigan Press. 2003.

Jonathan Barnes, ed., *The Complete Works of Aristotle*, Bollingen Series LXXI/2, Princeton University Press, 1984.

Walter Bagehot, *The English Constitution*, London: Humphrey Milford/Oxford University

---

① Politics 1 280b29 – 34.

Press, 1945.

Émile Durkheim, *The Division of Labor in Society*, New York: Free Press, 1964.

Émile Durkheim, *Les Règles de la méthode sociologique*, Paris: Alcan, 1901.

Scott Gordon, *Controlling the State: Constitutionalism from Ancient Athens to Today*, Cambridge, Ma. and London, England: Harvard University Press, 1999.

Ulrich Haltern, "Gestalt und Finalität", in: Armin von Bogdandy (ed.), *Europäisches Verfassungsrecht. Theoretische und dogmatische Grundzüge*, Berlin: Springer, 2003.

James Madison, Alexander Hamilton, and John Jay, *The Federalist Papers*, London: Penguin, 1987.

Talcott Parsons, "Order and Community in the International Social System", in: James N. Rosenau, Hrsg., *International Politics and Foreign Policy*, Glencoe, Ill: Free Press, 1961, pp. 120 – 129.

Talcott Parsons and Edward Shils, "The Social System", in: id., eds., *Toward a General Theory of Action*, Cambridge, MA: Harvard University Press, 1951, pp. 190 – 233.

Elmar Rieger, "Die Politik supranationaler Integration. Die Europäische Gemeinschaft in institutionentheoretischer Perspektive", in: *Politische Institutionen im Wandel (Sonderheft der Kölner Zeitschrift für Soziologie und Sozialpsychologie, herausgegeben von Birgitta Nedelmann)*, Opladen: Westdeutscher Verlag, 1995, pp. 349 – 367.

Elmar Rieger, "The Wondrous Politics of Global Ideas", in: *Global Social Policy* 5 (2005), pp. 8 – 14.

Monica Sassatelli, "Imagined Europe: The Shaping of a European Cultural Identity Through EU Cultural Policy", *European Journal of Social Theory* 5 (2002), pp. 435 – 451.

Paul Taylor, "The European Community and the State: Assumptions, Theories and Propositions", in: Armand Clesse and Raymond Vernon (ed.), *The European Community after 1992: A New Role in World Politics?* Baden-Baden: Nomos, 1991, pp. 64 – 79.

Alexis de Tocqueville, *Democracy in America*. Translated by George Lawrence, edited by J. P. Mayer, New York: Harper & Collins, 1969.

Max Weber, *Economy and Society*, edited by Guenther Roth and Claus Wittich, Berkeley, Califoria: University of California Press, 1978.

Ⅲ 欧洲福利国家的未来在哪里?*

欧洲福利国家是在经济国际化、技术进步和社会人口变化的压力下出现的。产品市场的国际竞争,商品、服务、资本和劳动力的自由流动以及技术革新对欧洲市场经济产生了显著的影响。在20世纪80年代的欧洲,"灵活性的挑战"、集体谈判中的非集中化趋势以及要求劳动力市场放松管制的压力与日俱增,这些现象已经随处可见。[1] 由于福利国家增长存在财政限制,大规模失业、社会人口老龄化问题日益严重以及社会开支不断增加,从而引发了公众在社会政策领域的讨论,二十多年来"福利国家是否还有竞争力"的问题[2]一直困扰着欧洲人。在很多观察家看来,在里根任期内的美国和撒切尔治下的英国,保守主义的政策变化既导致了对劳动力市场放松管制,也造成了福利的大幅削减。而许多专家也认为,其他欧洲国家最终也不得不步其后尘。然而,另外一些人认为,"欧洲模式"不同于英美的自由市场理念。欧洲的制度格局衍生出一系列非常特别的问题,并且为民族国家应对这些共同的挑战提供了一套不同的制度机会和束缚。如果国家间的差异确实不易改变,并且制度变化存在路径依赖的话(就是说要遵从自身的轨道),那么向"最佳实践"趋同的问题依然悬而未决:欧洲福利国家的未来在哪里?

---

* 作者:伯恩哈德·埃宾豪斯,博士,社会学教授,德国曼海姆大学欧洲社会研究中心(MZ-ES)及经济和社会学研究生院(GESS)负责人之一。中文译者:杨解朴、李靖堃。

[1] Baglioni, G., and C. Crouch (ed.), *European Industrial Relations: The Challenge of Flexibility*, London: Sage, 1990.

[2] Pfaller, A., I. Gough, and G. Therborn (ed.), *Can the Welfare State Compete? A Comparative Study of Five Advanced Capitalist Countries*, London: Macmillan, 1991.

一 欧洲社会模式

关于全球化的讨论以及不断深化的欧洲一体化进程重新引发了关于趋同问题的讨论,虽然同时许多比较制度研究指出了一直存在的国家间的多样性问题。选择一些指数对社会经济发展的某些主要方面进行简要的比较分析(见表3-1),可以帮助我们对欧洲社会模式的主要特点有一个大概的了解。欧洲在以下四个方面有别于其在OECD中的主要竞争对手美国和日本,尽管在这些方面欧洲内部也存在差异。

表 3-1 欧洲联盟、美国和日本的社会经济指数(OECD)

地区	国家	进出口占GDP的百分比(%)	失业人数占劳动力总人口的百分比(%)	就业人数占15~65岁总人口的百分比(%)	收入不平等(基尼系数)	社会支出占GDP的百分比(%)	65岁以上的老年人占总人口的百分比(%)
		2005年	1995~2005年	2005年	2000年	2003年	2005年
北欧 (欧盟15国)	丹麦	46.2	5.2	75.5	22.5	27.6	15.1
	芬兰	39.0	10.7	68.0	26.1	22.5	15.9
	瑞典	44.9	7.1	73.9	24.3	31.3	17.3
中欧 (欧盟15国)	奥地利	51.9	4.3	68.6	25.2	26.1	16.3
	比利时	86.0	8.4	61.0	n. a.	26.5	17.2
	德国	38.1	8.5	65.5	27.7	27.6	18.9
	荷兰	66.1	4.1	71.1	25.1	20.7	14.2
南欧 (欧盟15国)	法国	26.6	10.1	62.3	27.3	28.7	16.4
	希腊	22.0	10.4	60.3	34.5	21.3	18.3
	葡萄牙	32.9	5.9	67.5	35.6	23.5	17.1
	西班牙	28.2	13.1	64.3	32.9	20.3	16.8
东欧 (欧盟25国)	捷克	70.8	6.9	64.8	26.0	21.1	14.1
	波兰	37.2	15.5	53.0	36.7	22.9	13.2
	斯洛伐克	79.8	15.8	57.7	n. a.	17.3	11.7
英语国家 (欧盟15国)	爱尔兰	74.9	6.7	67.1	30.4	15.9	11.2
	英国	28.3	5.9	72.6	32.6	20.1	16.0
其他OECD国家	美国	13.4	5.1	71.5	35.7	16.2	12.4
	日本	13.6	4.4	69.3	31.4	17.7	20.0
欧盟15国	平均	50.7	8.6	65.2	n. a.	23.9	17.4
OECD	平均	45.0	6.8	65.2	31.0	20.7	13.8

资料来源:*OECD Factbook 2007-Economic, Environmental and Social Statistics*。

（1）经济表现：总体来说，与美国和日本相比，欧洲经济增长水平较低，但贸易依存度较高；

（2）劳资关系：欧洲的显著特征是，利益集团与协商谈判程度较高，而且工资结构更加平等；

（3）劳动力市场：与其在 OECD 的两个主要竞争对手相比，欧洲失业情况更加严重，其劳动力市场的灵活性更低；

（4）社会政策：与美国和日本相比，欧洲公共预算和赤字水平都更高，用来维持更高水平的社会保障。

（一）欧洲的市场经济：低速增长和高度国际化

持续的经济增长是衡量经济表现的最重要的指标，而它反过来也促进就业和福利。伴随着 20 世纪 70 年代石油价格的震荡，二战后经济增长的"黄金时代"结束了：平均经济增长率下滑到战后的新低，经济衰退对整个欧洲都造成了影响。经济增长速度的趋同以及通货膨胀率差距的缩小能够显示出，随着 1991 年欧洲单一市场的创立和 1999 年欧洲货币联盟的建立，欧洲各国的经济变得多么相似。向市场经济的转型以及 2004 年加入欧盟使东欧国家显现出强劲的经济增长。在目前的 OECD 成员中，拥有 27 个成员国的欧盟是最大的"单一市场"（约 4.9 亿人口），美国的国内市场比欧盟小 40%（人口不足 3 亿），而日本的市场就更小了（约 1.3 亿人口）。而论及经济实力（无论是以按照美元计算的人均 GDP 还是以购买力平价为标准），美国和日本的经济表现依然好于欧盟。然而，欧洲的贸易依存度（用进出口的总额占 GDP 的百分比来衡量）非常显著：与美国和日本相比，规模更"小"的欧盟国家的国民经济对跨境贸易的平均依存度接近美、日的两倍，虽然绝大部分贸易份额来源于欧盟内部市场。

（二）劳资关系：谈判协商与制度化的工会

雇主和员工的关系在现代市场经济中扮演着重要的角色，决定着经济增长和社会福利的发展环境。在欧洲，国家层面和工作场所层面的劳资关系均不同于北美和日本，虽然在欧洲国家内部也存在明显的差别。在拥有社团主义劳资关系的欧洲国家，特别是斯堪的纳维亚国家和欧洲大陆国家，工会运动在国家政治和经济中获得了制度化的地位。[1] 在北欧国家，工会拥有在工作场所层面进行谈判的代表权；而在欧洲大陆的一些国家，国家通过立法规定了雇员拥有参与权的工作场所"双重"代表结构（特别是德国的共同决策）。虽然从成员的实力看，欧洲国家工会密度（以参加工会的劳动力的份额来衡量）的平均水平要高于绝大多数 OECD 国家，而欧洲国家间也表现出不同的参与水平和发展趋势[2]：北欧国家工会密度极高并且发展趋势十分稳定，而其他绝大多数国家工会密度较低并且成员数量不断减少，尤其是法国和英国。即使是在那些工会密度较低的欧洲大陆国家，由于雇主联盟组织化程度较高，相当多的工人仍然可以得到集体协议的保护，或由于集体协议延伸为某个部门的法律而受益。由于具有协商谈判的传统，相对于美国灵活的劳动力市场，欧洲国家的薪酬标准更趋于平等。然而，由于国际竞争的存在，欧洲的高工资以及工资之外的劳动成本过高对生产效率较低的部门的经济增长潜力造成了伤害，例如私营服务行业；而且有损于就业岗位的创造，特别是那些低技能工人就更难找到工作。

（三）就业体系：就业安全而非就业（失业）问题

不仅在欧洲国家和其他 OECD 国家之间，而且欧洲各个国家的就业领域，均存在着很大的不同。与美国相比，除了英国、爱尔兰和一些欧盟新成员国外，欧洲劳动力市场的管制性更强，灵活性更差。不同于北欧国家或者是英语国家，欧洲大陆国家的整体就业水平比较低，主要有三方面的原因：第一，由于传统上女性承担着照顾家庭的责任，因而女性劳动力的参与度还很低；第二，失业率相对较高，特别是年轻人和低技能工人的失业率较高；第三，退休相对较早，减少了劳动力供给。对就业权利和就业实践的严格规定造成了劳动力市场僵化，而劳动力市场的僵化阻碍了就业增长，但是，欧洲一些高价值的生产体系却得益于长期工作期限原则（job tenure rules）和内部劳动力市场。与日本企业相仿，这些原则为技术投资（职业培训）、和平的就业关系以及社会对新技术的认可提供了制度上的激

---

[1] Crouch, C., *Industrial Relations and European State Traditions*, Oxford: Clarendon Press, 1993.
[2] Ebbinghaus, B. and J. Visser, *Trade Unions in Western Europe since 1945* (Handbook and CD-ROM), London: Palgrave/Macmillan, 2000.

励机制。大规模的失业现象在欧洲已经引起广泛关注,虽然在欧洲国家间依旧存在不小的差异:许多欧洲大陆国家的失业率很高,而英语国家、北欧国家以及荷兰在过去十年里已经有能力减少失业。例如,20世纪90年代荷兰的"就业奇迹"表明了在服务业、兼职工作和临时工作领域创造就业岗位的重要性,同时社会保障改革也是意义重大。

(四) 社会政策:大型福利国家缓冲贸易依存

社会保障在欧洲福利国家发挥着重要的作用,并且需要相当多的经济资源来维持。欧洲福利国家对公民的征税水平要高于其他国家:欧盟15个成员国平均征收相当于国内生产总值40%的税和社会保险费,而日本和美国只征收约25%。某些欧洲福利国家通过增加公共借款而不是提高税收来扩大公共服务,然而,从1997年起,欧洲货币联盟将公共赤字的上限规定为GDP的60%,且公共债务的年增长率不得超过3%。因此,成员国政府开始缩减公共部门并将公共服务私有化。尽管如此,欧洲仍以其高度发达的社会转移支付而著称:欧盟15个老成员国的公共社会开支(按照占GDP的百分比)相对偏高,虽然在英语国家公共社会开支较低,而北欧国家仍然较高。OECD国家的贸易开放度和社会支出之间存在着相互联系,这是显而易见的:与欧洲以外贸易依存度较低的经济大国相比,欧洲那些具有开放性经济的小国往往通过社会政策方面的更多支出来缓解对世界市场的依存度问题,[①] 然而现在的问题是,在未来更加激烈的全球竞争压力下这种社会保护的功能还能维持吗?

二 社会模式的多样性

对欧洲社会模式的共同点进行一般性描述后可以发现,欧洲国家间在特定的制度安排方面存在着差异。对市场经济、福利国家和劳资关系进行比较研究后确实能够发现存在社会模式的不同种类,而不同的社会模式反映出不同的国家传统和环境,以及各自的政治意识形态和不同的权力关系。在这里要对以下三个方面进行讨论:公司内部或公司之间市场关系的组织方式;反映在不同福利制度中的社会保护模式;以及体现在集体谈判

[①] Rieger and Leibfried, 2006.

中的劳资关系。

（一）两种"资本主义的类型"

最有影响的是米歇尔·阿尔伯特（Michel Albert），他将欧洲的经济制度分为并列的两种，即"盎格鲁—撒克逊"资本主义和"莱茵"资本主义。[1] 一些学术研究更加系统地比较了各种工业经济间的不同经济治理模式和生产战略（见表3-2），使用的是两种相对立的模式——自由市场经济（LME）和协调的市场经济（CME）。[2]

表3-2 资本主义的两种类型

	自由市场经济 （美国和英国）	协调的市场经济 （德国和日本）
主要例子		
金融和经济治理	短期金融市场股权融资（股东价值）；企业之间的有限合作，反托拉斯法	长期耐心的资本债务融资（利益相关者价值）；企业之间的牢固联盟，公司之间的网络
生产体系	低技能生产、大规模生产、数量灵活	高技能生产、高质量产品、灵活的专业化
劳资关系	分散化的谈判；充满矛盾的工作场所关系	协调谈判；法定工人代表
培训和就业	普通教育；就业期短、跳槽率高、企业间流动	职业培训；就业期长、跳槽率低、企业内部流动

资料来源：Soskice（1999）；还可参见 Ebbinghaus（2006）。

自由市场经济下的企业利用的是短期投资资本，因而为股东谋求高利润。这些企业还依靠低工资进行大规模生产提高竞争力，这就需要一个灵活的劳动力市场和工资结构。在自由市场经济中，由于劳资关系的杂乱化和非集中化特点，工会和雇主组织更多追求的是排他性的利益，而且，由于缺乏国家的支持并且社团的能力十分软弱，使得诸如非企业特有的职业培训等集体产品的生产便极其少见了。由于自愿主义和多元主义的传统，工会运动既薄弱又分散。此外，工作场所的"非工会化"，或者工会权利

---

[1] Albert, M., *Capitalism against Capitalism*, London: Whurr Publishers, 1993.
[2] Hall, P. A., and D. Soskice (ed.), *Varieties of Capitalism: The Institutional Foundations of Comparative Advantage*, New York, NY: Oxford University Press, 2001b.

的弱化能够带来利益,就像在里根和撒切尔执政时所发生的那样。

相比之下,协调的市场经济(CMEs)是从更为耐心的长期投资资本、长期的雇佣关系以及生产者和供应商之间稳定的关系中获利。这些制度不是自发形成的,他们来源于历史遗产和集体行为者过去的决定。非自由资本主义并不是仅仅依靠市场机制,而是执行由集体施加的"利益约束",例如高工资,使得雇主不得不寻求节约成本的技术革新。为了不使工资成为公司之间进行相互竞争的目标,并且实现超出市场水平以上的工资水平,需要在雇主和工会之间形成高度的组织和服从。为了使高价值的增长战略获得成功,将利益集团"包含在内"[①]对提供其他公共产品也很重要,例如对职业培训和技术升级进行长期投资。那些由小规模手工业雇主和工人组成的公司会被其所在的雇主协会和工会说服,以投资生产诸如职业培训等集体产品。所有的制度,包括终生就业、高工资、技术的可转让性以及在技术变革情况下接受再培训等,对于激励在技术升级方面的投资都非常重要。

(二) 三种福利国家制度

尽管存在共同的欧洲社会模式,但在欧洲福利国家间存在着重要的不同,而这些不同反映出了不同政治运动和国家传统的重要性。艾斯平·安德森(Esping-Andersen)1990年对福利制度的三种类型的区分是一种颇有影响的分类方法,这种方法对于社会政策的再分配功能以及对于与市场相关的不平等进行干预尤其具有重要影响。就像福利国家制度的标志所指示的那样,艾斯平·安德森设计了三种作为福利国家发展重要来源的政治传统,而这些不同的政治传统也塑造了社会保障的重要原则(见表3-3)。

自由主义的补缺型福利国家(residual welfare state)观念认为不应当干涉"自由的"市场,而是应当保证工作激励机制和个体的选择,因而福利政策只应当向那些应该得到福利的公民提供相对较低(或者是定额)的给付。福利政策不应当对个体的自助和市场机制(例如私人职业福利给付)形成干扰。

---

① Olson, M., *The Rise and Decline of Nations*, New Haven, CT, London: Yale University Press, 1982.

表 3-3 福利制度的三种类型

制度模式（范例）：维　度	普救派（瑞典、丹麦）	保守派（德国、意大利）	自由派（英国）
去商品化	高	中	低
社会权利	普遍权利	与就业相关	基本公民权
福利供应	公共服务	转移支付	公私混合
收　益	去商品化的（再分配）	与缴费相关联	定额给付

资料来源：Esping-Andersen（1990；1999）；也可参见 Ebbinghaus（2006）：Table 3.3。

保守主义的专制国家传统和基督教社会关于"辅助性"的观念靠的是家庭内部的团结以及职业的和社会团体中的关系链条。这种观念一直被欧洲大陆国家的基督教民主政党所倡导。保守主义的福利国家主要是以社会转移来维持社会地位，特别是通过运用与就业相关的社会保险以及与缴费相关的给付。

按照关于普救主义的和再分配的福利国家的社会民主观念（强大的工人运动和政党联盟使这些理念得到加强），一个主要依靠税收支持的福利国家应该提供普遍的社会福利，保证充分就业，并将公共服务扩展到所有公民。因而福利国家进行干预的目的是减少不平等；社会政策增强了去商品化，也就是说，降低了市场力量的影响。

没有哪个"真正的"福利国家与理想的模型相接近。艾斯平·安德森对此表示同意："由于在某种意义上说它们是理想模式，那就注定会有含糊的情况。"[①] 南欧保守的福利制度不仅是福利的落伍者，而且它们更多地依靠传统的中介机构：教会和家庭；这是由"辅助性"在这些社会中占有的重要地位而产生的结果。中东欧的新欧盟成员国目前还面临着向市场经济过渡的问题，它们还不能被明确地划分到这三种福利国家制度中的任何一种类型之中。

（三）利益调解的四种类型

科林·克劳奇（Colin Crouch）将劳资关系体系区分为三种不同的利益

---

① Esping-Andersen, G., *Social Foundations of Postindustrial Economies*, Oxford: Oxford University Press, 1999.

调解类型①：争论关系、多元谈判和新社团主义（见表3-4）。克劳奇参照早期关于新社团主义的分析②，形成了一种关于有组织的工人和资方（即工人组织和雇主组织）之间的交换关系的正式模式。

表3-4 劳资关系的四种典型理想模式

模 式 （范例）	争论型 （法国、意大利）	多元型 （英国、爱尔兰）	新社团主义 （瑞典）	社会伙伴关系 （德国）
利益组织	碎片化的	排他的	强大的、集中的、包容的	包容的但较脆弱的联合
前 景	敌对的阶级矛盾	短期集团利益	长期共同利益	长期共同利益
国家的作用	国家干预	国家不进行干预	授予权利/合作	授予权利/合作
变化模式	抗议的浪潮	经济增长时停时续	共同意愿	共同意愿

资料来源：Crouch（1993）；也可参见 Ebbinghaus（2006）：Table 3.5。

争论型关系的特点是，双方具有相互对立的利益冲突；由于零和博弈的谈判形势导致不可能进行合作；在组织工会方面存在"赤字"，以及尚未发展完全的相互承认。当在冲突过程中出现社会运动的浪潮时，国家干预往往会试图进行调解并恢复秩序。

历史上，当雇主由于政治和法律变革而改变策略，从单纯的敌对矛盾转变为"用一种能够避免相互伤害行为的方式发展处理与工人间冲突的程序"，这个时候多元谈判就出现了。③ 然而，这样的自愿谈判依然要经受短视和排他的利益表达等问题的困扰，而国家仍然不愿意干预实质性的谈判问题。

利益调解的第三种模式——社团主义，是建立在所有有组织的行为者之间共同利益的长期"正和"博弈的概念基础之上。这一模式以相对集中的并具包容性的利益组织④，以及国家的制度化支持为假设的前提。在经

---

① Crouch, op. cit.
② Schmitter, P. C., "Still the Century of Corporatism?" *Review of Politics*, 1974（36）：85-131.
③ Crouch, op, cit.
④ Schmitter, op, cit.

历过20世纪80年代新社团主义的制度危机后,当面对欧洲单一市场和欧洲经济和货币联盟(EMU)的挑战时,许多欧洲国家重又出现了三方协商[1]。这种新的"竞争社团主义"(competitive corporatism)[2] 不仅覆盖了收入政策——进行薪酬谈判以提高竞争力,而且还包括旨在减少公共赤字和降低劳动成本的福利国家改革[3]。然而,因为这种社团关系需要各方达成共识,因此它们由于制度惯性和适应过程缓慢而受到了批评。

在克劳奇的三种利益调解模式的基础上,我对社团主义的种类加以进一步的区分:北欧新社团主义和欧洲大陆的社会伙伴关系。当我们把福利国家和劳资关系的相互作用作为考察对象时,这种区分的必要性就凸显出来了(见表3-5)。当我们考察福利国家和劳资关系之间的联系时,我们会发现,北欧社团主义建立在更加支持社会民主主义的福利国家环境中;而欧洲大陆国家的社会伙伴关系依赖于并且复制了保守主义的福利国家。北欧国家的工会权力相对集中,并且拥有众多成员;而欧洲大陆国家的工会会员要少得多,并且至少在历史上存在更大的政治分歧。[4]

表3-5 保护制度、生产体系和伙伴关系间的制度亲缘关系

地 区 (国家)	生产体系 (市场经济)	保障制度 (福利制度)	伙伴关系 (劳资关系)
中欧: 德国、荷兰	(部门) 协调	保守主义的 (社团主义的)	合作的 (社会伙伴关系)
拉丁语族: 法国、意大利	(国家) 协调	保守主义的 (辅助性的)	冲突的
北欧: 瑞典、丹麦	(中央) 协调	普救主义的	合作的 (新社团主义的)
英语国家: 英国、爱尔兰	(非协调) 自由主义的	自由主义的补缺型	自愿的

注:括号中标注的是次级类型,见Ebbinghaus (2006): Table 3.7。

---

[1] Fajertag, G., and P. Pochet (ed.), *Social Pacts in Europe: New Dynamics*, Brussels: ETUI, 2000.

[2] Rhodes, M., "The Political Economy of Social Pacts: 'Competitive Corporatism' and European Welfare Reform", in: P. Pierson (ed.), *The New Politics of the Welfare State*, New York: Oxford University Press, 165-194, 2001.

[3] Ebbinghaus, B., and A. Hassel, "Striking Deals: Concertation in the Reform of Continental European Welfare States", *Journal of European Public Policy*, 7, 1: 44-62, 2000.

[4] Ebbinghaus and Visser, op. cit.

（四）压力下的制度亲缘关系与互补性

在特定的保障制度、生产体系和伙伴关系之间，欧洲的制度类群显现出了耐人寻味的制度亲缘关系（见表3-5）。比较分析表明，在福利制度、生产体系和劳资关系间只存在一种完全的重叠。非协调性的自由市场经济与自由主义的福利国家以及自愿主义的劳资关系相匹配，不干预市场的自由主义原则在社会政策和劳资关系方面打上了自己的烙印。然而，协调的市场经济国家却展现出福利制度和劳资关系更多类型的组合。相类似的是，以前，在新社团主义的北欧国家，劳资关系是由中央协调；在德国和荷兰的社会伙伴关系下是由部门进行协调；在法国和意大利，由于劳资关系的争端特性，是由国家协调。因此，在对协调的市场经济国家进行分析时，做一个更详尽的分析比只是单纯地应用两极化的分类（非协调的/协调的）更有意义。只有当我们将协调的市场经济国家与讲英语的自由资本主义国家一并进行分析的时候，这些不同的子系统似乎就属于同一个概念体系了。

这些二战后制度的亲缘关系按照先后顺序发展演化，它们往往是由战后发展形成的社会妥协促成的，而这一妥协再次肯定了一些历史遗产，但只是将它们加上了现代化的痕迹。劳资关系、福利国家的扩展以及生产体系的主要制度框架都是在战后的发展中建立起来的。那些相对自主但又相互依赖的保护、生产和合作伙伴关系等领域的"松散的联系"最早产生于20世纪60年代末期的政治与社会动员所产生的巨大张力之下，并且导致了对工作场所劳资关系与产业参与的某些改革。真正的问题产生于20世纪70年代的石油危机之后，当时战后形成的妥协与社会制度被视为"社会僵化"以及产生经济问题的原因所在。[①] 大规模失业与低水平的经济增长率损害了保护、生产与伙伴关系机制之间所具有的传统联系。对紧缩福利、放松对混合经济的管制、下放集体谈判的权力，并且使雇佣关系具有灵活性的呼声在当时的政治辩论中占据统治位置。

然而，当时关于各国经济所面临的全球压力的辩论没有考虑到不同国

---

① Olson, op. cit.

家间的差异，也忽视了能够提供制度优势的关键的制度互补性①。如果我们假定制度之间的亲缘性是固定不变的，那么就会产生三个关于制度适应性的普遍问题。首先，处于全球挑战之下的每种国家结构都会产生一个特殊的问题种群。例如，我们可以预料，面对特殊挑战时会出现不同的福利制度。此外，鉴于截然不同的权力与机会结构，这些国家的政治体系也许或多或少能够迎接全球化和社会变化的挑战。第二，鉴于这些千差万别的制度逻辑，各个国家要对这些挑战做出回应，必须有各自特殊的调整和适应。几乎不存在一个放之四海而皆准的"最佳解决方案"。即使有这样一个方案，每个民族国家也必须遵循一条特殊的道路，因为各个国家的现实情况各不相同。第三，尽管这些松散连接的体系允许相当程度的系统适应，但这些体系可能是不协调的和相互矛盾的，从而导致它们之间的不相容性和紧张。事实上，变化正在不同的层面、以不同的速度，并且以相对没有关联的方式发生着。例如，一方面发生着集体谈判的非集中化，而另一方面则发生着对社会保障制度的集中化的干预。因此，在我们能够对当前的问题结构和改革能力进行评估之前，我们需要理解这些制度的亲缘性和互补性。

三 欧洲社会模式面临的挑战

由于拥有完善的社会保护、先进的就业保障以及合作型的劳资关系，因此，欧洲社会模式可以以一种更为社会所接受的方式适应经济变化。在那些拥有固定的协调式资本主义实践的欧洲经济体中，长期的高价值战略提供了一种积极的增长前景，而没有像英美那样，由于采用灵活的劳动力市场与大生产战略而产生更为严重的起起伏伏。这种协调式的劳资关系导致了更缓和、更平等的工资制度，它与就业保障共同推动促成了高技术生产战略。正如欧洲社会模式具有优势一样，它们同样会在目前和将来产生严重的问题。欧洲福利国家面临着来自两个方面的压力：由于经济国际化与欧洲政治一体化带来的外部挑战；以及由于欧洲社会内部的经济和社会变化所带来的内部挑战。

---

① Hall, P. A., and D. Soskice, "An Introduction to Varieties of Capitalism", in: P. A. Hall and D. Soskice (eds.), *Varieties of Capitalism: The Institutional Foundations of Comparative Advantage*, New York, NY: Oxford University Press, 1-68, 2001a.

(一) 全球的与国内的挑战

经济国际化加剧了产品市场的经济竞争,而金融市场的自由化导致了资本更大程度的流动,后者寻求最低的劳动成本和有利的税收。因此,经济国际化能够导致生产的非工业化,并且加剧失业(尤其对于不具竞争力的产业和低技能工人)。资本流动性的加强可能会导致"制度购买"(regime shopping),从而在集体谈判中产生降低工资的压力,并限制福利国家增加税收以支持社会保护的能力。但是,欧洲一体化同样为欧洲福利国家施加了压力。欧盟单一市场加剧了跨国竞争,欧盟的自由化导致了公共服务的私有化,而欧洲货币联盟则限制了福利国家增加公共债务的可能性。

欧洲社会模式面临的很多挑战源于诸如人口、社会和文化变迁等内在问题。全球化的压力往往是通过对社会风险的分配以及在个人从孩童到退休这一生中的经济机会产生的间接影响而发挥作用。此外,社会模式不同种类之间的特定差异也会造成特殊问题。设计欧洲福利国家的目的本来是为了防止在进入劳动市场的不同阶段所产生的不同社会风险[1]。然而,鉴于不同的福利机制,这些体系同样采取了特殊的解决方案。

1. 不稳定的退出

由于残疾或年老而丧失工作能力是一种古老的社会风险,并且一直是欧洲福利国家扩展过程中的一个主要部分,它使在能够获得养老金的年龄退休成为制度并减少老年贫困。然而,大规模应用提前退休方式、人口方面的挑战以及向更具私人性的养老金模式转变,导致了新的社会风险,例如更不安全的退休收入、由于压力增大而使人们的工作年限延长,以及更多的老年人失业。

2. 低水平的就业能力

失业保险有助于在寻找工作的过渡阶段维持收入和技能。但新的问题产生了:长期失业成为低技能工人的陷阱,而低收入的工作增加了工人贫困的风险。

---

[1] Schmid, G., "Towards a Theory of Transitional Labour Markets", in: G. Schmid and B. Gazier (ed.), *The Dynamics of Full Employment: Social Integration through Transitional Labour Markets*, Cheltenham, UK: Edward Elgar, 151-95, 2002.

3. 延迟进入

尤其是在南欧，青年人的总体失业率比其他年龄群的失业率高得多；而在北欧国家，由于学徒制度的存在，没有技能的工人缺乏培训是其获得未来就业机会的主要问题。

4. 照顾家庭与工作

由于越来越多的妇女进入劳动市场，从而要求改变对兼职工作的管理，尤其是改变就业权利和社会保障。此外，为有工作的母亲扩展儿童护理基础设施以及父母休假规定均是非常重要的政策，因为它们能够促进工作与家庭责任之间的和谐。

（二）改革进程中的路径依赖问题

为什么旨在应对此类全球性的和国内的挑战而对福利国家进行的改革是如此艰难、如此缓慢？艾斯平·安德森的重要研究《福利资本主义的三个世界》[1]认为，长期的历史政治因素塑造了福利机制，尤其是再分配原则和社会政策的制度体系。在福利国家形成的关键转折点，新的政治联盟导致了对某些政策的系统改革，而实施这些政策的目的原本是为了解决工业社会出现的新的社会风险。社会力量和政治遗产导致了固定不变的机制或者僵化难改的制度场景，它们几乎很难逃脱这些场景，即使这些会导致负面效果。根据这种观点，欧洲大陆福利国家[2]深深陷入了"没有工作的福利国家"（"welfare state without work"）这一问题之中。它们陷入了"大陆困境"[3]：采用更消极的劳动力市场政策以使工人不再工作，借此缓解劳动力市场问题；但社会保障成本增加了，又反过来导致更高的劳动成本，因而对劳动力市场产生了更大的压力。虽然实行了一些规模较小的参量改革（smaller parametric reforms），试图在不同的保险体系之间转移社会保障成本，但这些改革并没有能够改变现状。

---

[1] Esping-Andersen, *Three Worlds of Welfare Capitalism*, Princeton, NJ: Princeton University Press, 1990.

[2] Esping-Andersen, G., "Welfare States without Work: The Impasse of Labour Shedding and Familialism in Continental European Social Policy", in: G. Esping-Andersen (ed.) *Welfare States in Transition: National Adaptations in Global Economies*, London: Sage, 66-87, 1996.

[3] Scharpf, F. W., "Employment and the Welfare State: A Continental Dilemma", in: B. Ebbinghaus and P. Manow (ed.), *Comparing Welfare Capitalism: Social Policy and Political Economy in Europe, Japan and the USA*, London: Routledge, 270 – 283, 2001.

赞同社会政策的路径依赖的观点强调改变现状的难度。① 就养老金而言,双重支付者问题(double-payer problem)的存在,使得将现收现付制度向基金制转变是非常困难的:那些正在工作的一代人必须支付养老金获得者的既得权利,同时又要为他们自己将来的养老金存款。② 由于制度改变而产生的利益非常分散,而且只能在将来才能获益,而福利紧缩(削减给付)会导致即刻的和集中的削减——社会政策的这一变化很难获得绝大多数投票人的支持,从而在政治上很难实现。社会保险中的现收现付原则当然是一项强大的自我强化程序,类似于经济学理论中的路径依赖。它以强大的制度惯性为假定前提。③

尽管如此,某些曾被说成是僵化场景的福利国家已经有能力进行大幅改革。某些福利国家已经能够弥补曾经错过的机会,并且在特定危机的情况下引入新的安排,然后在此基础上予以扩展。此外,过去的一些细微的渐进变化可能会导致长期的逐渐改变。例如,通过逐步减少来自于现收现付制度的公共体系的给付,来增加私人养老金所占的份额。这样,逐步变化可能会造成对某一体系形成长期的系统校正。这些在政治方面也可能更容易被接受,这并不仅仅因为这些变化最初不为人所注意,或者太复杂了而无法被人们理解。④ 例如,"溯往原则"(Grandfathering rules)以牺牲未来的受益者为代价将现有的养老金获得者排除于紧缩的范围之外,这就是政府与工会通过谈判进行的福利改革中的一项普遍设计,因为核心工会成员被排除在变化之外,或者受其影响甚微。⑤ 因此,在政治学家宣称的维持现状与往往由经济学家宣传的激进的制度改革这两种极端情况之间存在着大量的中间变化(路径分离)。

---

① Pierson, P. (ed.), *The New Politics of the Welfare State*, New York, NY: Oxford University Press, 2001.
② Myles, J., and P. Pierson, "The Comparative Political Economy of Pension Reform", in: P. Pierson (ed.), *The New Politics of the Welfare State*, New York: Oxford University Press, 305 – 333, 2001.
③ Ebbinghaus, B., "Can Path Dependence Explain Institutional Change? Two Approaches Applied to Welfare State Reform", *MPIfG Discussion Paper*, 05, 02, 2005.
④ Myles, J., and P. Pierson, op. cit.
⑤ Ebbinghaus and Hassel, op, cit.

（三） 通过改革产生路径分离

我们几乎很少看到激进的体制改革，然而目前却进行着很多逐渐改变欧洲社会模式的改革。这些改革一部分是福利紧缩，但也有一部分是针对新环境进行的校正。这些正在进行的福利国家改革将通过以下几项政策改变欧洲社会模式。

1. 控制社会支出

欧洲福利国家已经达到了其财政限制的极限，然而，由于人口压力与新的社会需求，不断上升的支出压力依然存在。当前与将来的社会政策改革必须考虑到下列因素：依赖社会保险的老龄人口不断增加的可能性；正在变化的就业与家庭模式；降低社会成本的需要；以及用于社会服务的有限的公共资源。然而，包括欧盟在内的那些支持使"欧洲社会模式"现代化的各方寻求维持其优势：抑制社会不平等和贫困，允许长期的技术投资和和平的劳资关系，并且提供针对那些新旧社会风险的社会保护。

2. 转移公共责任

为了降低劳动成本、增强竞争力，欧洲福利国家面临着削减社会缴费、公司税和收入税的压力。一些已经颁布的和正在提议中的改革导致部分从缴费向由税收支持的体系转移、部分从现收现付制度向基金制转移，以及从强制公共保险向自愿的私人储蓄转移。这样一来，参与集体谈判的各方接受了延缓工资上涨的安排，以换取工作岗位和社会福利，同时重新考虑薪酬计划，尤其是降低薪酬的方案。

3. 更灵活的就业

降低劳动成本的战略本身还不足以缓解大规模失业问题，但旨在增强年轻人和无技能的寻找工作者的"可就业性"（employability）以及使长期失业者重新找到工作的政策却很有必要。这一相当僵化的就业保护也通过提供更具灵活性的兼职工作和临时工作得到了改革。尤其成功的是荷兰与丹麦关于增强"灵活安全性"（flexicurity）的改革，即将就业合同的灵活性与充分的社会保障结合起来。

4. 协调的劳资关系

由于日益减少的成员数量，以及对于更加非集中化的谈判的要求与日俱增，工会联盟与雇主同样面临着压力。合作对于社会契约谈判的成功，以便以一种一致同意的方式改革欧洲社会模式而言至关重要。因此，与单边的国家干预或单纯依赖市场机制相反,政府与社会伙伴正在寻求协调福利国家改革、就业活动与工资谈判政策。然而,在社会与就业政策领域一直进行着对自我管理和自我规制的治理结构进行改革的尝试,目的是引入更多的国家干预,并在那些排他性利益占主导的领域重新恢复责任。

四　结语：向欧洲联盟的其他成员国学习

所有的欧洲福利国家都面临着使其社会和就业政策实现现代化的压力,而且这些改革进程越来越在欧洲层面得到了促进。作为欧盟"开放式协调法"(OMC)的一部分,确定目标、标准化(benchmarking)和同行评议已经成为了形成共同政策方向、测量与评估朝向政策结果所取得的进展,以及学习其他国家革新政策的最佳实践的政策工具。由于就业与社会政策事宜仍然属于各个福利国家的特权,欧盟仅能推动一种国际相互交流程序,就共同目标、对优势与劣势的比较分析,以及学习其他国家的最佳实践进行交流。欧洲就业战略是20世纪90年代末期以来这一进程的一种主要模式。2000年确定的里斯本目标是朝着2010年的共同目标趋同的一个主要例子。这一向他国学习的程序也已被应用于福利机制改革中的其他问题,尤其是社会融入政策的"开放式协调法"与养老金改革。

然而,欧盟成员国是否以及如何实现这些目标仍然是它们各自的责任。标准化这一工具以及将"开放式协调法"用于政治目标均存在着方法方面的和实际的问题[①]。最近欧盟对"开放式协调法"的评估表明,到目前为止,学习程序所产生的效果喜忧参半,从而在如何改进将"开放式协调"法作为政策学习工具的问题上导致了相互矛盾的建议。对"开放式协调法"的两种不同的用途同时存在:它可以作为从上层指导改革进程的工具,而不考虑不同国家之间的差异,也不考虑当地的环境(放之四海而皆准的战略);或者,它可以推动从下层开始的学习进程,这一进程考虑到了不同的制度背景(背景下的标准化,contextualized benchmarking)。

本章的比较分析已经表明,尽管欧洲福利国家之间拥有共同目标,这一目标正是欧盟社会模式的核心,然而,在生产、保护和伙伴关系等方面

---

① Zeitlin, J., P. Pochet, and L. Magnusson (ed.), *The Open Method of Co-ordination in Action: The European Employment and Social Inclusion Strategies*, Brussels: P. I. E.-Peter Lang, 2005.

的制度安排上,各个国家之间存在着重大差异。尽管诸如促进增长和就业、增强社会聚合等欧盟共同目标可以适用于所有国家,然而,实现这些目标的特殊政策将非常不同,这是由特殊的国家传统、当前的结构以及国内政治环境造成的。因此,欧洲福利国家的未来仍然是个未知数,尤其是能否在下列两个目标之间保持平衡,即在面临内部和外部压力的情况下使社会模式现代化,同时维持对于社会聚合的强调。

参考文献

Albert, M. , *Capitalism against Capitalism*, London: Whurr Publishers, 1993.

Baglioni, G. , and C. Crouch (ed.), *European Industrial Relations: The Challenge of Flexibility*, London: Sage, 1990.

Crouch, C. , *Industrial Relations and European State Traditions*, Oxford: Clarendon Press, 1993.

Ebbinghaus, B. , "Can Path Dependence Explain Institutional Change? Two Approaches Applied to Welfare State Reform", *MPIfG Discussion Paper*, 05, 02, 2005.

Ebbinghaus, B. , *Reforming Early Retirement in Europe, Japan and the USA*, Oxford: Oxford University Press, 2006.

Ebbinghaus, B. , and A. Hassel, "Striking Deals: Concertation in the Reform of Continental European Welfare States", *Journal of European Public Policy*, 2000(7), 1: 44-62.

Ebbinghaus, B. , and J. Visser, *Trade Unions in Western Europe since 1945 (Handbook and CD-ROM)*, London: Palgrave/Macmillan, 2000.

Esping-Andersen, G. , *Three Worlds of Welfare Capitalism*, Princeton, NJ: Princeton University Press, 1990.

Esping-Andersen, G. , "Welfare States without Work: The Impasse of Labour Shedding and Familialism in Continental European Social Policy", in: G. Esping-Andersen (ed.), *Welfare States in Transition: National Adaptations in Global Economies*, London: Sage, 1996.

Esping-Andersen, G. *Social Foundations of Postindustrial Economies*, Oxford: Oxford University Press, 1999.

Fajertag, G. , and P. Pochet (ed.), *Social Pacts in Europe: New Dynamics*, Brussels: ETUI, 2000.

Hall, P. A. , and D. Soskice, "An Introduction to Varieties of Capitalism", in: P. A. Hall and D. Soskice (ed.), *Varieties of Capitalism: The Institutional Foundations of Comparative Ad-*

vantage, New York, NY: Oxford University Press, 2001a.

Hall, P. A., and D. Soskice (ed.), *Varieties of Capitalism: The Institutional Foundations of Comparative Advantage*, New York, NY: Oxford University Press, 2001b.

Myles, J., and P. Pierson, "The Comparative Political Economy of Pension Reform", in: P. Pierson (ed.), *The New Politics of the Welfare State*, New York: Oxford University Press, 2001.

Olson, M., *The Rise and Decline of Nations*, New Haven, CT, London: Yale University Press, 1982.

Pfaller, A., I. Gough, and G. Therborn (ed.), *Can the Welfare State Compete? A Comparative Study of Five Advanced Capitalist Countries*, London: Macmillan, 1991.

Pierson, P. (ed.), *The New Politics of the Welfare State*, New York, NY: Oxford University Press, 2001.

Rhodes, M., "The Political Economy of Social Pacts: 'Competitive Corporatism' and European Welfare Reform", in: P. Pierson (ed.), *The New Politics of the Welfare State*, New York: Oxford University Press, 2001.

Scharpf, F. W., "Employment and the Welfare State: A Continental Dilemma", in: B. Ebbinghaus and P. Manow (ed.), *Comparing Welfare Capitalism: Social Policy and Political Economy in Europe, Japan and the USA*, London: Routledge, 2001.

Schmid, G., "Towards a Theory of Transitional Labour Markets", in: G. Schmid and B. Gazier (ed.), *The Dynamics of Full Employment: Social Integration through Transitional Labour Markets*, Cheltenham, UK: Edward Elgar, 2002.

Schmitter, P. C., "Still the Century of Corporatism?" *Revue of Politics*, 1974 (36): 85–131.

Soskice, D., "Divergent Production Regimes: Coordinated and Uncoordinated Market Economies in the 1980s and 1990s", in: H. Kitschelt, P. Lange, G. Marks and J. Stephens (ed.), *Continuity and Change in Contemporary Capitalism*, New York, NY: Cambridge University Press, 1999.

Zeitlin, J., P. Pochet, and L. Magnusson (ed.), *The Open Method of Co-ordination in Action: The European Employment and Social Inclusion Strategies*, Brussels: P. I. E.—Peter Lang, 2005.

第二编

欧盟社会治理

第二章

認識論と総合判断

Ⅳ 欧盟治理的批判性评判[*]

一 引言

欧盟治理研究已经成为一个成果丰硕的领域。尽管如此,这也是一个近期才出现的现象。十年前,当我在德国开始一个有关欧盟治理的国家研究项目时,还很难说服那些法律和经济领域内的学者加入我的研究。欧盟法的专家们非常肯定地认为,治理是需要政府的,因为欧盟是一个没有政府的体系,因此研究欧盟治理将会无果而终。经济学领域内我的同事们,从规范性角度出发,认为欧盟的本质仍然是保证商品、服务、人员和资本的自由流动。欧洲经济与货币联盟所需要的只是一个法律框架,保证单一市场的良好运行;保证具有独立地位的专家能够通过规范性机构管理市场的自由交换和单一货币。他们认为"治理"将会导致政治干预,而政治干预在多数情况下,会阻碍竞争和增长。

对治理上述怀疑性立场的回顾非常有意义,因为它们突出了欧盟治理争论中的三个重要方面:首先,欧盟需要怎样的治理,取决于人们对欧盟属性或应该具有的属性的理解;其次,由于治理概念尚不明确,为人们对治理含义的不同理解提供了空间;第三,无论怎样界定欧盟治理,它都有一个规范性维度,受到了政治合法性规范理论的启示。据此,我将从以下几方面论述:首先,我将概述欧盟的特性,以及与此相关,欧盟流行的治理模式。第二部分将分析那些被认为是新的,但并非全新的欧盟治理手段,同时还会对认为利益攸关者参与欧盟治理具有必要性和益处的理论进行梳理。本章最后部分将对新的欧盟治理模式的优缺点进行评价。

---

[*] 作者:贝娅特·科勒—科赫,德国曼海姆大学欧洲一体化让—莫内讲座教授、欧洲一体化欧洲治理精英网络总协调人、欧洲一体化研究领域权威专家。中文译者:金玲。

二 政府主导下的欧盟治理

欧盟已经从一个在有限的政策领域内（首先是煤钢共同体，然后是原子能共同体和经济共同体）具有极高权能的超国家机构，发展成为具有政治权能的政治体系。它几乎涵盖了所有领域，尤其在第一支柱下（建立在欧洲共同体条约基础上的欧洲共同体），欧盟具有很高的规制性权力。过去的60年里，欧盟内部没有发生变化的是成员国对宪政政治的控制。成员国政府继续享有"权能能力"，即是否将权能转移至欧盟的权力。

成员国保留的权力还包括对欧盟日常政治拥有最终的决策权。但是，在最开始，他们愿意得到超国家制度和程序的约束。欧盟决策体系的设置旨在实现无法实现的目标：既满足成员国的利益，也满足欧盟的共同利益。尽管，欧盟过去20年里进行了一系列的制度改革和新的治理模式的引进，但欧洲共同体的决策模式（本章将主要侧重对第一支柱的论述）仍然带有"共同体决策方式"的烙印[①]。成员国已经接受独立的超国家机构——欧洲议会与欧盟委员会，及在协商欧盟政策过程中有效的伙伴地位，尤其是在动议新政策过程中发挥积极作用的欧盟委员会。尽管欧盟运用有效多数的决策机制形成部分决策，但谈判却以"一致同意"为取向，成员国政府在谈判过程中仍然充满着对未来不确定性（shadow of the future）的担心。欧盟的主导性政治信念是，欧盟政治应该找到解决问题的最佳方案，在满足共同利益的同时，不违反成员国的根本利益。欧盟的决策一旦形成，便成为具有约束力的法令。尽管成员国负责决策的实施，但是他们必须严格执行。共同体法律有直接的约束力，相对于成员国法律，具有优先地位。欧共体法律在委员会和欧洲法院监督下实施，或直接由它们负责实施。因此，虽然在立法过程中，成员国政府享有自主的行动能力，但是在法律实施过程中，成员国政府则不享有主权。上述特征是欧盟与其他国际组织相区别的本质特征：欧盟是一个自主的立法体系，其约束的对象不仅仅包括成员国政府，也包括生活在欧盟范围内的个体。由于欧

[①] 有些作者对共同体决策有更加严格的理解，因此认为共同体决策方法在《单一欧洲法令》出台之后才有的。参见 Wallace, H./Wallace, W./Pollack, M. A. (ed.) (2005), *Policy-Making in the European Union*, Oxford: Oxford University Press, 2005, pp. 79 – 80。

洲法院和成员国法院之间的有机联系（organic connection）[1]，成员国的公民可以在成员国法院援引欧盟法。上述制度设计的政治逻辑是：如果不能保证其他成员国政府接受同样的约束，任何成员国政府都不会接受对其决策权能的约束。在欧洲一体化进程的最初阶段，流行一种观点，即欧洲一体化的成功只有通过"法律实现一体化"。

就我理解（in my reading），今天的欧盟，其核心仍然是通过法律实现一体化。然而，最近二十年来，欧盟治理所发生的变化，首先对具有集体约束力的决策形成方式发生了影响；其次引进了"通过软法实现一体化"的手段。欧盟新的治理模式并没有代替欧盟原有的治理模式，而是对原治理模式的一种补充。学术论述和政治话语已经给予新的欧盟治理模式大量的关注。日益增加的对欧盟新的治理模式的关注，传达出一种假象，即新的欧盟治理模式已经成为欧盟治理的主导性模式。

三 向新的治理模式的转变

通过对欧盟决策进行全面的考察，人们可以发现欧盟政策制定和政策实施的规则和程序已经急剧多样化。很难说，它们只是构成既定决策方法的变量还是已经超越了"共同体方法"。对于一些学者来说，只有"开放的协调方式"（open method of co-ordination，以下简称OMC）才能够称得上是新的治理模式。在此，我更认同Christian Joerges的观点，他认为欧盟有以下五种新的治理模式[2]。

1. 专门委员会（Comitology）

随着更多实施政策的权能转移至欧盟委员会，成员国政府通过建立由政府代表和政府任命的专家组成专门委员会体系，保留他们的影响力。政府的代表和专家与欧盟委员会合作，共同制定欧盟政策。欧盟内部大市场政策制定过程中的诸多方面都表现出上述的合作。[3] 由于欧盟法规的

---

[1] Shaw, J. (2000), *Law of the European Union*, Basingstoke: Palgrave, p. 29.
[2] Joerges, C. (2007), "Integration through De-legalisation? An Irritated Heckler", *EUROGOV*, *European Governance Papers* No. N-07-03. http://www.connex-network.org/eurogov/pdf/egp-newgov-N-07-03.pdf.
[3] 专门委员会的概况参见：http://ec.europa.eu/transparency/regcomitology/registre.cfm?CL=en。

技术性属性，公众很少关注专门委员会，因此专门委员会的运作总是带有技术官僚的色彩。经验研究资料证明，专家审议模式流行于专门委员会中。[1]

2. 相互承认

欧洲法院对 Cassis de Dijon 案的判决，推动了欧盟市场建设中另外一种方法的出现。该案认为商品和服务的自由流动并不能通过欧洲范围内的法律协调实现，只能通过彼此承认的原则得以实现。在彼此承认的原则之下，成员国需要告之其规制意图，并且为其意图提供足够的理由，而不再是成员国之间的烦琐谈判。国家立法机构重新获得了他们失去的自主权，但是由于存在程序机制，成员国必须考虑欧盟的管制（regulatory）原则和规则及其他成员国的经济、社会关切。[2]

3. 半私人的监管组织（semi-private regulatory）

欧盟单一市场的建立，以及对解除成员国层面上规制的推动，要求在欧盟层面上确立规则的呼声急剧增加。为了不让欧盟机构负担高度复杂和烦琐的技术性谈判，欧盟将制定标准化的事务让渡给那些半私有机构（如 CEN[3] 和 CENELEC[4]）；如一些成员国已经实践的那样，这些半私人的组织负责制定"根本的安全条件"，同时负责设计实施程序。

4. 共同体机构

在美国的制度体系中，独立机构具有重要地位，因此被认为是政府的第四分支。欧盟中的独立机构自主性有限，他们的主要功能是减轻欧盟委员会的行政事务，负责一些规制性技术问题，如商标设计、植物多样性、食品安全、安全和卫生，或航空安全。[5] 由于欧盟机构和成员国行政机构以及国家机构之间的密切合作，"欧盟行政空间"正缓慢出现。[6] 尽管上述

---

[1] Joerges, C./Neyer, N. (1997), "From Intergovernmental Bargaining to Deliberative Political Processes: The Constitutionalisation of Comitology", in: *European Law Journal* 3, pp. 273 – 299.

[2] Von Bogdandy (2003), "Links between National and Supra-national Institutions: A Legal View of a New Communicative Universe", in: Kohler-Koch, B. (ed.), *Linking EU and National Governance*, New York: Oxford University Press, pp. 24 – 52.

[3] 欧盟规则委员会。

[4] 欧盟电子规则委员会。

[5] 共同体具体机构名称见：http://europa.eu/agencies/community_agencies/index_en.htm。

[6] 参见 Egeberg, M. (2006), "European Goverment(s), Executive Politics", Working Paper 5, ARENA, Centre of European Studies, University of Oslo.

机构仅发挥支持功能，其定位也主要是专家治理，但是它们对规范市场行为的规则和程序发挥很大的影响。

5. 开放的协调方式

OMC 是一个新近出现的治理工具，但是自从里斯本欧洲理事会建议扩大其运用范围以来，它已经获得了很高的关注。与上述其他治理模式相比，OMC 有非常显著的特征。OMC 的理念是，只有通过将所有相关的国家行为体和非国家行为体都纳入协调过程，达成共识并相互监督，才能实现有效决策和结果趋同。与其他治理模式的主要区别是，OMC 并不试图产生具有约束力的法规来实现治理。根据里斯本欧洲理事会的规定，OMC 有四个主要组成部分：（1）确定实现政策目标的指导性原则；（2）确定最佳的实践标准和相应的衡量指标；（3）通过确定具体目标，将共同的指导性原则转化为成员国政策；（4）定期的监督、评价和同行评议。上述协调方法的运用已经逐渐从宏观经济政策管理、就业以及结构性政策改革扩展至其他领域，如社会事务、研究和创新领域等。除此之外，"类 OMC"的治理方法已经被运用在欧盟广泛的政策领域内。所有上述政策领域有一个共同特征：成员国政府和欧盟委员会都觉得有必要采取行动，但是却没有相应的共同体法律可依；成员国也不愿意接受法律的约束，将上述领域的权能转移至欧盟层面。上述情况的结果便是成员国寻找政策协调机制，在保证政策成功的同时，并不做法律上的承诺。通过政策学习以及大众要求最佳实践给政府带来的压力，OMC 程序应该能够实现政策趋同。

非常明显，上述五种治理手段有共同特征：（1）政策形成于功能上相互分离的领域；（2）具有行政性；（3）管理层级的向下转移以及向类似独立机构转移（quasi independent bodies）；（4）专家作为主要依靠的对象；（5）对目标群体的参与具有开放性。

由此可见，与传统意义上的治理相比，上述五种模式为什么称得上是"新的治理模式"：治理不再是权威决策，即由政治责任性的机构负责制定规则和确定激励办法引导"目标群体"。那些传统治理模式下的"目标群体"，在新的治理模式下，已经转化为利益攸关者。出于对有效性和合法性的考虑，利益攸关者成为决策的参与者，并帮助制定和实施政策。

将治理理解为公共—私人行为体共同合作，寻求解决问题的最佳战略并不局限于新的治理模式。上述观念已经发展为"欧盟善治"的核心概念。"欧盟善治"同样体现在"共同体方法"决策之中，始于 2001 年欧盟委员会的《欧盟治理白皮书》。《欧盟治理白皮书》提请注意欧盟治理模式的缺陷以及潜在的改善路径。白皮书倡议进行广泛的概念性争论,并开始一系列治理改革。为了评价欧盟中的"治理转向",值得探讨如下问题:什么刺激了有关欧盟治理的争论?利益攸关者参与欧盟治理的前景如何?

有些作者认为,《欧盟治理白皮书》的出台是欧盟对欧盟委员会执行危机的一种反应[1]。桑德委员会辞职以后,继任的普罗迪主席将治理置于改革议程的重要地位。然而白皮书并没有涉及导致前委员会辞职的一些问题,这些问题源于更早时期。白皮书反映了人们对欧盟有效性和民主合法性的关切。白皮书明显打上了自20世纪90年代以来一直争论着的两个问题的烙印,即:欧盟治理问题和欧盟"民主赤字"问题。白皮书中的新方法包含了上述两个概念,新方法承诺通过利益攸关者直接参与欧盟治理过程,实现政策有效性以及民主合法性。该方法的依据是:利益攸关者贡献他们权威的专长;行政部门、专家以及利益攸关者之间的理性交流,将促进彼此学习,因此也会有助于更好地决策。况且,利益攸关者的直接参与被认为能够弭除决策者与公民之间的距离,将欧盟治理置于大众的控制之下。

因此,利益攸关者的参与已经成为改革的最前沿问题。"利益攸关者"被赋予了更广泛的含义,不仅仅包括目标群体,还包括市民社会的行为体和专家们,及所有受到政策规范广泛影响的利益攸关者。改革的任务是将新的欧盟治理模式制度化,新的治理模式应该保证更广泛的参与;纠正妨碍平等参与的不平等现象;增加集体学习机会;在政策形成过程中提高纵向和横向的彼此联系。通过上述举措,新的治理模式将能够提高欧盟的立法质量,同时能够激发对欧洲问题更广泛的公众辩论,从而消除那些被认为是欧盟"民主赤字"核心的问题,即市民社会和公共权威之间的误解。[2]

《欧盟治理白皮书》加剧和刺激了欧盟—社会之间的关系,但是并没有启动新的方法。早在20世纪80年代末和90年代初,随着欧洲共同体逐

---

[1] Michel, H. (2007), "Incantations and Uses of Civil Society by the European Commission", in: Jobert, B. / Kohler-Koch, B. (eds.), *Use and Misuse of Civil Society: From Protest to Governance*, London: Routledge (forthcoming).

[2] Lebessis/Paterson 2000: 27; emphasise in the original; both authors were very influential in the drafting of the White Paper.

渐从以市场导向为主导的经济体向更加雄心的政治体转变时,欧盟已经对非政府行为体采取了积极的方法。欧盟一直对利益集团持开放态度;协商也一直在欧盟治理中得到很高的重视,因为协商为欧盟机构提供专业知识的同时,也增加了欧盟所设想的政策动议的可接受性。但是在最近的二十年里,欧盟,特别是欧盟委员会,形成了一个更具反思性(reflective)的方法。上述观念的转变反映在欧盟委员会的官方文件中。第一部与此相关的文件,名为《利益集团的协商》[1];几年以后,委员会的官方表述是"与非政府组织之间的对话"[2];最后委员会呼吁"市民社会的参与"[3]。《欧盟治理白皮书》所倡导的方法后来得到了《欧洲宪法条约草案》的支持(第一章,有关参与式民主原则的条款),《改革条约》同样包含了"参与式民主"的条款。

白皮书给予了善治的原则、规范和规则以迄今最明确和最全面的阐释。[4] 同欧盟对公开、透明、包容(inclusiveness)以及问责原则的承诺一样,"市民社会的参与"在文件中具有很高的地位。在后续过程中(follow-up process),委员会通过设置新的规范和规则及建立新的程序,充实了善治原则。不过,欧盟的规制框架仍然实行软性规制。委员会为协商设定了"最低标准",并建议与利益集团共同制定"行为守则"(Commission 2006;2007)。委员会对约束利益集团的参与表示明显的犹豫,将公开原则置于首位。

为了实现公开原则,委员会利用各种手段,使人们更便捷地了解欧盟决策。几乎所有的委员会部门都已经利用公开的网上辩论和网上协商手段,使得布鲁塞尔能够听到来自地方、成员国以及欧洲层面的公民和社会团体的声音。各种类型的会议、听证会以及讲习班也成为利益攸关者和公共权威部门之间公开交换观点的补充手段。上述所有手段吸引了各种类型的利益群体,降低了公民个人了解欧盟层面协商进程的门槛。

---

[1] Commission (1992), "An Open and Structured Dialogue between the Commission and Special Interest Groups", SEC (1992) 2272 final, Brussels.
[2] Commission (2000), "The Commission and Non-Governmental Organisations: Building a Stronger Partnership", COM (2000) 11 final, Brussels.
[3] Commission (2001), "European Governance: A White Paper", COM (2001) 428 final, Brussels.
[4] 见欧盟部长理事会主席国决议,布鲁塞尔,2007年7月20日,Annex I; http://www.consilium.europa.eu/ueDocs/cms_Data/docs/pressData/en/ec/94932.pdf。

另一值得珍视的是透明原则。欧盟所有的机构都可公开查阅文件,并正致力于形成广泛、简便的查阅规则和程序。[①] 并且,欧盟已经承诺通过发布年度工作计划,尽早让公众了解未来政策动议信息;欧盟还承诺针对拟进行的协商公布路线图计划;对可能的政策动议进行影响力评估。对于那些欲了解协商情况的利益攸关者和其他利益集团,委员会将扩大对他们的意图和代表信息的了解。此外,上述相关的组织应该依据自愿原则进行登记。

人们可以发现一个明显的现象,欧盟委员会与欧洲社会之间的互动模式已经发生变化:过去在委员会与社会团体进行协商时的等级制和技术官僚属性,逐渐被立足平等的合作承诺所取代。再者,公开已经成为至上的原则,因为在欧盟决策过程中,协商已经成为一种必要程序,而并非在过去情况下应要求才举行。委员会已经承诺将发言权赋予民众,并采取手段,降低参与的门槛。除了便捷的参与手段之外,委员会致力于消除代表的不均衡现象。委员会资助一些弱的利益集团;鼓励代表少数派的团体(如移民工人)组建跨国联盟;向那些难以组织的团体(如:文化活动团体)扩展一般利益(diffuse general interests)。

四 对欧盟新治理模式的批判性评价

现在对欧盟治理模式进行评价时,我们不得不承认,在扩大和深化所带来的日益增加的复杂性和异质性面前,欧盟已经采取了灵活的反应方式。欧盟的转变已经对行为体类型(constellation)以及程序选择产生了影响。成员国政府以及欧盟的超国家机构仍然是欧盟治理领域的主要行为体。尽管如此,很明显的现象是,欧盟政策形成过程中,无论是行为体数量还是范围都大大增加;与以前相比,治理的手段和程序也有很大不同;功能进一步分化、向行政和技术机构的权力让渡以及利益攸关者的参与程度都获得提升。上述变化不仅仅是欧盟新治理模式的特色性特征,也是建立在传统条约基础上治理模式的特征。上述变化是否同样影响了决策过程的效率和合法性,即决策过程的质量,目

---

① Commission (2007b), "Green Paper: Public Access to Documents Held by Institutions of the European Community. A Review", COM (2007) 185 final, Brussels.

前尚无法判断。

经验研究所提供的证据可谓喜忧参半。就决策的效率来说,总体评价是:考虑到27国欧盟中成员国不同的历史和不同的社会经济形势,欧盟的决策表现出了惊人的平稳和有效,因此评价基本是积极和正面的。一些学者将其归功于"欧盟行政管理空间"(European administrative space)的出现①。另外一些学者则强调利益攸关者的参与使得欧盟对不同的利益(interests)更具开放性②。就民主合法性来说,研究的结果则不容乐观。实证研究结论与人们对欧盟新治理模式民主附加值的高期望值并不一致。理论上来说,OMC的全新程序一定能够通过进一步讨论和彼此学习,加强政策输入和政策输出的合法性(policy input and output)③。但是经验研究很难证明上述理论假设。还有一些学者甚至认为,无论从决策效率还是合法性上来说,OMC都是一个惨痛的失败。④

《欧盟治理白皮书》旨在通过更广泛的市民社会的参与来促进善治。在我们所进行的实证研究中⑤,我们研究了欧盟是否实现了其决策过程向利益攸关者和公民公开的承诺,以及欧盟治理质量将如何受到影响。我们

---

① 参见 Egeberg, M. (2006), "European Goverment(s), Executive Politics", Working Paper 5, ARENA, Centre of European Studies, University of Oslo; Wessels, W. (1997), "An Ever Closer Fusion? A Dynamic Macropolitical View on Integration Processes", in: *Journal of Common Market Studies* 35/2, 267 – 299.

② Héritier, A. (1999), "Elements of Democratic Legitimation in Europe. An Alternative Perspective", in: *Journal of European Public Policy* 6/ 2, 269 – 82.

③ Eberlein, B. / Kerwer, D. (2004), "New Governance in the European Union: A Theoretical Perspective", in: *Journal of Common Market Studies* 42/1, 121 – 42; Lenschow, A. (2005), "Europeanization of Public Policy", in: Richardson, J. (ed.), *European Union: Power and Policy-making*, London: Routledge, 55 – 71.

④ See Citi, M. / Rhodes, M. (2007), "New Modes of Governance in the EU: Common Objectives versus National Preferences", *EUROGOV, European Governance Papers* N – 07 – 01, http://www.connex-network.org/eurogov/pdf/egp-newgov-N – 07 – 01.pdf; Chalmers, D. / Lodge, M. (2003), "The Open Method of Coordination and the European Welfare State", *ESRC Centre for Analysis of Risk and Regulation Discussion Papers* 11 (June, London School of Economics and Political Science, http://www.lse.ac.uk/collections/CARR/pdf/Disspaper11.pdf; Hatzopoulos, V. (2007), "Why the Open Method of Coordination is Bad for You: A Letter to the EU", in: *European Law Journal* 13/ 3, 309 – 42.

⑤ See Beate Kohler-Koch et al, Research Project on "Democratic Legitimacy via Civil Society Involvement? The Role of the European Commission", funded by the German Science Foundation, at MZES, University of Mannheim.

的研究结论同样喜忧参半。首先,研究结论表明欧盟委员会并非单一行为体。在不同的委员会各司中,我们发现有的走在改革的前沿,有的则相对滞后。根据三方面的典型特征,可以将委员会的不同司划分为"支持者"(sympathetic DGs)和"怀疑者"(sceptical DGs);支持者有着长期与公民社团(civil association)打交道的传统,它们管理那些旨在纠正和补偿市场分配效应的法规,享有的权能有限;"怀疑者"则拥有完备的法律权限,它们负责单一市场的良性运转,并与市场行为体有密切联系。不过,总的来说,整体情况比较乐观。利益攸关者和公众广泛参与欧盟决策,以及部分参与政策实施的程序已经得到扩大并正式化。欧盟委员会致力于举行广泛和定期的协商,协商过程公开,协商程序透明。

上述过程是否称得上"民主的过程"?达尔(Dahl)认为治理过程需要符合五个标准,才能满足民主参与的要求[①],它们是:无差别性的广泛参与、有效参与、充分知情(enlightened understanding)、对议程的控制力以及对结果平等的影响力。

1. 无差别性的广泛参与

尽管利益攸关者的协商和公开协商之间有正式的区分,但是却没有正式壁垒阻碍利益表达,欧洲公民对信息缺乏重视阻碍了他们参与协商过程。即使对于那些组织完备的利益集团,跟踪欧盟决议和协商的议程,也正在穷尽它们的资源,因此即使对于它们来说,也很难追踪。鉴于此,为了减轻资金有限的利益集团之负担,委员会已经同意进行更多的信息投资,宣传协商活动计划的"路线图"。

2. 有效参与

研究表明,委员会坚持了与公众协商的原则。公民和利益集团有大量机会表达他们的观点。新的治理手段,如网上协商,促进了便利性和透明度,因为言论都是公开的。参与门槛的降低的确产生了影响,与以前相比,协商被更广泛地运用。依据问题利益攸关程度的不同,评论从百条到几千条不等。尽管如此,评论数量的增加并没有消除代表性不平等的问题。举例说来,如网上进行的"公民对话"对于每一个公民来说都是公开的,也可以参与。尽管如此,参与者的主体仍然来自社会中的一小部分群

---

① 我没有完全按照他的表述。由于不同的语境,我用"对结果平等的影响力"代替了"表决权平等"。

体,主要是西欧和北欧的男性知识青年。协商过程中存在同样现象。即使在便利的网上协商过程中,生产者利益与其他利益相比,也得到了更多的表达。成员国利益集团的代表性也表现出不均衡性。代表成员国集团利益的欧盟机构的出现缓解了领土层面代表性不均衡现象,否则,欧洲西北部地区和国家的利益集团将过多地被代表(overrepresented)。上述代表性所表现出的西北和东南之间的分野不足为怪,因为上述的分野与欧洲范围内长期存在的社会组织发展水平相一致。

3. 充分知情

民众只有在了解其利益攸关的基础上,才能做出理性选择。欧盟已经发展了不同的手段,赋予公民了解欧盟政策计划本质以及可能结果的机会。绿皮书和白皮书的预先公布,欧盟有义务对相关的新政策动议进行影响力评估。不过,欧盟在不同政策方案的比较与说明方面仍然存在不足。在成员国内部,政党竞争机制有效地保证了不同政策方案之间的比较和说明,同时也是公众了解不同政策方案的有效机制。欧洲议会内部可能会出现不同意见,但是议会在早期的议程设置阶段往往态度消极,况且,媒体并不报道议会中对争议性问题的辩论以及不同利益集团在布鲁塞尔的辩论,因此也不会在更广泛的范围内被公众了解。

4. 对议程的控制力

达尔认为,公民"必须拥有绝对的机会控制议程的设置,包括议程的主题以及如何安排主题"[①]。欧盟的决策过程显然没有满足上述标准。即使在那些倡议公民就欧盟的未来进行辩论的情况下,动议的形成以及辩论的主题也是由委员会确定。在立法过程中,正式的辩论也只有在委员会已经就初步的意见达成一致的情况下才会启动。公民和代表性社团在议程设置过程中没有正式发言权。毫无疑问,充满活力的公众辩论具有很大反响,并可能对政治议程的形成发生影响。

5. 平等的结果影响力

民主参与最重要的问题是对政策结果有效的、平等的影响力,首要的缺陷是社会行为体代表性的失衡。作为对弱势利益集团资源缺乏的补偿,委员会已经积极给予他们资助,支持网络和联盟的形成,从而增加他们的政治分量。最近几年来,代表总体利益的组织,如消费者组织、环境组织

---

① Dahl, R. (1998), *On Democracy*, New Haven: Yale University Press, p. 38.

或权利组织已经努力增加他们的发言权,并寻求委员会听取他们的意见。他们已经成功地在议程设置阶段对政策建议发挥影响,但是多数情况下,政策制定过程中,他们的意见并不会被采纳。相反,核心利益集团的(focused economic interests)代表往往在其中发挥主导性作用,因为他们掌握更精准的专业知识,他们通过参与所有阶段的协商,拥有追踪政策形成过程的资源。最重要的是,他们将来的行为是政策成功与否的决定性因素[①]。

运用规范性标准对不同实证研究结果的对比,我们可以发现,新的治理模式,尤其是利益攸关者和公民更广泛的参与,已经带来了欧盟治理的改善。治理模式的改革使得欧盟的决策过程开始吸收专家意见以及不同的偏好。并且,协商机制的建立,将有助于提高欧盟机构,尤其是委员会的反应能力。欧盟已经建立了相应的原则、规则、法规以及程序,通过确保公开、透明和广泛性的原则,支持民众以及各利益集团的参与。

但是,审慎地观察,可以发现,由于没有赋予人民权利,没有确立依法由第三方强制执行、具有约束力的法规,改革处于停滞阶段。对于委员会来说,其具有进行协商的政治义务,无论是公民个人还是代表性的组织都没有被协商的权利。上述的政治义务和既定的政治权利之间的差异同样适用于责任性。委员会已经承诺建立更好的反馈机制,以说明利益攸关者的意见被采纳或不被采纳的原因,但是委员会并不受制于任何的法律义务,也没有任何的法令规定委员会的责任。新的治理手段,如OMC,所形成的决议是"软法",因此既不会提供法律依据,也不会产生司法保护。

新治理模式的特征是在决策过程中引进了更多的非正式手段。决策过程的非正式性具有更加灵活的优势,相应的缺陷是产生责任混淆,从而进一步损害责任性(accountability)。就形成决议的特性来说,非正式性等同于软法,因此决议的实行完全取决于自愿遵守。公民和代表性社团广泛参与的"参与式治理"具有类似特征。"参与式治理"通过软规则以及软法规,设定规范性框架,促进决策者更加关注公民的关切,但并没有要求决策者受制于硬的法令。

为了对新治理模式进行总的评价,我们必须超越对新治理模式每一个

[①] Dür, A. / De Bièvre, D. (2007), "Inclusion without Influence? NGOs in European Trade Policy", in: *Journal of Public Policy* 27/1, 79 – 101.

具体特征的评价。首要的问题是，上述新的治理模式如何适应整个欧盟体系；其次，需要对欧盟治理改革进程中的得失进行权衡；第三，需要评估新治理模式存在的缺陷是否只是一种过渡性现象，在欧盟未来发展过程中可以得到纠正。首先回答在欧盟治理辩论过程中经常被忽视的问题：新的治理模式如何适应整个欧盟体系？我认为值得关注的是，欧盟新治理模式仅仅涉及欧盟政体的行政部分。新治理模式是应欧盟行政机构日益增加的权能而出现，同时也是行政机构权能合法化的手段，结果是，新治理模式支持了行政机构权能的进一步增加。不过行政机构的反应能力的提高并不意味欧盟政体变得更负责任和更民主，因为合法性治理是行政政治与民主进程的有机联系。科林·史考特（Colin Scott）明白地指出："如果我们指望委员会扩大欧盟的民主合法性，那是找错了机构。"[1]

即使从上述观点出发，我们也应该了解新的治理模式是否至少表明欧盟行政政治更加具有反应能力。该问题需要从实证、理论和规范性三个角度予以回答。实证研究资料表明新的治理模式利弊共存；理论论据提请注意行为动机；规范性争论提醒我们不要将希望寄托在有利的环境以及当权者的善意上。相反，我们应该建立负责任的治理，即在权利和法律规定基础上的治理：（1）公民有被协商的权利，而不是一种自我义务（self-imposed commitments）；（2）有制度化的机制促进公民的全面理解，使他们能够理解不同的政策方案及其内容；（3）公民享有实施政治影响力的权能。最重要的是，公民享有平等的权利，并尽可能平等的机会实现权利。

第三个问题是新治理模式的缺陷是一种暂时性现象，还是具有长期性？我认为上述所有的局限性都源于结构性原因，短期内难以解决。新模式的缺陷部分缘于欧盟的体系结构：决策权的多层面和多领域分配使其很难接受民主监督。我们知道，欧盟体系是一种功能反应性体系，很难发生变革；更何况，制度改革并不能改变欧盟本身所依赖的社会结构。欧盟治理已经超越国界，但是社会团体仍然受到民族国家的束缚，结果是，责任性和代表性仍然深深根植于民族国家体系内，无法以令人满意的、民主的方式超越国界。因此，欧盟新的治理方式出现的意义有限，更谨慎的一体化方法将是可取的。

---

[1] Scott, C. (2002), "The Governance of the European Union: The Potential for Multi-Level Control", in: *European Law Journal* 8/1, 59–79.

参考文献

Chalmers, D. / Lodge, M. (2003), "The Open Method of Coordination and the European Welfare State", *ESRC Centre for Analysis of Risk and Regulation Discussion Papers* 11 (June, London School of Economics and Political Science, http://www.lse.ac.uk/collections/CARR/pdf/Disspaper11.pdf.

Borrás, S. / Greve, B. (ed.) (2004), "The Open Method of Coordination in the European Union", Special Issue, *Journal of Public Policy*, 11/2.

Citi, M. / Rhodes, M. (2007), "New Modes of Governance in the EU: Common Objectives versus National Preferences", *EUROGOV*, *European Governance Papers* N – 07 – 01, http://www.connex-network.org/eurogov/pdf/egp-newgov-N – 07 – 01.pdf.

Commission (1992), "An Open and Structured Dialogue between the Commission and Special Interest Groups", SEC (1992) 2272 final, Brussels.

Commission (2000), "The Commission and Non-Governmental Organisations: Building a Stronger Partnership", COM (2000) 11 final, Brussels.

Commission (2001), "European Governance: A White Paper", COM (2001) 428 final, Brussels.

Commission (2002), "Communication from the Commission: Towards a Reinforced Culture of Consultation and Dialogue-General Principles and Minimum Standards for Consultation of Interested Parties by the Commission", COM (2002) 704 final, Brussels.

Commission (2006), "Green Paper: European Transparency Initiative", COM (2006) 194 final, Brussels.

Commission (2007a), "Communication from the Commission: Follow-up to the Green Paper 'European Transparency Initiative'", SEC (2007) 360/ COM (2007) 127 final, Brussels.

Commission (2007b), "Green Paper: Public Access to Documents Held by Institutions of the European Community. A Review", COM (2007) 185 final, Brussels.

Dahl, R. (1998), *On Democracy*, New Haven: Yale University Press.

Dür, A. / De Bièvre, D. (2007), "Inclusion without Influence? NGOs in European Trade Policy", in: *Journal of Public Policy* 27/1, 79 – 101.

Eberlein, B. / Kerwer, D. (2004), "New Governance in the European Union: A Theoretical Perspective", in: *Journal of Common Market Studies* 42/1, 121 – 42.

Egeberg, M. (2006), "European Goverment(s), Executive Politics", Working Paper 5, ARENA, Centre of European Studies, University of Oslo.

Hatzopoulos, V. (2007), "Why the Open Method of Coordination is Bad for You: A Letter to the EU", in: *European Law Journal* 13/ 3, 309 – 42.

Héritier, A. (1999), "Elements of Democratic Legitimation in Europe. An Alternative Perspective", in: *Journal of European Public Policy* 6/ 2, 269 – 82.

Joerges, C. /Neyer, N. (1997), "From Intergovernmental Bargaining to Deliberative Political Processes: The Constitutionalisation of Comitology", in: *European Law Journal* 3, 273 – 299.

Joerges, C. (2007), "Integration through De-legalisation? An Irritated Heckler", *EUROGOV*, *European Governance Papers* No. N – 07 – 03. http: //www. connex-network. org/eurogov/pdf/egp-newgov-N – 07 – 03. pdf.

Lenschow, A. (2005), "Europeanization of Public Policy", in: Richardson, J. (ed.), *European Union: Power and Policy-making*, London: Routledge, 55 – 71.

Kohler-Koch, B. / Finke, B. (2007), "The Institutional Shaping of EU-Society Relations: A Contribution to Democracy via Participation?", in: *Journal of Civil Society* (forthcoming).

Kohler-Koch, B. / Rittberger, B. (2006), "Review Article: The 'Governance Turn' in EU Studies", in: *Journal of Common Market Studies* 44 (Annual Review), 27 – 49.

Lebessis, L. / Paterson, J. (2000), "Developing New Modes of Governance", Working Paper of the Forward Studies Unit, European Commission, Luxembourg.

Michel, H. (2007), "Incantations and Uses of Civil Society by the European Commission", in: Jobert, B. / Kohler-Koch, B. (ed.), *Use and Misuse of Civil Society: From Protest to Governance*, London: Routledge (forthcoming).

Papadopoulos, Y. (2007), "Assessing the Claims of Post-parliamentary Governance: Few Certainties, Many open Questions", in: Jobert, B. / Kohler-Koch, B. (ed.), *Use and Misuse of Civil Society: From Protest to Governance*, London: Routledge (forthcoming).

Prodi, R. (2001), "Shaping the New Europe: Speech of Romano Prodi, President of the European Commission 2000 – 2005", European Parliament, Strasbourg, 15 February 2000.

Scott, C. (2002), "The Governance of the European Union: The Potential for Multi-Level Control", in: *European Law Journal* 8/1, 59 – 79.

Shaw, J. (2000), *Law of the European Union*, Basingstoke: Palgrave.

Von Bogdandy (2003), "Links between National and Supra-national Institutions: A Legal View of a New Communicative Universe", in: Kohler-Koch, B. (ed.), *Linking EU and National Governance*, New York: Oxford University Press, 24 – 52.

Wallace, H. /Wallace, W. /Pollack, M. A. (ed.) (2005), *Policy-Making in the European Union*, Oxford: Oxford University Press.

Wessels, W. (1997), "An Ever Closer Fusion? A Dynamic Macropolitical View on Integration Processes", in: *Journal of Common Market Studies* 35/2, 267 – 299.

V 欧盟治理下社会伙伴的角色变化[*]

代表劳资双方利益的社会伙伴是西方政治制度中除政党外最重要的利益协调者之一。欧盟层面的制度建设改变了社会伙伴的偏好、兴趣以及思想,将他们吸引到"欧洲社会共同体"中。社会伙伴间相互对立的利益让位于创建共同体社会福利的义务和责任,他们从开展部门级的社会对话发展到进行总体性的社会对话,进而成为欧盟的直接立法者。以社会对话为基本操作技巧的欧盟社会伙伴关系建立在三种决策机制下,即:标准立法程序、社会伙伴程序以及开放式协调法,社会伙伴在上述三种决策机制下参与政治决策,进行对话和协商。

在最近十年的时间里,从事欧洲研究的学者们尝试从不同的角度对欧盟治理进行理论和实证研究,开创了一个研究"欧盟治理"的时代[①]。本章将对社会伙伴在上述三种决策机制下所扮演的不同角色进行分析,力求从一个侧面反映欧盟治理的特征。

一 社会对话的概念

在不同的决策机制下,社会伙伴的角色和影响力有所不同,但无论是在哪种决策机制下,劳资双方要想以社会伙伴的角色出现在立法进程中,他们首先要进行社会对话。

因此有必要首先界定一下欧盟层面社会对话的概念。欧盟层面的社会

---

[*] 作者:杨解朴,毕业于中国社会科学院研究生院,法学博士,现为中国社会科学院欧洲研究所助理研究员。

[①] 参见 Beate Kohler-Koch & Berthold Rittberger, "The 'Governance Turn' in EU Studies", *Journal of Common Market Studies*, 2006:44, Issue s1, pp. 27 – 49。

对话应包括两个要素：一是劳资双方参与欧盟的决策；二是劳资双方在欧盟层面进行对话①。因而社会对话被用来描述欧洲共同体建立以来的不同的过程和制度安排，本章涉及社会对话两方面的内容②：第一，总体性社会对话，指 1984~1985 年发展形成的委员会与三个跨行业的欧洲工会和雇主联合会，即欧洲工会联合会③、欧共体工业联合会④、公共参资企业和综合经济利益企业欧洲中心⑤之间的对话⑥，以及没有委员会参加的三个组织之间的内部会谈；第二，部门级的社会对话，指行业内部的工会组织和雇主联合会通过对话和协商达成正式或非正式的协议。

共同体内部部门级的社会对话出现较早，并取得一定的效果，但从整体看，总体性社会对话所取得的成就远远大于部门级的社会对话，因而部门级的社会对话往往被掩盖在总体性社会对话的光环之下。早在 1955 年共同体就建立了"欧洲煤钢共同体三方咨询委员会"，通过社会伙伴对本部门的就业情况的反馈，使其参与到该部门的社会和其他政策领域的政策咨询中。而共同体农业部门的社会对话不但起步早，而且至今依然表现活跃。1963 年，在委员会的推动下，共同体农业部门成立了"反映农业工人社会问题的联合咨询小组"，该小组在 1974 年改为"联合委员会"（Joint Committee），由代表雇主利益的"共同体农业组织雇主团体"（GEOPA-COPA）和代表工人利益的"欧洲农业工人工会联盟"（EEF）组成，就共同农业政策领域的问题举行劳资对话，该委员会的行政管理工作由欧盟委员会下属的就业和社会事务总司负责。同样在委员会的推动下，在陆路运输、内河航行、铁路、海上运输、民用航空、海上捕鱼、邮政、电信等领

---

① 参见 Daniela Obradovic, "The Impact of the Social Dialogue Procedure on the Powers of European Institutions", in: Hugh Compston & Justin Greenwood (ed.), *Social Partnership in the European Union*, Palgrave, 2001, pp. 196–197。
② 本章没有涉及的社会对话的另一方面的内容是公司层面的社会对话，有关这一内容可参见欧盟官方网站: http://ec.europa.eu/employment_social/social_dialogue/company_en.htm (2007 年 8 月 15 日)。
③ The European Trade Union Confederation, ETUC.
④ Union des Industries de la Communauté Européenne, UNICE.
⑤ European Centre of Enterprises with Public Participation and Enterprises of General Economic Interest, CEEP.
⑥ 1999 年欧洲手工业者和中小企业者联盟（UEAPME，法文 Union Europeenne de L'Artisanat et des Petites et Moyennes Entreprises 的缩写）正式作为欧盟层面的社会伙伴加入到欧盟层面的社会对话中来。

域劳资双方都建立了"联合委员会",并曾达成过一些协议。特别是1997年海上运输领域的社会伙伴达成的有关规范工作时间的协议,还被理事会在1999年以指令的形式通过,成为共同体法的一部分①。

共同体内的总体性社会对话由于涉及的范围太大,因此启动时间较晚。代表资方利益的共同体最高代表"欧共体工业联合会"(UNICE)和"公共参资企业和综合经济利益企业欧洲中心"(CEEP)分别于1958年和1963年建立起来,但代表工人利益的共同体最高代表"欧洲工会联合会"(ETUC)直到1973年才正式建立起来。在三个组织都建成后,20世纪70年代,共同体就有关问题举行了六次由劳资双方的各层代表、共同体机构和成员国政府代表参加的"三方会谈",会谈议题涉及就业、工资等问题,但没有取得实质性的进展。② 1985年在前欧共体委员会主席德洛尔的倡导下,上述的三个跨行业的欧洲工会和雇主联合会在布鲁塞尔的瓦尔杜切斯(Val Duchess)进行了会谈,即所谓的瓦尔杜切斯进程(Val Duchesse Process),从而成功地启动了欧共体的总体性社会对话机制。瓦尔杜切斯进程在将社会伙伴纳入一些重要问题(例如欧盟经济战略、内部市场和货币联盟等)的讨论上发挥了作用。

瓦尔杜切斯进程启动的总体性社会对话与委员会在社会和劳动政策方面的指导思想的转变有直接关系。在20世纪80年代中期以前,委员会的工作重点是将共同体的目标贯彻到成员国中去,协调共同体的社会政策和劳工标准,目的是指导建立一套统一的劳动社会立法框架。20世纪80年代中期,委员会设计了建立共同体社会和劳动政策的新方案。这个新方案促使欧洲法院规定解释《罗马条约》劳工标准的术语为"趋同"(approximation),而不是"一致"(harmonization),这样委员会要做的只是协调不同国家的社会和劳动条件,而不是实施统一的政策。总体性社会对话作为促进这一方案实施的主要技巧被委员会引入。在这一过程中,委员会所扮演的是社会伙伴间交流和协议的基本倡导者;它不再是领导者,而仅仅是支持者,它的工作是促进不同代理人间的交流。而恰恰是总体性社会对话的开启,为以后"社会伙伴程序"的引入奠定了基础,为欧盟在社会政策

---

① 参见 Tina Weber, "The European Sectoral Social Dialogue", in: Hugh Compston & Justin Greenwood (ed.), Social Partnership in the European Union, Palgrave, 2001, pp. 129 – 153。
② 参见田德文著《欧盟社会政策与欧洲一体化》,北京,社会科学文献出版社,2004,第45～46页。

领域治理机制的转变创造了条件。

欧洲一体化的历史表明,委员会所积极推动的部门级的社会对话、总体性社会对话及三方会谈,不仅使社会伙伴有机会对其活动进行相互反馈并开展协商对话,而且为社会伙伴提供了对政策的表述和实施发表意见的有利环境。而正是由于在欧盟层面存在这种意愿表达的机会,越来越多的社会伙伴开始重视在欧盟层面对政策制定施加影响。近年来欧盟机构已经认识到这种"由下至上"(bottom-up)的方法能够真正使人们认同欧洲联合的计划,在《欧盟宪法条约草案》中也给予社会对话重要的地位。社会对话已经成为欧盟层面广泛传播的"参与式民主"的重要形式,同时也成为2005年欧盟委员会重新启动里斯本战略的重要方法之一。

二 标准立法程序下社会伙伴的作用

标准立法程序是在共同体方法(community method)这一传统治理模式下的最主要的决策机制。共同体方法是20世纪90年代以前欧盟在社会政策领域进行治理的主要模式。在共同体方法下,欧盟委员会在制定和执行共同体法的过程中发挥重要作用,同时欧洲议会也不断获得权力并施加影响。所有法令的通过都需要获得部长理事会特定多数同意或全体一致通过。在政策的准备、表述和实施过程中,欧盟委员会和欧洲议会需进行咨询,甚至指派私人团体和组织为它们提供信息和专家意见。此外,由来自成员国的公务员和外部专家组成的一些专家委员会(comitology committees)共同制订出相互妥协的解决方案,从而使共同体方法能够顺利地在成员国和次国家层面上得到转化和遵守。[1]

社会伙伴在标准立法程序中发挥的是咨询作用。无论是在《罗马条约》中以动议、咨询和决议为主要环节的决策程序中,还是在由《欧洲单一文件》引入《罗马条约》的"合作"程序中,以及在由《马斯特里赫特条约》(以下简称《马约》)写入《罗马条约》的"共同决定"程序中,社会伙伴主要是作为欧洲经济和社会委员会(EESC)[2]的重要成员,通过

---

[1] 参见 Beate Kohler-Koch & Berthold Rittberger, "The 'Governance Turn' in EU Studies", *Journal of Common Market Studies*, 2006:44, Issue s1, pp. 31-35。

[2] 欧洲经济和社会委员会是"由经济和社会生活中不同团体的代表组成"(《欧共体条约》第257条),在该委员会中有三个规模大体相当的团体:雇主、雇员和"不同利益的代表者"。

欧洲经济和社会委员会发挥作用。在上述三种决策程序下，委员会的立法提案在提交理事会的同时，必须征询欧洲议会和/或经济和社会委员会或地区委员会的意见。因此可以说，社会伙伴在共同体方法下虽不是直接立法者，但是为立法提供咨询。

在欧洲一体化的发展过程中，在共同体方法下，社会政策领域的立法往往要经历相当长的立法周期，从政策的制定到真正在成员国得到执行的时间非常长，而且其间存在诸多影响政策面貌和结果的因素。在很多时候立法提案都是无果而终，有时可能在十几年后，被搁置的某一立法提案又重新进入立法程序。目前欧盟在发展社会政策时，更多地采用颁布"软法"，并附以软性治理的方式，一方面避免各方资源在立法过程中的无端消耗，另一方面通过将包括社会伙伴在内的多个相关行为体纳入政策制定中增加政策的合法性，并且便于政策的执行，对于这一点在后文将会有更为详细的阐述。

三 社会伙伴程序的特别之处

与共同体方法下的标准立法程序相比，社会伙伴程序（Social Partnership Procedure）是一种特殊的决策机制，它改变了欧盟机构的权力配置，使社会伙伴成为直接的立法者，增加了欧盟决策的民主合法性，是对传统的治理模式的补充。

1991年在对建立欧盟的政府间文件进行讨论的过程中，共同体层面的社会伙伴发挥了积极的作用，最终的结果是在1992年《马约》的《社会政策议定书》中将社会对话机制纳入欧盟社会政策的决策程序："委员会提交有关社会政策的议案之前，应就共同体行动的可能方向问题向劳资双方提出咨询"，当劳资双方认为采取共同体的行动是可取的，"委员会应就拟议提案的内容向劳资双方提出咨询。劳资双方应向委员会提出意见或适当时提出建议"。在《社会政策议定书》的第四条规定："如果劳资双方愿意，劳资双方共同体级的社会对话可导致包括签订协定在内的契约关系的建立。"理事会将适用特定多数表决制来批准劳资双方达成的协议[1]。西方学者将这一立法程序称为"社会伙伴程序"或"社会对话程序"（Social

---

[1] 参见苏明忠译《欧洲联盟条约》，国际文化出版公司，1998，第173页。

Dialogue Procedure)。1997 年的阿姆斯特丹首脑会议将《社会政策议定书》移入《阿姆斯特丹条约》(以下简称《阿约》)第 137~139 条,再次确认了理事会将社会伙伴达成的协议转化为欧盟立法的可能性。

利用社会伙伴程序,欧盟层面的社会伙伴有权通过谈判达成框架协议,这种协议要么以指令的方式转化为欧盟立法,要么被社会伙伴在欧盟层面和成员国层面自行贯彻执行。社会伙伴程序的引入,一方面将社会伙伴纳入立法程序,使它们成为重要的参与者,增加了欧盟决策的民主合法性;另一方面也改变了欧盟主要机构的权力分配。其中对委员会和欧洲议会的影响最大。

相对于共同体方法下的标准立法程序,在社会伙伴程序下委员会的权力地位得到了提高。这是由于:第一,社会伙伴参与决策是作为将欧洲议会排挤在决策程序之外的平衡;第二,只有委员会能将社会伙伴的协议提交给理事会,虽然委员会不会拒绝这样做,但委员会可根据对情况的评估向理事会进行汇报;第三,虽然在理论上社会伙伴之间可以达成一个与委员会最初的提案不同的协议,但在实际操作中社会伙伴达成的协议条款往往与委员会提案的条款极其相似。总之,在社会对话程序下委员会的责任更多的是将社会伙伴达成的协议提交给理事会,而不是对协议进行修改,但委员会对在此程序下形成的最终法律形式的影响要远大于其在标准立法程序下的影响。[1]

与委员会在该程序中的地位和作用相比,欧洲议会在这个程序中没有发挥任何影响。社会伙伴程序中社会伙伴的存在使欧洲议会在社会事务决策中的参与变得多余,欧洲议会被排除在社会对话的咨询和谈判之外。只有在那些社会伙伴不愿进行谈判的特殊事务上,根据《阿约》第 137 条下的共同决策程序,欧洲议会才能参与决策;而在那些劳资双方能谈判解决的社会领域,欧洲议会被排除在立法程序之外。[2]

在社会伙伴程序下,理事会仍享有传统的立法权,但与共同体方法下的标准立法程序相比,理事会对社会伙伴达成的协议只能是接受或拒绝,

---

[1] 参见 Hugh Compston & Justin Greenwood, "Social Partnership in the European Union", in: Hugh Compston & Justin Greenwood (ed.), *Social Partnership in the European Union*, Palgrave, 2001, pp. 161 – 162。

[2] Daniela Obradovic, "The Impact of the Social Dialogue on the Powers of European Institutions", in: Hugh Compston & Justin Greenwood (ed.), *Social Partnership in the European Union*, Palgrave, 2001, pp. 90 – 97。

而不能进行修改。因而可以说理事会在此程序下的立法权力受到了限制。

在社会伙伴程序下,由于社会伙伴直接参与立法,政策方案是社会伙伴协商、谈判的结果,代表了他们的利益。从理论上说,政策的实施效果应该比标准立法程序下要理想得多,实际的实施效果到底如何,我们只能通过案例研究进行验证。德国马普社会研究所(Max-Planck-Institut fuer Gesellschaftsforschung)对亲职假指令(The EC's Parental Leave Directive)[1] 在欧盟15个成员国的实施情况进行了调研。亲职假指令是在引入社会伙伴程序后,由社会伙伴通过缔结框架协议转化为欧盟立法的第一个范例。该指令的通过是欧盟在社会政策领域治理转型的一次尝试,框架协议只是规定了最低标准,成员国的具体规定要由成员国政府和社会伙伴协商确定。在这种情况下,指令在成员国的转化情况和成员国各自标准的制定都是值得研究的问题。马普社会研究所的调研结果表明:指令在成员国的转化得到了绝大多数社会伙伴的支持。由于指令只是规定了最低标准,因而对雇主的经济压力与其他社会政策领域的指令相比是适度的。指令与成员国原有法律制度的"不匹配"(misfit)程度决定了成员国能否按时并且顺利地将指令转化为国内法。接近一半的成员国在将指令转化为国内法的时候,所做的规定都超出了指令的最低标准。在某些国家可以观察到"实施过度"(over-implementation)的迹象,某些国家在转化过程中制定了比指令规定(对职工)更有利的法规。[2]

社会伙伴程序赋予社会伙伴以高度的自治,这是决定社会伙伴在政策制定过程中是否能进行有效影响的一个因素,但实践结果表明:20世纪90年代,在该程序下有三项协议以指令的形式转化为立法,而此后只是达成了五项自愿协议和框架协议。从总体上看,政策产出非常低。其中的原

---

[1] 指令的规定见:Directive 96/34/EC of 3 June 1996 on the framework agreement on parental leave concluded by UNICE, CEEP and ETUC, OJ L145, 1996, pp. 4 – 9。亲职假指令规定,当职工有孩子出生或收养时,孩子的父母亲可分享至少3个月的假期(无论男女职工都可以休假)。在假期结束后,他们有权返回原来的工作,如果不可行,雇主可按照就业合同或雇佣关系分配给他们相当或相似的工作。亲职假的规定作为欧盟协调家庭和工作关系的重要手段,用以促进男女间的平等机会和平等待遇。鼓励男性同样承担家庭责任。但指令只是给出了几项最低的强制标准,在休假的形式和条件上由各成员国和社会伙伴进行协商确定。

[2] 参见 Gerda Falkner et al. (2002), MPIFG Working Paper: "Transforming Social Policy in Europe? The EC's Parental Leave Directive and Misfit in the 15 Member States", http://www.mpi-fg-koeln.mpg.de/pu/workpap/wp02 – 11/wp02 – 11.html。

因，可以从下面的角度去思考。到目前为止，由于社会对话和社会伙伴间达成协议的过程是在欧洲伞状组织（European umbrella organizations）的主导下，这些欧盟层面的组织扮演的是代理人（agents）的角色，他们要遵从其委托人（principles）——成员组织的利益，如果各方代理人都严格地按照各自委托人的利益行事，他们之间很难达成妥协，因而他们在达成协议的过程中行动能力受到限制。一旦他们要提高自治程度，会受到其成员组织的质疑。

社会伙伴程序改变了在标准立法程序中社会伙伴仅为立法提供咨询的地位，赋予其直接立法权。在该程序下形成的政策方案是社会伙伴谈判的结果，代表了他们的利益，实施起来具有优势。而由社会伙伴达成的协议在转化为指令的时候往往只规定最低标准，成员国的具体规定要由成员国政府和成员国的社会伙伴协商确定，因而在形成大的趋同的前提下，给成员国留有自主的空间。但在该程序下，由于利益的多样性导致协调成本过高、效率低下。

四 开放式协调法下社会伙伴的新角色

许多学者都提到，2000年"开放式协调法"（Open Method of Coordination/OMC）作为新型治理模式引入欧盟社会政策领域后[1]，为社会政策领域的发展注入了活力。相比之下，在这一新型治理模式下，政策产出量有了很大的进步，那么，这一方法是否为欧盟社会伙伴提供了一个在欧盟决策中实施有效影响的工具呢？如果说在"社会伙伴程序"下，政策产出量非常低的原因是由于欧盟层面的代理人按照其委托人利益行事而很难达成妥协，那么开放式协调法是否能够加强社会伙伴的纵向整合，从而增强他们在欧盟政策制定中的作用呢？我们将问题聚焦在寻找开放式协调法有利于工会组织和雇主组织欧洲化的理论原因和经验证据上。

欧盟本身包含着纷繁复杂的利益群体，在这种情况下，要就某一议题

---

[1] "开放式协调法"作为官方用语正式出现在2000年里斯本峰会的结论中，而早在《马约》建立欧洲货币联盟时，已采用了类似的程序来协调各国的经济和财政政策。后来在卢森堡、卡地夫和科隆的峰会上，开始用类似的原理和方法对就业领域的一些提案进行试验，最终体现在《阿约》就业问题的条款上。后经过首脑会议协商并结合实施经验，最终在里斯本峰会上将这种方法作为欧盟的新型治理方法，并进一步推广至社会政策的其他领域。

达成一致是十分困难的。开放式协调法的特别之处是将包括社会伙伴在内的相关行为者都纳入到决策过程中,整合出各方基本能够接受的方案,再从欧盟层面协调各方的执行步调,并对之进行监督和调控。欧盟决策机构的任务是提出议题,让各方就议题发表意见,对各方的争端和冲突进行公开的辩论,通过协商和讨价还价达成共识,归纳出一个共同的行动方案,并建立指数和标准。由于这一方案代表了成员国的意志,执行起来就相对容易一些。此后欧盟的任务是依照标准对成员国的政策进行评估。运用这种方法进行治理时,欧盟各机构的作用与传统的治理模式有所区别。委员会通过为决策提供技术和组织支持,其权力得到加强,理事会在政策执行方面则拥有重大权力,而欧洲议会在政策实施过程中的作用不大。这种方法打破了委员会对提案的垄断局面,增加了地方层级、国家层级以及社会伙伴的参与,从理论上说会使得政策执行起来更加有效。

标准化(benchmarking)[1]是欧盟开放式协调法治理模式的主要工具,面对中央管制和地方自治之间的矛盾,标准化能够提供一种解决办法,这一办法包括解决集体行动中水平和垂直的两个方向存在的问题。在制定政策的水平维度上,标准化能够使主要参与者(政策的制定者或社会伙伴)达成方向性的一致,避免由于讨论细节而使谈判受挫。同时,这种方法将制定详尽而特殊的解决方案的责任委派给地方层面的代表,在政策实施的垂直维度上降低了集体行动的难度,因而为政策的制定者提供了一个极有吸引力的适当性的逻辑(logic of appropriateness)[2]。

在对开放式协调法及其主要工具标准化进行了简单的理论梳理后,下

---

[1] 有关标准化与欧盟治理可参见周弘:《欧盟社会标准化工程在社会保障制度改革中的意义》,《中国人口学》2003年第2期,第10~16页;Caroline de la Porte, Philippe Pochet & Graham Room, "Social Benchmarking and EU Governance", in: *Journal of European Social Policy*, Vol. 11, No. 4, November 2001, pp. 291 – 307。

[2] James Arrowsmith, Keith Sisson & Paul Marginson, "What Can 'Benchmarking' Offer the Open Method of Coordination?", in: *Journal of European Public Policy*, Vol. 11, No. 2, April 2004, pp. 311 – 312. 适当性逻辑以规则、规范和认同为基础,行动者对目的的追求是认同而不是利益,与规则的选择而不是与个体的理性预期联系在一起。适当性逻辑也是个体行动的逻辑。适当性逻辑认为政治行为体的行为是与规则和实践相一致的。这些规则和实践是由社会建构的,并且是众所周知和普遍接受的。有关适当性逻辑,参见 James G. March & Johan P. Olsen, "The Logic of Appropriateness", ARENA Working Papers WP 04/09, http://www.arena.uio.no/publications/wp04_9.pdf;袁正清:《交往行为理论与国际政治研究》,《世界经济与政治》2006年第9期,第29~35页。

面以实施欧盟就业战略①为例分析在开放式协调法下社会伙伴的作用,并讨论开放式协调法在实际应用中是否对社会伙伴有纵向整合的作用。

在实施欧盟就业战略时,欧盟对成员国就业政策的协调是围绕年度就业指针以年为周期而建立的。基本流程为:委员会提出年度就业指针后与社会伙伴和公民社会就指针的内容进行磋商;就业委员会审读委员会的指针并提交理事会;理事会以有效多数表决通过就业指针;成员国拟定国家行动计划(National Action Plans/NAPs),贯彻指针精神;委员会监视与监督成员国的执行情况;委员会起草欧盟年度进展报告;年度进展报告的就业章节由理事会通过后形成联合就业报告;委员会在联合就业报告的基础上建立新的就业指针。

在这一年度循环过程中,社会伙伴的作用一方面体现在对拟订中的年度就业指针发表意见,另一方面体现在围绕国家行动计划的制订上发挥作用。在开放式协调法下,欧盟层面的社会伙伴与欧盟机构、成员国政府、成员国地方政府以及公民社会一起对年度就业指针的内容进行磋商和辩论,就各自的立场发表意见,通过相互协调拟订各方基本认可的方案。由于就业指针是为了促进成员国就业政策的趋同而制订的原则,不涉及硬性的法规,而且它的年度循环性能够使各方把本年度未达成的目标留到下一年度的谈判中,因而与社会伙伴程序相比,各方达成一致就容易一些。在这一方法下社会伙伴的作用超越了其在标准立法程序中的咨询作用,但丧失了在社会伙伴程序下的直接立法者的地位。另外,在开放式协调法下,社会伙伴依然通过社会对话进行协商和沟通,但社会对话往往被隐藏在多层次的对话和协商之中,作用相对弱化。

在开放式协调法下,实施欧盟就业战略的最重要的步骤之一,就是成员国拟定国家行动计划来贯彻欧盟的年度就业指针。事实上欧盟层面的社会伙伴把工作重点更多地放在动员其成员组织对国家行动计划的制订施加影响,这是因为依照辅助性原则,欧盟协调对共同目标和结果的定义,而成员国负责决定行动的具体内容,按照欧洲联盟条约,就业政策属于成员国的职权范围,因此在很大程度上是由各成员国自行决定在哪种计划和政策下实施欧盟定义的方式和条件,成员国是实施欧盟就业战略的关键

---

① 有关欧盟就业战略的相关内容可查阅欧盟官方网站:http://europa.eu.int/comm/employment_social/employment_strategy/index_en.htm。

所在。

作为欧盟层面社会伙伴之一的欧洲工会联合会对成员国工会在制订国家行动计划时的参与程度进行了调查,调查结果呈现出多样化的图谱。一些国家的工会完全参与了国家行动计划的制订,而一些国家的工会却根本没有参与到制订国家行动计划中去。一些成员国的工会虽然参与了国家行动计划的提案过程,但他们认为这种过程更多地流于形式,或者他们对提案是否最终能够体现在国家行动计划的草案中并没有把握。对于新的欧盟成员国的社会伙伴来说,存在一个逐渐学习、不断调整和加强参与的过程,同时不同的新成员国所存在的问题也不尽相同。总之,由于工会参与制定就业政策的传统不同、市场经济水平不同、政府对将社会伙伴纳入政治决策的态度的不同,社会伙伴本身的积极程度有所差异,造成北欧国家和南欧国家的情况迥异,新老欧盟成员国的情况更是相差甚远。[①]

为鼓励成员组织担负起实施欧盟就业战略的责任,欧洲工会联合会采取了一系列的措施:首先,通过各种宣传形式使成员国的工会组织从指导思想上认识到,欧盟就业战略对成员国的就业政策提供的是附加价值,而不可能代替成员国的就业政策。就业指针应该被看做是促进成员国政策发展的附加工具和手段。虽然欧盟就业战略不能为所有的成员国带来同样的利益,但它为所有的成员国都带来附加价值。在这种背景下,对于工会组织至关重要的是在多层的谈判体系中,在国家行动计划的制订和实施中找到自身的定位,并且认识自身责任。其次,欧洲工会联合会组织成员国工会交流"良好实践"经验,相互学习,鼓励成员国工会组织将各国在国家行动计划的拟订过程中凸显出来的问题反映到欧盟层面,由欧洲工会联合会和欧盟机构共同采取协调和监督的措施,使各成员国逐渐在大方向上形成趋同。欧洲工会联合会的调查报告显示,在欧洲工会联合会的组织协调下,各成员国工会无论是在国家行动计划的参与度还是在其意愿转化为国家行动计划的满意度上都或多或少地有所提高,所以在这个案例中我们已经看到欧洲工会组织产生纵向整合的趋势。

在开放式协调法下,社会伙伴和其他非政府组织以及地方层级和国家

[①] European Trade Union Confederation, *Contribution of Trade Union Organisations to the Evaluation of the Actions Conducted and their Impact in Terms of the European Employment Strategy*, May, 2005, pp. 9 – 31.

层级的代表通过开放的协作方式参与到提案中，欧盟机构的权力和作用也随之变化：欧盟委员会和理事会权力都得到加强，欧洲议会的影响减弱。就欧盟社会伙伴本身而言，在开放式协调法这一决策机制下确实扮演了一定的角色，但与社会伙伴程序下的作用相比较，其地位和作用被削弱，而社会对话也被隐藏在多层对话和协商之中。开放式协调法下制订具体行动方案的任务被分配到国家层面，欧盟层面的社会伙伴鼓励成员组织在国家层面的政策制定中施加影响，并组织它们进行互相学习和互相交流，不仅使社会伙伴形成了纵向整合的趋势，也有助于提高这一政策实施的平均业绩（performance）。

五　结语

社会伙伴参与欧盟决策过程有一个清晰的发展脉络：在欧盟治理的传统模式——共同体方法下，社会伙伴从最初的咨询作用发展到成为20世纪70年代"三方会谈"的主要参与者之一；经历了开启总体性社会对话的瓦尔杜切斯进程，在《马约》签订后，借助社会伙伴程序，社会伙伴享有了直接参与立法的权利。而在欧盟新型治理模式——开放式协调法下，社会伙伴又与公民社会一道在欧盟的政策制定、政策实施和政策监督中发挥重要的作用。表5-1总结本章的内容，对三种决策机制做一个简单的比较。

在三种决策机制中，标准立法程序是传统治理模式的立法工具，开放式协调法是被公认的新型治理模式，而社会伙伴程序更多地是对传统治理模式的补充。在三种决策机制下，社会伙伴的作用呈现一种波浪式图形，在标准立法程序中，社会对话得到发展，但社会伙伴在该程序下作用不强。在社会伙伴程序下，通过社会对话特别是总体性社会对话达成的协议，有被转化为欧盟法的可能，社会伙伴也因此享有了直接立法权，其角色作用达到顶峰。而在开放式协调法下，社会对话被隐藏在多层协商对话之下，社会伙伴的作用虽然得到强调，但远不及其在社会伙伴程序中的地位。不过在开放式协调法下却可以看到社会伙伴能够与其他行为者进行开放式协作的可能以及社会伙伴纵向整合的趋势。从总体上说，社会伙伴能够在欧盟不同的治理模式下以不尽相同的角色参与欧盟决策过程的机理源于欧盟对民主合法性的追求，以及在市场经济与社会团结之间寻求平衡的理念。

表 5 – 1 欧盟三种决策机制比较

标准立法程序	社会伙伴程序	开放式协调法
由委员会、理事会、欧洲议会和欧洲法院共同主导	社会伙伴、委员会主导；理事会权力受到限制；欧洲议会丧失立法权	委员会、理事会主导；多个相关行为体参与；欧洲法院、欧洲议会角色模糊
社会伙伴为立法提供咨询；参与三方会谈；进行社会对话	社会伙伴成为直接立法者，增加了民主合法性；社会对话作用突出	社会伙伴与公民社会、国家层级、地方层级的代表进行多层次的协商对话，参与提案，增加了民主合法性；社会对话相对弱化，但社会伙伴有欧洲化的趋势
政策制定周期长，诸多因素影响政策的面貌和结果	政策制定周期长，政策产出少，协调成本高，但执行效果相对理想	实行年度循环执行程序，政策产出多，各方仅是达成方向性的一致，协调相对容易
成文法律或条约具强制约束力	协议转化为欧盟法后具有强制约束力，但往往只规定最低标准	决议准则不具强制约束力

参考文献

周弘：《社会标准化问题在社会保障改革中的意义》，《中国人口科学》2003 年第 2 期。

田德文：《欧洲联盟社会政策与欧洲一体化》，社会科学文献出版社，2005。

〔德〕贝亚特·科勒—科赫等：《欧洲一体化与欧盟治理》，顾俊礼等译，中国社会科学出版社，2004。

Compston, Hugh & Greenwood, Justin (ed.), *Social Partnership in the European Union*, Palgrave, 2001.

Falkner, G., Treib, O., Hartlapp M. & Leiber S., *Complying with Europe*: *EU Harmonisation and Soft Law in the Member States*, New York: Cambridge University Press, 2005.

Falkner, G. etc., "Transforming Social Policy in Europe? The EC's Parental Leave Directive and Misfit in the 15 Member States", MPIfG Working Paper, 02/11, 2002, http://www.mpi-fg-koeln.mpg.de.

Geyer, R. R., *Exploring European Social Policy*, Cambridge: Polity Press, 2000.

Greenwood, J. & Aspinwall, M. (ed.), *Collective Action in the European Union*, London,

New York: Routledge, 1998.

Hantrais, L., *Social Policy in the European Union* (second edition), London: The Macmillan Press Ltd, 2000.

Hooghe, L. and Marks, G., *Multi-Level Governance and European Integration*, Lanham: Rowman & Littlefield, 2001.

Imig, D. & Tarrow, S. (ed.), *Contentious Europeans: Protest and Politics in an Emerging Policy*, Lanham, Maryland: Rowman & Littleffield Publishers, 2001.

Jachtenfuchs, M. & Kohler-Koch, B. (ed.), *Europaeische Integration*, Opladen: Leske + Budrich, 2003.

Kohler-Koch, B. & Rittberger, B., "The 'Governance Turn' in EU Studies", in: *Journal of Common Market Studies* 44, Issue 1, 2006, pp. 27 - 49.

Kohler-Koch, B. & Eising, R. (ed.), *The Transformation of Governance in the European Union*, London, New York: Routledge, 1999.

Leibfried, S. & Pierson, P. (ed.), *European Social Policy: Between Fragmentation and Integration*, Washington: The Brookings Institution, 1995.

Marks, G., Scharpf, F. W., Schmitter, P. G. and Streeck, W., *Governance in the European Union*, SAGE Publications, 1996.

de la Porte, C., Pochet, P. and Room, G., "Social Benchmarking, Policy-making and the Instruments of New Governance", in: *Journal of European Social Policy* 11 (4), 2001, pp. 291 - 307.

Scharpf, F. W., "What Have We Learned? Problem-solving Capacity of the Multilevel European Policy", MPIfG Working Paper, 01/4, 2001, http://www.mpi-fg-koeln.mpg.de.

Scharpf, F. W., *Governing in Europe: Effective and Democratic?* New York: Oxford University Press, 1999.

Threlfall, M., "European Social Integration: Harmonization, Convergence, and Single Social Area", in: *Journal of European Social Policy*, vol. 13 (2), 2003, pp. 121 - 139.

Zheng, Chunrong, *Die Rolle der Europaeischen Kommission und Sozialpartner im sozialpolitischen Integrationsprozess-Eine neo-institutionalistische Analyse des sozialen Dialogs*, Nomos Universitaetsschriften, Politik, Band 141, 2006.

Ⅵ 如何在多层和多元文化的国家间构建民主：可行性和正当性（能实现吗？应该实现吗？）*

> 子曰："道千乘之国，敬事而信，节用而爱人，使民以时。"
> ——《论语·学而篇第一》

欧盟正面临着一场危机。2004年，欧盟和各成员国的政治家们原本希望一个新的《欧洲宪法条约》可以解决欧盟的"合法性赤字"或者"民主赤字"。长期以来，很多政治家、学者和公民都担心欧盟"不够靠近"人民：公众感觉不到欧盟关注他们的利益和需求。所以，勾画出欧盟基本框架的《宪法条约》得到了所有成员国政府的赞同。条约要落实执行的话，所有成员国必须在两年内批准该条约。有些国家由议会批准，而有些国家则要求全民公决。最后，18个国家批准了该条约。[①] 但2005年5月和6月，法国和荷兰超半数人在全民公决中投了否决票，否决了该提议。这一否决留给我们许多问题：为什么这么多人否决？他们是不满意欧盟的新工作机制，还是对现在的运行机制感到灰心？他们希望对文件进行修改，还是根本不要为欧洲设立什么"宪政"？如果是后者，为什么？仅仅是因为欧盟太大，太复杂，达到难以接受的程度了吗？难道一个大的、多语

---

* 作者：安德烈亚斯·弗勒斯达，教授，挪威奥斯陆大学挪威人权研究中心研究协调人。1991年获哈佛大学哲学博士学位。主要研究对象：关于人权的政治哲学和欧洲联盟。中文译者：赵晨。

① 包括奥地利、比利时、保加利亚、塞浦路斯、爱沙尼亚、芬兰、德国、希腊、匈牙利、意大利、拉脱维亚、立陶宛、卢森堡、马耳他、罗马尼亚、斯洛文尼亚和西班牙。斯洛伐克宪法法院尚未决定是否要在议会表决之外再进行全民公决，参见 http://www.unizar.es/euroconstitucion/Treaties/Treaty_Const_Rat.htm。

言、多文化、多国家的政治秩序就不可能"贴近民众"吗?

2007年6月21~22日,欧洲理事会的大会上,成员国政府首脑和欧盟委员会主席商讨推动事情发展的各种方案(European Council,2007)。他们都同意制订一个《改革条约》大纲,这一条约必须得到所有议会的同意。为了满足各国要求,《改革条约》与《宪法条约》在很多方面有所不同。有些改变是象征性的:《改革条约》不再提"宪法"条约字眼。其他的改变是实质性的:《改革条约》保证"国家安全是每个成员国自己的责任"(附件第4章,第1节)。同时,《基本人权宪章》不再列为条约的一部分。不过《宪章》在欧盟范围内仍具有法定约束力,它的应用范围阐释得也非常明确。

本章将对法荷公投提出的众多问题中的一部分做出解答。[①] 我认为,欧盟事实上注意到了孔子关于如何领导一个大国的建言;欧盟已经开始寻求如何使自己变得更值得信赖。《宪法条约》采取的几步走的策略使欧盟更"贴近民众",《改革条约》看起来很大程度上也会继续这些步骤。欧洲政治家们一直坚持欧盟应该"尊重文化、宗教和语言的多样性"(《宪法条约》第2章82条)。除了这一相当模糊的承诺外,《改革条约》还有三点重要改进:一个实施"辅助性原则"的新机制,尽可能增进民主责任,以及更加关注人权。我将着重讨论民主和人权问题,并指出《宪法条约》和《改革条约》会促进欧盟诚信构建工作。我本人很高兴见到欧洲理事会很大程度上同意保持这些要素。

第一部分将介绍欧盟的历史背景,解释为什么欧洲人和欧洲的政治领导人要增加信任和被信赖。第二部分简要介绍在人权约束之下,实行民主规则的一些原因。而且,我要指出在中国古代儒家思想里也有一些这方面的理念。第三和第四部分将探讨反面意见:为什么民主被认为可能不适合一个大而复杂的欧洲秩序。我认为这些反面意见站不住脚。第五部分总结为什么《改革条约》会增进欧盟范围内的民主责任和人权,以及如何增进。

一 欧盟的背景

至少有三种现象促使欧洲人民及其政治领导人建立制度,增进信任和

[①] 最新的研究包括 Dobson and Follesdal 2004;Kohler-Koch and Rittberger 2007。

被信任程度，它们分别是：欧洲一体化的发展，由此引发的大众和法律关注，以及普遍存在的国内民主可能受影响的担心。

（一）深化和拓展欧洲一体化

我们现在所说的欧盟是从1939~1945年战争以后开始形成的，当时法德两国领导人同意采取措施预防未来欧洲领土上发生战争。比利时、联邦德国、卢森堡、法国、意大利和荷兰是1951年成立的欧洲煤钢共同体的创始国。50年中，欧洲一体化已经"深入"到更广泛的合作，而且成员国数目也"扩大"了，远超过创始时的6个国家。

人们在很大程度上认可早期的合作模式，但是大众对欧洲一体化的认识也发生了改变，其背后的原因至少有三点：相互依赖的增加，多元化和中央集权的雄心。

公众和成员国相互间更加依赖，尤其是因为越来越多的决策不需要所有成员国全体一致同意做出，而是转由特定多数表决制决定，这就需要公民和精英间有更多的信任。共同安排也需要更多元的制度、规则、法律和文化实践。欧盟的成员国由最初的6个，发展到现在的27个：1973年，丹麦、爱尔兰和英国加入；1981年，希腊；1986年，西班牙和葡萄牙；1995年，奥地利、芬兰和瑞典；2004年，塞浦路斯、捷克、爱沙尼亚、匈牙利、拉脱维亚、立陶宛、马尔他、波兰、斯洛伐克和斯洛文尼亚；2007年，保加利亚和罗马尼亚。最后，合作的目标也变得更大，充满矛盾且富有争议。除了和平，经济增长也同样是它们的目标，要想求得经济增长，就必须保证商品、服务、人员和资本自由流通，而且在使用欧元货币的国家还要实施一样的货币政策。这些新目标可不像和平目标这样没有争议。它们要求妥协交易，它们会造成分配问题上的冲突，而且至少在一些公民看来，欧洲一体化会威胁到成员国国内的福利制度，不像一些政治家所说的，原有的各国国内福利安排不受影响。

（二）大众质疑和宪政挑战

1991年在马斯特里赫特达成的《欧洲联盟条约》在丹麦、法国和其他一些国家曾遭到抗议。1992年丹麦全民公决以51%比49%否决了该条约。一年后丹麦再次举行公决，通过了《欧洲联盟条约》，但规定丹麦在单一货币安排问题上选择例外。法国的全民公决也仅以51%比49%投票通过了该条约。各国政府开始意识到有必要给予公众舆论和持反对立场的精英们更多关注。

在德国和丹麦，条约的批准进程也受到宪政层面的挑战。德国宪法法院最后认定该条约符合德国基本法。但是法官同时也警告进一步的一体化可能会遇到抵制，原因是权力转换不应降低公民的民主影响力。特别是，德国联邦议会对重要的政治事项的决定拥有充分的独立裁决权利。德国宪法法庭保留了保护基本人权的权力，同时有权审查欧洲机构是否在其限度范围内行使职权。丹麦最高法院同意为了欧盟，进一步集中权利，但条件是丹麦政府要有否决权。后来实际上丹麦政府放弃了自己这方面的权利，因为许多事务的处理程序都是特定多数表决制。丹麦法院还要求有权评估宪政条件，有权审查欧共体法律在丹麦的适用性。

这样产生的结果就是各国国内和欧洲的政治精英们明白了深化一体化需要考虑公众舆论和成员国法庭提出的质疑。欧盟必须加强人权保护，增加透明性和开放性，同时简化条约①。

1990年，欧洲理事会也意识到欧盟机构需要做一些改变，以容纳大量来自前东欧的新成员②。只要考虑一下申请国的数量，就可以认识到需要对欧盟机制进行根本性修正，才能确保决策的合理有效。而且，除了波兰，这些申请国都是小国。它们经济上都不发达，而且没有深厚的民主政治文化。这样欧盟内部的多样性会大大增加，而且它们也给欧盟决策提出了挑战，如何一方面确保它的效率，另一方面又能构建信任，保证决策的民主。

（三）弱化了的国内民主

呼吁建立更民主、更有效的欧洲联盟制度，是对欧洲广为传播，但经常又非常模糊地认为成员国国内民主的发展方式和安排已经被一体化削弱说法的一种反击。上述关注包括两个方面。首先，成员国议会在多层欧洲政体运作中对成员国行政当局的控制减少了。所以，成员国政府在协商条约和在欧盟层面立法时，也许可以很好地追求实现民众的最大利益，但它却不会轻松地得到信任。既然政府在布鲁塞尔做出的决策能无视它们的议

---

① 欧洲理事会，1996，第47740号。
② 欧洲理事会，1996，第二章。

会，所以就会带出这样的问题：公众为什么还会相信政府内心深处是要为他们的最大利益而努力呢？这一概括当然有些让人沮丧，因为成员国议会形式上还保留着否决条约的权力。但是它的否决工具却实在有些"粗钝"：议会的否决可以直接否掉制度改革，拒绝通过条约，但却无法影响改革的内容。所以，成员国议会经常采取一些非正式的干预方式，比如提出他们政府可能会在欧盟谈判中采用的议案。[①] 然而，相比传统的议会监督的模式来说，这样的声音的确显得民主控制不够，责任性不强。

其次，欧洲一体化降低了成员国政府的选择范围，许多人认为为了所有公民的长期利益，本来需要一体化这种集体约束机制的，但是现在它在某些领域，比如货币政策方面，已经超越了界限。由于欧盟的特殊决策程序再加上一个活跃的欧洲法院，欧盟机构给成员国政府施加了从未有过的政策限制。这些限制在某些方面弱化了公众对成员国议会和政府的信任，长期来看这些限制对欧盟的合法性不利。[②]

欧盟层面的民主责任结构并不能充分弥补国内民主安排的不足。尽管直选的欧洲议会的权力在增大，但它与标准的国内议会民主比起来还是相当弱。特别是由于欧洲层面缺少真正的政治辩论，所以我们很难相信仅凭欧洲议会自己就能为欧洲提供足够的责任性。

（四）欧盟的人权

有人说欧盟从成立之初就明确以保护人权为目标。至少在宣传的意义上是这样的，1957年《罗马条约》承诺要"维持和加强和平与自由"。欧洲法院和欧洲理事会经常强调要尊重人权。《欧洲联盟条约》第一编第六条规定：

（1）联盟成立的基础是自由、民主、尊重人权和基本自由，以及法治原则，这些原则适用于所有成员国。

（2）联盟尊重《欧洲保护人权和基本自由公约》（1950年11月4日于罗马签署）所提供保证的和产生于各成员国共同的宪法传统的基本权利。联盟视基本权利为共同体法律的基本原则。

---

① Auel and Benz 2007.
② Scharpf 2007.

不过有人视这一长期承诺为一种错误神话。① 因为如果真要按照条约的规定，那条约的落脚点和欧盟的实际人权政策就会经常遭到批评，会被认为并不规律，甚至是名不符实。② 产生这种不平衡的原因之一（尽管它不能充分解释）是欧盟脱胎于一个共同市场，而且只能慢慢地增加提交审议的事项。上述对各种人权关注的简单回顾是为了更好地解释近期出现的加强欧盟人权的呼声。

近年来一些前共产主义国家纷纷入盟——它们缺乏尊重人权的传统，这当然是欧盟担心未来如何防范成员国发生人权侵犯的一条重要原因。不过让人奇怪的是，在前强权政治国家西班牙、希腊和葡萄牙加入的时候，欧盟却并未表示过同样的担心。1993年哥本哈根召开的欧洲理事会达成协议，所有申请国必须满足一定的人权要求：加入欧盟要求候选国已经在制度上保证实现民主、法治、尊重人权和保护少数民族的权利，已经实行市场经济，同时具备应付欧盟内部市场竞争的能力……③ 而且，所有新成员国必须同意欧洲理事会制定的《欧洲人权公约》及其议定书。但是一些"老"成员国却并没有严格执行这些条款和议定书④。这样我们就看得更清楚，是由于这些新成员国的加入，更好地在欧盟范围内保护人权的问题才出现在我们的视野中。

最近关注人权问题的另外一个原因是欧盟的"合法性赤字"。一个政治行为体要被视作规范上合法，人权是必要条件，就需要人权标准来"验证共同体是否是一个治理的场所"⑤。欧盟受到的人权约束越多，像德国宪法法院做出关于新的联盟条约与德国基本法不一致判决这样的事情就会越少见。

这也部分解释了为什么1999年在科隆欧洲理事会上，决定要撰写一部欧盟层面上巩固公民基本权利的《宪章》。⑥ 这一宪章的基础是欧洲委员会《人权宪章》和欧洲人权法院的判例，各成员国的宪政传统，以及《欧洲社会宪章》中规定的经济和社会权利。值得注意的是，欧洲委员会并没有

---

① Williams 2004.
② Alston, Bustelo, and Heenan 1999.
③ 欧洲理事会，1993，第13页。
④ Alston, Bustelo, and Heenan 1999.
⑤ Williams 2004, 129.
⑥ 1999年欧洲理事会，第44条和附件四。

明确提及联合国宣言或是宪章,虽然联合国被认为是共同"宪政传统"的权利表达机构。

《宪章》起草工作采用了一种新工作机制——大会代表来自的机构非常广泛,程度超过以往任何条约准备会议。大会包括欧洲议会和各国议会代表、成员国政府和欧盟委员会的代表,同时还有来自欧洲法院的观察员。德国前总统兼德国宪法法院院长罗曼·赫尔佐克(Roman Herzog)是大会主席。

宪章草案于2000年秋初完成,同年各成员国批准了该宪章,但它们却没有授权它发生法律效力。这样它就没被纳入《尼斯条约》。所以现在急需成员国对人权的法律责任有一个明确说法。

我们接下来看一下最新进展,《改革条约》虽然还没有将《宪章》包含在内,但是《宪章》已经具有法律约束力。欧盟也获得了国际法律人格,而且很快要成为ECHR的签署国[①]。

(五)一些挑战:贴近公民,更多民主、效率及稳定

欧盟要妥善吸收新成员,需要处理好一些关键问题:在更广泛的问题上实施多种决策规则;原本只为6个国家制度架构设计的决策程序,现在27个成员国继续应用,已难以维系;相互依赖的复杂可能能出现一些有创意的博弈,但代价是不透明性和责任性增强;要求各国议会保留民主控制权的呼声增高;必须提高人权保护的持久性和显著性。

20世纪90年代的几次条约改革都试图解决这些问题[②]。欧洲理事会1996年在都灵召开了政府间会议,希望起草一个新条约来解决这些问题(1996年欧盟理事会)。《阿姆斯特丹条约》(1997年批准,1999年生效)取得了一定进展,但没有解决制度问题。《尼斯条约》集中解决的是为适应欧盟扩大而进行的制度改革,特别是欧盟委员会的规模和构成,部长理事会的投票权重和特定多数表决制的使用。《尼斯条约》于2001年批准,2003年生效。

同《阿姆斯特丹条约》和《尼斯条约》比较起来,《欧盟宪法条约》的组织模式和谈判参与者有很大变化。前两个条约都是在政府间会议上做

---

① Ⅰ-7(2).
② 有关这一方面的概述可以参见:http://www.unizar.es/euroconstitucion/Home.htm。

出的，代表包括国家和政府首脑，欧盟委员会代表（两次都有）以及欧洲议会代表（只有《尼斯条约》有）。《阿姆斯特丹条约》是由一个反馈小组准备，该小组听取每个欧盟机构关于《马约》的工作报告。《尼斯条约》谈判也受益于欧盟委员会指定专家所做的有关欧盟扩大带来的影响的报告。

《宪法条约》的制定过程与上述进程有很大的不同。2001年，在莱肯，欧洲理事会认为欧盟面临一些重要挑战，其中就包括增加民主、效率和透明度。随后不久欧盟即召开欧洲制宪会议解决这些问题，并于2004年向政府间首脑会议提交了草案。该会议的构成汲取了制定《基本人权宪章》会议的经验，而且会议的代表范围更广泛，这其中部分原因就是为了增加会议过程的合法性，防止未来会议成果遭到否决。

制宪会议由法国前总统德斯坦任主席，有来自成员国和候选国的议会代表、欧洲议会和欧盟委员会的代表，还有国家首脑和政府代表。大会还多次听取市民社会的声音。

2004年，仅仅对其做了很少的修改后，所有成员国首脑都签署了《欧洲宪法条约》协议。不过后来法国和荷兰全民公决反对该条约。值得注意的是，宣布此条约是一部"宪法"引起了争议，而且可能这是导致民众反对的原因之一，虽然许多学者认为欧盟在实践中早就按宪法运行了，只不过没有叫这个名字而已。[①]

我们现在要对为什么《宪法条约》和《改革条约》使得欧盟更加民主，在尊重人权方面更有成效，以及如何这样做进行更详细的探讨。毕竟，对欧盟必须民主，大家还认识得不是很清楚，欧盟如果要民主的话，怎样改革它的机构，也是需要考虑的问题。

二 民主与人权的个案

根据"哥本哈根标准"，所有欧盟成员国必须是民主国家（1993年欧洲理事会）。但是欧盟是否也必须是民主的？

首先我们探讨一下民主规则的一些特点，特别是政党竞争的作用。然后我会阐述儒家思想一些公众控制政府的理念带给我们的启示。

---

① Kohler-Koch 1999/2000a, Weiler 1996, Follesdal [2002] 2002.

（一）民主规则的一些核心特征

当然，要充分论述民主理论肯定不是一篇文章能写得下的。[1] 为实现本章的目的，我们可以把民主看做一套制度上已经建立起来用以规范五个方面的程序：（1）政治统治权的竞争；（2）以协商为基础；（3）所有或者大多数成年公民可以参与选举；（4）选民对不同候选人的偏好决定选举结果；（5）负责任的政府，对所有人的要求要有所回应。

我认为，民主决策最好的地方在于，与其他决策方式相比，长期来看，民主规则能对政治秩序中成员的最大利益做出更可靠的积极反应[2]。这些利益包括基本需求、免遭奴役、公平地分配收益和责任，包括对能改变个人机遇和选择的制度的政治控制。

有些学者认为民主治理最终源头是"西方"式的利益观、自我决定和个体独立。[3] 不过其他学者则认为民主是防止个体基本自由受威胁的最可靠的制度安排形式。阿玛蒂亚·森（Amartya Sen）就说过新闻自由和政党间民主竞争可以使人免于饥馑。[4] 历史经验似乎也显示了长期可靠有效的体制需要民主责任机制的保障。特别是，与其他治理模式相比，民主安排有更好的机制，第一，可以保证权威部门公平有效地治理；第二，使得公众相信事实会是如此。立法和行政权的民主竞争就可以达到这样的战略目的。[5] 民主责任制为公民和统治者之间建立了利益联系，保证了统治者要对公民要求做出反应。政党之间的政治辩论和媒体批评是特别重要的因素。在选举竞争中，政党辩论使得各党派竞相促进公民利益的提升。媒体和反对派的严格审查则确保权力不被滥用。这些机制对舆论形成、政策告知和政策选择，以及政府监督等信任构建措施发挥作用都十分关键。在民主国家内部，政党在形成公民偏好过程中发挥中心作用，它是一个政策平台，可以展示其他相关可能性，能确保政策延续性，并可以向上传达次级组织中公众的关切。而且，各政党还扮演了政府政策看门狗的重要角色。

---

[1] 参见 Dahl 1998, Follesdal and Hix 2006。
[2] 参见 Beitz 1989, Shapiro 1996, Levi 1998, Weale 1999。
[3] 比如 Held 1995, 147。
[4] Sen 1998。
[5] 参见 Shapiro 2001, Schumpeter [1943] 1976, Dahl 1998, ch 10; Key Jr. 1961。

（二）儒家思想源泉

古代中国思想包含了我们今天民主规则的一些要素，它们是：（1）好政府的一些标准；（2）拥有批评统治者的自由；（3）保持透明以取得大众的支持；（4）更换不好的统治者；（5）当决定是否要换掉不好的统治者时要倾听民众的意见。

（1）孔子和他的学生孟子都同意这样的观点，统治者即君王应努力保证实现百姓的根本利益。[①] 事实上，孟子说一个君王如果作恶就不是君王，而是暴君。[②]

（2）孟子的观点同我们今天所说的言论自由非常相近：他和其他人可以批评不好的君王，而且提出不好的君王应该被换掉。[③]

（3）孟子强调对君王进行监督，对君王的错误不应隐瞒，应当允许他们改正错误，而且讲到如果君王希望百姓继续拥护他，改正错误是非常重要的。[④]

（4）他认为换掉一个不能很好统治国家的君王是非常正确的事情。[⑤]

（5）他主张是百姓，而不是高级官员，最有发言权，认为谁好谁差，谁胜任，谁不胜任官职。[⑥]

有一个重要的民主规则标准，我在儒家思想中没有找到，就是其他候选人或党派拥有政治竞争的权利，以及相互进行监督的观念；还有所有人在此过程中应有同等发言权这一点也没有讲到。

总之，我认为孔子和孟子虽然并不是从我前面所提的现代意义来讲民主，但是，我们仍能从他们的著作中找到我们今天所珍视的民主规则的原因和运行机制，特别是言论自由、透明和监督，以及在判断统治者好坏的时候倾听公众的意见。

（三）一个人权个案以及儒家来源

从我们的目的出发，并不需要一个完整的人权理论[⑦]。不过有趣的是，

[①] Mencius 1999, p. 154.
[②] Mencius 1999, p. 55.
[③] Mencius 1999, p. 51, 121.
[④] Mencius 1999, p. 132.
[⑤] Mencius 1999, p. 51.
[⑥] Mencius 1999, p. 52.
[⑦] 参见 Follesdal 2005a。

中西思想家对一些人权概念都有论述。

国际上认可的人权都是宪政性的，或者也都得到了制度保障，规定了立法和执法机关的权限和处置范围。他们对内部和外部主权都有影响：政府之于个人的权力，和与之相对国际组织之于国内政府的权力。为什么这些对政府的限制是合理的呢？

长期以来，一种普遍认可的观点是：国家权力的负责使用是指它必须用于促进共同的善，提高当前和未来全体社会每个公民的福祉。这一观点在不少西方传统中可以找到，同时它也是很多亚洲人生哲学的一部分[1]，在儒家思想中也可以找到。

孔子说："大道之行也，天下为公。选贤与能，讲信修睦……老有所终，壮有所用，幼有所长，矜寡孤独废疾者，皆有所养……是谓大同。"[2]

现代国家为保证个人基本需要和更好的生存条件提供了可能性，所以认为国家与个人之间的关系根本上冲突是不对的。人权在塑造和维持这样一个正义国家中起到了重要作用。人权是保证各国国内合法性的一些最低条件，即：人权是一个政府拥有道义，公民尊重它的决策的必要而不充分的条件。

许多文明社会都认为合法的政府的行为必须受到一定约束。他们认为政府必须具备合法性才能要求民众服从，但是这些条件并不都是人权条件。我们发现许多道德传统都谴责侵犯人权的行为。特别是，孔子自己就谴责实行恐怖统治、暴政和压迫的统治者。[3] 孔子和他的学生孟子的阐述可以被理解为一些合法统治的标准。虽然这些标准没有以人权形式表达，但我认为他们使这些合法标准也能够成立。也许这样说会出人意料，因为通常人们认为儒家思想强调尊重等级社会结构，实现和平和和谐的社会关系，这些要重于个体权利。儒家其他一些思想也证实政府应受到来自人权等领域的约束。[4]

孔子认为一个合格的统治者必须避免"不教而杀谓之虐，不戒视成谓之暴"。孟子谈得更深，允许诛弑暴君。他要求君王必须爱戴百姓，限制

---

[1] Sen 2004.
[2] 孔子：《礼记·礼运第九》。
[3] 论语 20.2。
[4] 一些有价值的论述包括 Chan 1995 and Chan 1998；Gangjian and Gang 1995；de Bary and Weiming 1998；Angle 2002。

税收，这样才能确保百姓有食、有衣、能受教育；他坚持君王在饥荒时有重大责任管理好社会；他认为要治理好一个国家，君王必须要照顾好百姓；他有必要对违背人类需求的宗教或文化仪式进行评估和衡量。

我认为人权，无论从经济、社会、民事的还是政治的角度，其中一个重要功能就是精准地确定和维护正义统治的标准。它们是重要的机制，因为一方面可以提高人们基本需求的满意度，另一方面它们也能使政府在民众的眼中更值得信任。

三 大型的、多层次、多语言、多文化的政治秩序能否回应民众的要求？

许多有思想的作者都质疑在像欧盟这样庞大的政治秩序中实施民主制度是否可能，又是否明智，这样能否使行政当局和各类机构对欧洲公民的最大利益诉求充分回应。这些疑虑中有些是有根据的，当一些公民被文化、种族或者其他分类方法划分成多数和少数时，个体就可能在一些重要问题上长期沦为少数派[1]。

我们简单论述一下下面的两点问题，解释为什么我认为这些担心有些多余。

（一）缺少欧洲认同——语言和社会凝聚力

很多学者认为欧洲人相互之间缺乏充分的相互尊重，凝聚力不够，缺少共同的价值观和理念，缺少以同一语言来讨论公共事务的机会，这样民主成为决策模式就显得不太可能。至少直到现在，还不存在欧洲范围内的共同"公民"[2]。迪特尔·格里姆（Dieter Grimm）认为："一个政治体制是否民主并不太依赖议会是否由选举产生来评判，因为现在几乎到处都有议会选举。民主还要求保障多元化，系统内实行代议制，保证自由，各方能在各自观点的中间地带达成妥协，公民拥有结社权、游行权，以及同媒体交流的权利。如果议会不是建立在这样一个可以保障民众和国家直接互动的结构基础上的话，民主将有名无实……但在欧洲层面上，这些先决条

---

[1] Barry 1991, Follesdal 1998a, Lijphart 1999, McKay 2001, 146-147.
[2] Weiler 1995, Kohler-Koch 1999.

件很多都不存在。而调解性结构到现在还没形成。"[1]

格里姆发出的警示也许可以从两方面理解。首先，他可能想表达欧盟永远不可能具有合法性的消极观点。我对这一观点的回应是，现在公共领域缺失的问题已得到缓解，一些制度的设立有助于促进欧洲主义、凝聚力和妥协的形成。他的另一种解读也需要思考：尽管多数制会使欧盟变成一个更合法的政治秩序，但另一方面它也可能使欧盟变得更不具合法性；如果欧洲层面上不能形成共同利益，造成不负责任的局面的话。现在的民众没有共同意志和承诺，多数法则或特定多数表决制，加上不够充分负责的欧盟委员会，就制造出很大的风险，一直被排除在决策外的欧洲公众可能会抵制政府间达成的协议。要确保——而限制政府间会议所做出的决策也正是为了要规避这些风险。要想使多数决定的系统值得信赖，就必须给予少数派保证，需要保护他们的利益。[2]

我的回应是，长期来看制度会缓解这些因素。制度可以促进不同场合下的公共讨论，反过来这又会推进凝聚力的形成。[3] 制度在塑造偏好和利益方面的作用可以使我们不会过于悲观。尽管现在似乎并没有一个统一的欧洲政治认同，但可以慢慢形成。特别是政党在公民偏好形成中起到重要作用，它能帮助其他相关领域民主的发展，并保持民主的连续性。政治辩论对完善形成全欧洲公民的前提条件起到关键作用。

不过，我认为我们的确应该注意格里姆关于目前欧洲缺少公共领域的担忧。最近成员国之间选举票数分配的争执表明各国仍然缺乏相互信任。而且，在欧盟层面，党派没有充分发展起来，发挥作用。欧洲议会的选举主要是"第二层面"的选举，投票人用欧洲议会选举来表达他们对自己国家政府表现的意见，没有聚焦在欧盟政治事务上。[4] 年青一代"后物质主义者"对政党政治的兴趣下降，这使人们对欧盟民主的看法更加悲观。[5] 所以我们应该谨慎对待多数民主的计划，不要太快在所有事务领域推行这一安排。

---

[1] Grimm 1995, pp. 293 – 294.
[2] 希望少数派能够服从的条件，参见 Papadopoulos 2005。
[3] Rawls 1999, 134; Habermas 1994.
[4] Hix 1999, Hix and Lord 1997.
[5] Inglehart 1999.

(二) 沿领土边界的冲突

第二个忧虑是不同成员国的公民有全然不同的偏好和生活条件，所以在全欧洲实行同样的规则和政策似乎并不合理。不过我的反驳是，欧盟的一些基本特征可能会使这一谨慎看法有些言重了。首先，欧盟致力于尊重语言和文化的多样性。《改革条约》在新的第三条条款明确讲到欧盟的目标包括"要尊重丰富的文化和语言的多样性，确保欧洲文化传统得到保护和提升"[1]。虽然这一表述并不有力，但它也能使欧盟的共同法规必须充分对应欧洲各国人民的不同需求。不过，这条原则的落实关键要看欧洲法院如何解释和权衡不同欧洲人的不同需求，特别是关于是否要继续促进市场自由化的问题。

《改革条约》采用了一个新机制来防止集中，该机制的基础是早就含在各种条约里的特别的法律概念——辅助性原则。《宪法条约》第一部分第11条写道：

"根据'辅助性原则'，在那些超出联盟专属权限范围的领域，联盟只有当出现以下情况时才采取行动：一方面，如果各成员国不能令人满意地通过其中央政府或者通过其地区或地方政府实现拟议行动的目标；另一方面，考虑到拟议行动的规模和效果，只有联盟才能更好地实现拟议行动的目标。"

在欧洲的宗教和哲学传统中，规范性的辅助性原则有着长久的历史和演进过程[2]。总体而言，辩护的责任由寻求集权的一方承担。仅当协调或者集中决策是实现共同目标必要条件的时候，辅助性原则才支持在多层安排中分享主权，否则就不支持。所以一般规范的辅助性原则不会同意组织糟糕、滥用职权或者能力不强的集权机构剥夺次一级组织的操控权，这样不会给它们带来任何好处。批评者一直认为欧盟的行为经常违反这一根本性哲学原则，违反这一原则的可能还有各条约中的一些特别法律条款。这样的评价也支持了欧盟不贴近民众的论断。

与这样的担忧相对，新的辅助性机制就显得很有趣。该机制开始出现

---

[1] 欧洲理事会，2007，附件一。
[2] Follesdal 1998b.

在《宪法条约》，后来在《改革条约》中得到加强①。它把各国议员吸收进来，而阻止不必要的集权符合各国议员的利益。如果议员们认为委员会的立法提议违背了辅助性原则，他们只需简单多数票就可提出质疑。委员会就必须重新审查该提案；如果它坚持原有提案，就必须给出合理的解释。委员会的观点和各国议会的理由就同时纳入了立法程序。欧盟的立法者，欧洲理事会和欧洲议会对特殊问题必须给予特殊关注。

我认为这一机制也许可以用来防止不关注不同成员国不同利益的共同法则的制定。不同的成员国有不同的生活条件，民众在特定的事务上会有不同偏好，全欧盟实行一个共同政策并不会对共同利益的实现有好处。鉴于这一机制能防止上述政策出现，中央集权又不会影响到有领土为根基的少数派，所以它也许可以提高欧盟民主政治秩序的被信赖程度。

然而，我必须要补充这一制度安排也不可能消除所有担心，至少有两点原因：一是条约中确立的辅助性原则不能应付那些非常重要的需要成员国、欧盟机构决定的问题。比如许多民众就担心欧盟设立和推行"一个高度竞争性的社会市场经济"的目标（第三条）会压倒其他合法性关注和其他利益。许多社会和经济问题都被这一目标所笼罩，但直到现在尚没有明确的证据表明欧盟作为一个整体，在经济上获益②。辅助性原则和新机制不会撼动经济自由化的主导地位，但它会阻止一些被称为经济自由化所必需的立法提案通过。

有学者，比如弗里茨·沙普夫（Fritz Scharpf），长期以来一直在关注这第二个担心，它同不同国家的不同偏好之间的关系不那么直接。欧盟的决策程序有利于"消极一体化"，即去除自由贸易障碍，不利于"积极一体化"，而这正是新的欧洲管制方法的目的所在。欧洲法院自己就可以推翻各国国内条例，而且它也的确这样做过。但是新的欧洲管制方法却很难达成，因为它需要特定多数票通过。所以结果是，四大经济自由和竞争有了事实上的宪政效力，而社会干预和再规制措施（re-regulation）就要依赖政府间协议③。"成员国民众最关心的问题却最难在欧洲层面上达成协议，得到解决"④。结果是现有规则不恰当地占据了主导地位。新的辅助性机制

---

① 欧洲理事会，2007，第 11 条。
② Scharpf 2007, 10.
③ Scharpf 1996, 13.
④ Scharpf 2001, 6.

不能保护欧盟公民不受"欠规制"和不合适的去集权化问题的困扰，它只能阻止一些不恰当的集权现象发生。

我的结论是，欧盟现有的一些目标和机制有助于缓解民众这样的担心，即从长期看，在这样一个庞大的政治秩序下，民主安排不可能得到充分回应。但是准多数表决制和超越欧盟合法目标的经济自由化将继续威胁各种社会和福利安排的生存。不幸的是，我们仍不清楚非民主决策模式是否就能防止这些威胁。

四　一个欧盟这样的多层政治秩序是否应该民主？

虽然欧盟可能实行民主规则，但一些知名学者却并不这么认为，贾恩多梅尼戈·马约那（Giandomenico Majone）和安德鲁·莫劳夫奇克（Andrew Moravcsik）就质疑欧盟"民主赤字"的说法。他们认为欧盟已经具备与它相适应的足够的民主。我却不这么看。[1]

马约那的论述起点是，欧盟实质上是，或者应该是一个"规制国家"[2]。规制国家是为成员国解决一定的市场失灵问题，产生帕累托最优政策效果的手段；帕累托最优是指部分人得益，但没有人会因此而利益受损。如果欧盟决策者的民主责任提高，那这些任务就很难完成，因为大众倾心于短期收益，而不太关注于长期收益。在马约那看来，欧盟政策不应解决再分配问题，或有人利益受损的问题，而这些问题领域却正是民主机制发挥作用的合适场所。

莫劳夫奇克认为欧盟的政策结果事实上很接近抽象意义上所说的欧洲"中位投票者"的立场[3]。

我认为，在现实中，欧盟的许多决策是以前各种政策的延续，一些政策很大程度上是规制性的，也就是纯粹的帕累托最优，一些政策有很大的再分配效果。这样的选择就是在公共协商后形成的民主决策。对于莫劳夫奇克的观点，我认为，首先，他讲到公民和政治家的偏好实际上是相似

---

[1] Follesdal and Hix 2006.
[2] Majone 1994, Majone 1996.
[3] Moravcsik 2001, Moravcsik 2002.

的，但是这种讲法并不充分。这种相似情况并不是今天才有。同样需要机制保证政治家会用他们的权力促进公民偏好的实现。正如孔子所说，统治者在这方面有被信任的需求。责任民主就是这样的机制，至少有时候，它可以促使政治家的政策选择接近公民的最大利益。由于反对党有可能获得执政权，所以民主机制也提升了政治家对民众的回应程度。作为终极手段，政治家也知道，当民众非常不满意的时候，他们会"把流氓赶下台"。在这些方面，有了民主规则，就不会出现孔子所说的恐怖统治、暴政和压迫[1]，以及其他形式的被统治和权力被剥夺状况出现[2]。

莫劳夫奇克第二个论点的缺点是没有认识到投票者的偏好并不是固定的，或者说并非与政治进程无关。民主和非民主政体的一个重要区别是民众关于统治者和他们的政策偏好的观点如何形成。在运转良好的民主国家里，民众通过协商来决定，通常还有政党竞争这一民主国家共有要素。

民主实践的一个核心特征是通过制度设计，让当前的领导精英和现行政策有一个"反对派"[3]。如果民众不能拥有其他领袖或其他的政策议程，那他们就很难评判现在的领袖是否可以做得更好，或者弄清谁应该为现有政策负责。

孟子尽其一生阐明了一种方法：他尖锐地指出，君王需要不断进步。关键问题是如何通过制度保持对君王的长期监督。制度之一就是让议会中一直存在活跃的反对党，他们可以影响执政党；另外再加上媒体监督。他们对查找真相、关注事件和评估结果起到重要作用。要想实现这些，还要求人们拥有结社权和知情权，塑造议程、选择政策，并进行辩论的真正机会。

由于投票者的偏好是在民主程序中形成的，所以民主产生的结果会和"睿智的"治国专家们制定的结果不同。欧盟的政策结果不会就是简单的辩论之后大多数人所支持的政治结果。

总之，像欧盟这样的政治秩序应该有就复杂问题进行讨论的制度，这些问题关系到利益分配、合作责任和民众的最大利益。民主制度是获得这一切的一个可信的制度。原则上说，也许还有其他方法，但是能否在欧盟

---

[1] 论语：20·2。
[2] 比如 Shapiro，1996。
[3] 如 Dahl，1971。

层次上发现并实施一些非民主制度，还有待观察。

我的结论是，民主要求政治领袖之间展开竞争，并就政策议题的方向进行辩论。这一点即便对最狭义的民主理论，也是核心要素，不过它却并没在欧盟领域得到充分实施。欧盟应该改进提高自己的透明度，增加政治竞争。

五　如何使欧盟更民主、更具合法性？

我们现在要考察欧盟如何应对这些挑战。在《宪法条约》里我们可以看到一些建议，它们收入了《改革条约》。

（一）民主

《宪法条约》明确说，欧盟建立在民主基础上。的确，欧盟应该包括两套机制，代议制民主和参与性民主（分别是第一部分46、47条）。那么这样民主责任就真会提高吗？有几点原因支持这种看法，特别是当新条约提高了立法过程的透明度（第50条）的时候，它对不同权限制订了更明确的分配方案（排他的、共享的、补充的、经济政策协调的）。这些有助于降低预料不到的集权和职权滥用现象发生。透明度增加有助于民众理解哪些问题是民族国家政治家的责任，哪些应由欧洲决策层负责。

《宪法条约》增加了欧洲议会的权力，这些变化在《改革条约》里也保留下来。特别是，欧盟将有一个"真正的议会"制度，在欧洲理事会建议的基础上，欧洲议会可以通过简单多数制来选举委员会主席。欧洲理事会必须要"认真考虑欧洲议会的选举权"[1]。欧盟委员会主席提名的委员们，也必须得到欧洲议会的批准。这一结果也许是一种积极的欧洲决策政治化，这样欧洲政党就会关注欧洲议会选举，因为这关系到委员会主席的人选。这一政治化对民众来说，是一种很重要的方式，可以明确和形成他们对有关欧洲未来的政治偏好，有助于他们更加关心影响欧洲人的共同决策。

《宪法条约》赋予了成员国议会一些新权力，使他们在辅助性原则中

---

[1]《宪法条约》第一部分第27（1）条款。

发挥作用。要求理事会公开立法工作和立法过程中的文件，有助于成员国议会对理事会进行监督。成员国议会也收到《改革条约》的建议稿，以及欧洲理事会提出的部长理事会并非一定实行一致通过制的建议。

我认为，欧洲层面的政策成为欧洲政党间长期辩论的内容，这样产生的效果非常好。[①] 乐观主义者也许希望《宪法条约》带来的变化，可以使政党在形成欧洲人的政治偏好中发挥作用；从长期来看，这种偏好使人们形成民族国家之上的对欧洲必要的忠诚感。《宪法条约》同时在欧盟和民族国家两个层面上增加了政治竞争的范围，增多了竞争的舞台。

《改革条约》所包含的变化当然不会解决所有影响欧盟民主质量的重要问题。但有两个议题值得称道。首先，回想一下那个核心问题，制度如何提升权威机构在政治看法有很大不同的人群中的可信度。一个重要的制度安排就是"扭曲"成员国的投票权重[②]（指不是完全按照人口多少决定各国投票数——译者）。人们在激烈争论这种"扭曲"，而且直到今天成员国之间还有不同意见。

其次，新条约包括民主制度的两种形式：代议制民主和参与性民主。两种模式的共存制造了难题，至今尚未解决；特别是当两种方式起冲突的时候。一个根本问题是，为什么参与性安排应该被称作民主，它们依靠什么机制可靠地回应民众的最大利益[③]。而且，委员会如何挑选"相关方"参与协商，也是没有解决的问题。一个"扭曲"的选举也许很容易误导大众，其实委员会是从自身利益出发提出提议，让大众以为是为了"欧洲的利益"[④]。而且，我们尚不明了这些参与的组织和论坛是否适合在关键时刻解决非常复杂的问题[⑤]。另外一个忧虑是，与不必负责任的政党讨论问题也许会威胁欧洲和成员国议会的民主合法性[⑥]。

（二）人权

关于人权，《宪法条约》承诺要减少低透明度造成的担心，而且它规

[①] Hix and Lord 1997, Magnette 2001, McKay 2001.
[②] 参见 Follesdal 2005b。
[③] Follesdal 2006.
[④] Follesdal 2003.
[⑤] Femia 1996, Smismans 2006.
[⑥] 参见 Kohler-Koch 2000b, and 2007。

定欧盟应该接受《欧洲人权宪章》[①]。但是《改革条约》对《宪法条约》进行了修改。《宪法条约》的第二部分为《欧洲人权宪章》。但主要由于英国的反对，欧洲理事会做了两个有意思的改变。第一，《宪章》不会成为条约的一部分，但另外发表一个单独宣言，明确《宪章》对欧盟机构具有法定约束力。另一个明确的地方是，《宪章》不会扩大欧共体法的适用范围，它也不会修改欧盟的权力任务，或是赋予它新权力或新任务（欧洲理事会 2007，档案号 17）。

第二，签订一个议定书，明确《宪章》不会给英国增加任何额外义务，特别是《宪章》第四章"社会凝聚力"部分不适用于英国。第四章列举了诸多权利，包括各种工人享有的权利、社会保障和社会救助权、医疗健康、环境保护和消费者保护等。这样保证英国的法律不会发生任何变化。英国为如此坚持提出很多理由，包括总体质疑国际人权对议会主权的限制[②]，以及英国政府不希望欧洲法院给予英国工会更多罢工权利等。

虽然有这些变化，但新条约还是使得人权对欧盟决策的约束作用更明显了。不过现实的挑战依旧存在，如何保证欧盟机构和政策遵守人权原则，使其从长远来看，不管对内还是对外，都能遵从合法性根本原则。这些都是问题。如果这一复杂的政治秩序得到成员国和民众的尊重和支持，特别是少数派的支持，那欧盟就必须制定好的政策，监督欧盟机构，保护人权不受侵犯。

欧盟和欧洲法院在人权方面面临的一个重要挑战是欧盟是否会加入《人权公约》。如果加入的话，人权法院和欧盟的欧洲法院之间，《宪章》和《欧洲人权公约》之间，会出现司法解释上的冲突。《宪章》第 52（3）款试图减少这类争端，它坚持在有争议的地方，"这些权利的含义和范围应该与《人权公约》的相应部分一致"，以减少争端。但是谁的解释具有决定权还有待考察。

六　结语

欧盟面对的危机既有长期的，也有短期的：如何降低民众眼中的合法

[①] 欧洲理事会，2007，26。
[②] Campbell, Ewing, and Tomkins 2001.

性赤字,特别是在《宪法条约》已经被否决的情况下,显得尤为重要。我已阐述过《改革条约》里有一些元素可能有助于增加公众对欧盟的信任,使欧盟可以回应民众利益。这些元素包括决策更透明,增加成员国层面和欧盟层面选举代表的威信,更注重人权保护。

本章展现的欧洲公众的许多忧虑在古代中国思想中都可以找得到,虽然我没有找到孔子对政党竞争的论述,但孔子认为批评政府是非常必要的。我的结论是重述孔子的学生有子的建议:"信近于义,言可复也。"[①]

我相信欧洲理事会在修改《宪法条约》的时候很大程度上也借鉴了这个建议。当他们为欧盟的目标而努力的时候,为确保自己被信赖和正义,把这点写进了《欧洲宪法条约草案》:"欧盟的目的是要维护和平、价值观和人民的福祉……并且为它的人民提供自由、安全和正义。"[②] 这一点在《改革条约》里也将得到确认。

作者附记 很感谢能有机会向在中国社会科学院 2007 年 6 月 12~13 日召开的"争议中的欧洲模式"大会提交本文初稿,同时感谢贝娅特·科勒—科赫教授的详尽点评。本文受到欧盟"新治理"(NEWGOV)项目下"治理新模式"(New Modes of Governance)部分的资助。哈佛大学的 Edmond J. Safra Center for Ethics, The Mossavar-Rahmani Center for Business and Government, and Currier House, 以及奥斯陆大学的 Centre for the Study of Mind in Nature (CSMN) 也都为本文提供了他们的真知灼见。本文的大部分参考文献都可以通过以下链接查看: http://folk.uio.no/andreasf。

参考文献

Alston, Philip, Mara R. Bustelo, and James Heenan, (ed.) (1999), *The EU and Human Rights*, Oxford: Oxford University Press.

Angle, Stephen A. (2002), *Human Rights and Chinese Thought: A Cross-Cultural Inquiry*, Cambridge: Cambridge University Press.

Auel, Katrin, and Arthur Benz (2007), "Expanding National Parliamentary Control: Does It Enhance European Democracy?" *Debating the Democratic Legitimacy of the European*

---

① 论语:1·13。
② 《欧洲宪法条约草案》,第一编第 3 条。

Union, Beate Kohler-Koch and Berthold Rittberger, editors. Lanham: Rowman and Littlefield.

Barry, Brian (1991), "Is Democracy Special?" *Democracy and Power*, 24 – 60, Oxford: Oxford University Press.

Campbell, Tom, K. D. Ewing, and Adam Tomkins (ed.) (2001), *Skeptical Essays on Human Rights*, Oxford: Oxford University Press.

Chan, Joseph (1995), "The Asian Challenge to Universal Human Rights: A Philosophical Appraisal", *Human Rights and International Relations in the Asia-Pacific Region*, James Tuck-Hong Tang, editor, New York: St. Martin's Press.

—— (1998), "A Confucian Perspective on Human Rights", *The East Asian Challenge for Human Rights*, Joanne R. Bauer and Daniel A. Bell, editors, 212 – 40, New York: Cambridge University Press.

Confucius (1997), *Analects*, Simon Leys, Trans. and notes, New York: Norton.

Dahl, Robert A. (1998), *On Democracy*, New Haven: Yale University Press.

de Bary, Wm. Theodore, and Tu Weiming, (ed.) (1998), *Confucianism and Human Rights*, New York: Columbia University Press.

Dobson, Lynn, and Andreas Follesdal (ed.) (2004), *Political Theory and the European Constitution*, London: Routledge.

European Council (1993), "Presidency Conclusions-Copenhagen Meeting", http://www.consilium.europa.eu/ueDocs/cms_Data/docs/pressData/en/ec/72, 921.pdf.

—— (1999), "Presidency Conclusions, Cologne European Council", http://www.consilium.europa.eu/ueDocs/cms_Data/docs/pressData/en/ec/kolnen.htm.

—— (2007), "Presidency Conclusions, Brussels European Council 21/22 June 2007, 11, 177/07", http://www.consilium.europa.eu/ueDocs/cms_Data/docs/pressData/en/ec/94, 932.pdf.

Femia, Joseph (1996), "Complexity and Deliberative Democracy", *Inquiry* 39, 3 – 4: 359 –97.

Follesdal, Andreas (1998a), "Democracy, Legitimacy and Majority Rule in the EU", *Political Theory and the European Union: Legitimacy, Constitutional Choice and Citizenship*, Albert Weale and Michael Nentwich, editors, 34 – 48, 14, London: Routledge.

—— (1998b), "Subsidiarity", *Journal of Political Philosophy* 6, 2: 231 – 59.

—— (2002), "Drafting a European Constitution Challenges and Opportunitites", ConWEB Online-Constitutionalism Web Papers, University of Manchester School of Law, No 4.

—— (2003), "The Political Theory of the White Paper on Governance: Hidden and Fascinating", *European Public Law* 9, 1: 73 – 86.

—— (2005a), "Human Rights and Relativism", *Real World Justice: Grounds, Princi-*

ples, *Human Rights Standards and Institutions*, Andreas Follesdal and Thomas Pogge, editors, 265 – 83. Berlin: Springer.

—— (2005b), "Towards a Stable Federal Finalité? Forms and Arenas of Institutional and National Balances in the Constitutional Treaty for Europe", *Journal of European Public Policy-Special Issue: Towards a Federal Europe?* 12, 3: 572 – 89.

—— (2006), "The Value Added of Theories of Deliberative Democracy: Where (Not) to Look", *Deliberative Democracy and Its Discontents*, Samantha Besson and José Luis Martí, editors, 57 – 72, Ashgate.

Follesdal, Andreas, and Simon Hix (2006), "Why There Is a Democratic Deficit in the EU: A Response to Majone and Moravcsik", *Journal of Common Market Studies* 44, 3: 533 –62.

Gangjian, Du, and Song Gang (1995), "Relating Human Rights to Chinese Culture: The Four Paths of the Confucian Analects and the Four Principles of a New Theory of Benevolence", *Human Rights and Chinese Values: Legal, Philosophical, and Political Perspectives*, Michael C. Davis, editor, 35 – 56, Hong Kong, Oxford: Oxford University Press.

Grimm, Dieter (1995), "Does Europe Need a Constitution?" *European Law Journal* 1, 3: 282 – 302.

Habermas, Jürgen (1994), "Further Reflections on the Public Sphere", *Habermas and the Public Sphere*, Craig Calhoun, editor, 421 – 61, Cambridge: MIT Press.

Held, David (1995), *Democracy and the Global Order*, Cambridge: Polity Press.

Hix, Simon (1999), *The Political System of the European Union*, London: Macmillan Press.

Hix, Simon, and Christopher Lord (1997), *Political Parties in the European Union*, London: Macmillan.

Inglehart, Ronald (1999), "Postmodernization Erodes Respect for Authority, but Increases Support for Democracy", *Critical Citizens: Global Support for Democratic Government*, Pippa Norris, editor, 236 – 56, Oxford: Oxford University Press.

Key Jr., Valdimer Orlando (1961), *Public Opinion and American Democracy*, New York: Knopf.

Kohler-Koch, Beate (1999/2000a), "A Constitution for Europe?" Mannheim Working Paper 1999, 8. Appeared 2000 as "En författning för Europa?" In: Ulf Bernitz, Sverker Gustavsson, Lars Oxelheim (ed.), *Europaperspektiv*, Stockholm: Arsbok, 123 – 141.

—— (2000b), "Framing: the Bottleneck of Constructing Legitimate Institutions", *Journal of European Public Policy* 7, 4: 513 – 31.

—— (2007), "The Organization of Interest and Democracy in the European Union", in: Kohler-Koch, Beate, and Berthold Rittberger (ed.) (2007), *Debating the Democratic Legitimacy of the European Union*, Lanham: Rowman and Littlefield, 255 – 271.

Kohler-Koch, Beate, and Berthold Rittberger (ed.) (2007), *Debating the Democratic Legitimacy of the European Union*, Lanham: Rowman and Littlefield.

Levi, Margaret (1998), *Consent, Dissent and Patriotism*, New York: Cambridge University Press.

Lijphart, Arend (1999), *Patterns of Democracy: Government Forms and Performance in Thirty-Six Countries*, Buy, New Haven: Yale University Press.

Magnette, Paul (2001), "European Governance and Civic Participation: Can the European Union be politicised?" Christian Joerges, Yves Meny, and J. H. H. Weiler (ed.), *Symposium: Responses to the European Commission's White Paper on Governance.*

Majone, Giandomenico (1994), "The Rise of the Regulatory State in Europe", *West European Politics* 17: 77 – 101.

Majone, Giandomenico (1996), "A European Regulatory State?" *European Union: Power and Policy-Making*, Jeremy J. Richardson, editor, London: Routledge.

McKay, David (2001), *Designing Europe-Comparative Lessons From the Federal Experience*, Oxford: Oxford University Press.

Mencius (1999), *Mencius*, Beijing: Sinolingua.

Moravcsik Andrew (2001), "Federalism in the European Union: Rhetoric and Reality", *The Federal Vision: Legitimacy and Levels of Governance in the US and the EU*, Kalypso Nicolaidis and Robert Howse, editors, 161 – 87, Oxford: Oxford University Press.

Moravcsik, Andrew (2002), "In Defence of the 'Democratic Deficit': Reassessing Legitimacy in the European Union", *Journal of Common Market Studies* 40, 4: 603 – 24.

Papadopoulos, Yannis (2005), "Implementing (and Radicalising) Art. 46.4 of the Draft Constitution: Is the Addition of Some (Semi-) Direct Democracy to the Nascent Consociational European Federation Just Swiss Folklore?" *Journal of European Public Policy* 12, 3: 448 – 67.

Scharpf, Fritz W (1996), "Negative and Positive Integration in the Political Economy of European Welfare States", *Governance in the European Union*, Gary Marks, Fritz W. Scharpf, Philippe C. Schmitter and Wolfgang Streeck, editors, 15 – 39, London: Sage.

—— (2001), "European Governance: Common Concerns vs. the Challenge of Diversity", Christian Joerges, Yves Meny, and J. H. H. Weiler (ed.), *Symposium: Responses to the European Commission's White Paper on Governance*, European University Institute, http://www.iue.it/RSC/symposium/.

—— (2007), "Reflections on Multilevel legitimacy", Max Planck Institute for the Study of Societies, Cologne, MPIfG Working Paper 07/3, http://www.mpi-fg-koeln.mpg.

de/pu/workpap/wp07 - 3. pdf.

Schumpeter, Joseph A. (1976 [1943]), *Capitalism, Socialism and Democracy*, London: Allen and Unwin.

Sen, Amartya K. (1988), "Property and Hunger", *Economics and Philosophy* 4: 57 - 68.

—— (2004), "Elements of a Theory of Human Rights", *Philosophy and Public Affairs* 32: 315 - 56.

Shapiro, Ian (1996), *Democracy's Place*, Ithaca: Cornell University Press.

—— (2001), "The State of Democratic Theory", *Political Science: The State of the Discipline*, Ira Katznelson and Helen Milner, editors, APSA.

Shaw, Jo. (2000), *Law of the European Union*, 3rd edition, Houndsmill: Palgrave.

Smismans, Stijn (2006), "New Modes of Governance and the Participatory Myth", *European Governance Papers* No. N-06 - 01.

Weale, Albert (1999), *Democracy*, New York: St. Martin's Press.

Weiler, J. H. H. (1995), "The State ", über Alles " Demos and Telos in the German Maastricht Decision".

—— (1996), "European Neo-Constitutionalism: In Search of Foundations for the European Constitutional Order", *Constitutionalism in Transformation: European and Theoretical Perspectives*, Richard Bellamy and Dario Castiglione, editors, 105 - 21, Oxford: Blackwell.

Williams, Andrew (2004), *EU Human Rights Policies: A Study in Irony*, Oxford: Oxford University Press.

Ⅶ 协商还是博弈?——对"欧洲制宪会议"的考察[*]

一 导言

在欧洲一体化的条约发展史上,政府间会议一直被认为是最主要的谈判形式,从《罗马条约》到《阿姆斯特丹条约》和《尼斯条约》,所有这些条约创立和修正,都是在政府间会议上做出的。每次政府间会议,都是各国政府派出自己的代表与会,他们在参会前就有固定的偏好,在会上通过战略博弈(strategic bargaining)和一揽子交易(package deals),以威胁或利益诱惑为手段,努力实现自己会前制定的目标。一般来说,从核心协议中获益最多的国家,为了达成协议愿意进行较大的妥协,这时候它们就不会使用其他单边或是结盟的方法。只要出现反对者,各国政府就会不惜采用排挤的方法来消除这种威胁,这与纳什博弈相似。[①]

但是,在《马斯特里赫特条约》之后,针对欧盟决策民主合法性的质疑声音越来越大。诸多有关欧盟"民主赤字"的问题中,很重要的一项就是政府间会议仅由各国政府代表组成,并以博弈,也即讨价还价(bargaining)的方式达成交易,然后政府之间达成的协议要在全欧盟范围内施行。这种我们常见的国际条约谈判方式,在欧洲却遭到越来越多的批评。随着共同体层面管制领域的不断扩大,由特定多数表决制(QMV)决定的事项增多,欧盟作为超国家实体的一面大大增强,随之而来的是对它宪政方面的要求也越来越多。2001年12月,欧盟理事会发表《莱肯宣言》,各国首

---

[*] 作者:赵晨,中国社会科学院欧洲研究所助理研究员,北京大学法学硕士。
[①] Andrew Moravcsik, *The Choice for Europe: Social Purpose and State Power from Messina to Maastricht*, Ithaca, NY: Cornell University Press, 1998, p.8.

脑同意成立以法国前总统德斯坦为主席的"欧洲制宪会议","为欧洲创建一部宪法草案条约"。"欧洲制宪会议"被不少学者认为是一次改变了欧盟面貌的重要会议,创造了一种与过去"政府间会议方法"不同的"制宪会议方法"(Convention Method)。[1] 为什么这么说?一是因为参会人员的组成不限于政府代表,还包括欧洲议会、各国议会以及欧盟委员会的代表;二是大会提倡的"协商精神"在很多议题和很大程度上取代了政府间会议中以威逼或利益交换为特征的博弈,对话而不是谈判是大会的主导气氛,这使得制宪会议的整体气氛和参会委员们的态度,同过去政府间会议显得颇为小气的外交博弈相比,有很大的不同。[2]

本章重点放在第二个方面,对"制宪会议"中出现怎样的协商进行详细的描述,它有哪些特征,又有哪些局限性,同时尝试回答欧洲一体化进程中为什么会出现从政府间会议博弈到"制宪会议"协商的形式转变。笔者首先对协商的定义进行梳理,厘清协商和博弈两者的区别,筛选出协商的标准;然后对照前述标准,对"欧洲制宪会议"中的协商现象进行概括,探讨"协商精神"出现在"欧洲制宪会议"中的条件及其局限。

二 协商的定义和作用

"协商"(英文为 deliberation,或为 arguing)在学术界还是一个相当有争议性的概念。于尔根·奈耶(Jürgen Neyer)归纳了理解"协商"的规范、理性和功能三个视角,分别是:一个理想对话情景下寻求真相的过程;一种汇集偏好、达成共识的工具;以及产生有效和合法治理的方式方法。[3] 协商是罗尔斯(John Rawls)、哈贝马斯(Jürgen Habermas)等政治

---

[1] Carlos Closa, "The Convention Method and the Transformation of EU Constitutional Politics", in: Erik O. Eriksen, John E. Fossum and Augustin J. Menendez (ed.), *Developing a Constitution for Europe*, London: Routledge, 2004; Lars Hoffmann, "The Convention on the Future of Europe Thoughts on the Convention-Model", in: *The Convention on the Future of Europe: Working Towards and EU Constitution*, The Federal Trust for Education and Research, London, 2003.

[2] John Temple Lang, "The Convention on the Future of Europe-So far", *The Federal Trust Constitutional Online Paper Series*, No. 18, 2003.

[3] Jürgen Neyer, "The Deliberative Turn in Integration Theory", in: Christian Joerges and Jürgen Neyer, "'Deliberative Supranationalism' Revisited", EUI Working Paper Law, No. 20, 2006, p. 11.

哲学家感兴趣的概念。哈贝马斯从其交往行为理论出发，给出一个规范意义的协商定义，它是"一种对待社会合作的态度，即公开地以理性说服别人，对待对方的态度和要求同对待自己是一样的"[1]。落实到政治领域里，对什么是"政策协商"，埃里克·埃里克森（Erik O. Eriksen）和于尔根·奈耶（Jürgen Neyer）认为，是指"行为体为了协调他们各自的方案，也为了让他们的立场和观点显得合理，在达成协议的过程中向对方学习，有时候为了形成共同决策甚至不惜改变自己的偏好"[2]。

保罗·马格内特（Paul Magnette）在总结协商的各种定义后，把博弈和协商放在一起对比，使我们对协商的定义理解得更清楚："博弈通常是指这样一种过程：a. 行为体有稳定的利益要捍卫，他们竭力使自己的获利最大化；b. 通过许诺和威胁，双方互换退让。与博弈相反，在协商的过程中：a. 行为体为了达成'共同利益'，愿意改变他们原来的偏好；b. 他们通过理性讨论和相互倾听交换意见。"[3]

从上述引用的各种定义中，我们可以发现一是强调结果，看是否有参与者改变了自己原来的偏好；二是看过程中，是否放弃了许诺、威胁的手段，而是相互学习，相互倾听，理性探讨。但对第一种强调结果的看法，我们也可以举出反例，有的博弈，最后也有参与者改变自己的原初偏好，只要对方开的价码足够高，或者威胁强度足够大，它的原有目标并非不能变动。但是过程中的气氛和谈判时的方式方法，协商和博弈是迥然不同的。所以本章将行为体是否放弃威胁、制裁、否决等带有强制性的手段，作为可否视为协商的衡量标准。

我们再来看看协商的动机。我们很难分清整行为者相互协商而不是博弈，是出于自利还是利他的动机。协商不要求参与者只从无私和利他的角度考虑问题，为了自己的利益，参与者也可能平和地放弃自己原来的意

---

[1] Jürgen Habermas, "Drei normative modelle der Demokratie", in: Die Einbeziehung des Andere, *Studien zur politischen Theorie* (edited by Jürgen Habermas), Frankfurt: Suhrkamp, 1997, pp. 277 – 292.

[2] Erik O. Eriksen and Jürgen Neyer, "Introduction: Deliberative Supranationalism in the EU", in: Erik O. Eriksen, Christian Joerges, and Jürgen Neyer, *European Governance, Deliberation and the Quest for Democritisation*, ARENA Reports 02/2003, Oslo, p. 2.

[3] Paul Magnette, "Deliberating or Bargaining? Coping with Constitutional Conflicts in the Convention on the Future of Europe", in: Erik O. Eriksen, John E. Fossum and Augustín J. Menéndez (ed.), *Developing a Constitution for Europe*, p. 207.

见。国际关系理论中，交往沟通理论（Communicative Theory）和说辞理论（Rhetoric Theory）①虽然分别属于建构主义和理性选择阵营，但都将协商作为其理论核心概念，只是它们对协商的理解有所不同。交往沟通理论以哈贝马斯哲学为基础，认为协商逻辑（logic of arguing）是一个"求真"（truth seeking）的过程，参与者互相讨论、辩驳，为的是寻求理性基础之上的真相，由于真只有一个，所以自然可以达成共识。协商是哈贝马斯提出的"理想对话情景"（ideal-speech-situation）概念的反映，在这种情景中，人们具有一定程度的"移情"（empathy）能力，每个人可以理解其他参与者的愿望和需要，从自己之外的角度思考问题。②说辞理论则认为协商只是一种参与者用来牟取自己利益的战略手段，"在一个共同体环境中，政治就是对合法性的争夺，而且这种斗争就是比拼各自的说辞"③。协商参与者可能拒绝与对手讨论问题，不听他们的意见，拒绝对手平等加入辩论，粗鲁地打断讨论；甚至欺骗、误导、撒谎；会用一些地方价值观、归属感、经验，而不是理性去说服听众；可能不会认真注意对手的论说，不承认自己失败，有时候被迫作出一些技术性或策略性的让步。④总起来说，说辞理论重在"说服"，是从自利角度出发理解协商。

我们应当注意，上述两种理论虽然各执一词，对协商定义的理解有很大不同，但根本上它们都承认行为体进行协商是在一定特殊背景之下发生的，不管这个背景称作"对话情境"，还是"共同体环境"。在特殊共同体的环境之中，产生了社会共同认可的共有观念（shared ideas），由于社会规范的力量足够强大，在这种气氛下没人愿意冒道德风险，讨价还价，威逼利诱其他成员；如果再加上一些制度设计，行为者不可能把自己的意见

---

① 国际关系理论中交往行为理论的代表作是 Thomas Risse, "Let's Argue! Communicative Actions in World Politics", *International Organization*, Vol. 54, No. 1, 2000；说辞理论的代表作是 Frank Schimmelfennig, "The Community Trap: Liberal Norms, Rhetorical Actions and the Eastern Enlargement of the European Union", *International Organization*, Vol. 55, No. 1, 2001, pp. 47–80; Frank Schimmelfennig, *The EU, NATO, and the Integration of Europe*, Cambridge: Cambridge University Press, 2004, pp. 203–208.
② Thomas Risse, "Let's Argue! Communicative Actions in World Politics", *International Organization*, p. 10.
③ Frank Schimmelfennig, *The EU, NATO, and the Integration of Europe*, p. 208.
④ Frank Schimmelfennig, *The EU, NATO, and the Integration of Europe*, p. 204.

VII 协商还是博弈？——对"欧洲制宪会议"的考察

强加于别人，协商就出现了。

交往沟通理论和说辞理论站在光谱的两端，前者从规范角度出发，将协商理想化，有些不切实际；后者则过于现实，如果完全按照这种理论去理解协商，则很难辨别协商和博弈，博弈也很可能披上说辞的外衣。实际发生的协商，大多处在这两种理论描述的中间区域，如乔·埃尔斯特（Joe Elster）所说，一定环境下，"伪善也被迫文明化"（civilizing force of hypocrisy）[1]了，即为了自己的利益，为了增强自己的合法性，行为体不得不使用"文明"方式进行讨论（也可以说是斗争）。这种"文明"方式，也即前文述及的"放弃强制性手段"。是否"文明"，是我们判断是否出现协商的标杆。在后面部分，笔者将应用此标准来衡量"欧洲制宪会议"中的协商和博弈。

不过在此之前我们还要再说明一下协商的作用。协商具有功能和规范两方面的作用。功能方面，协商比博弈对最后达成协议更为有效，原因是在协商过程中，参与者之间能产生一种"回响削减"（dissonance reduction），即通过友好讨论、良好沟通，可以促进相互理解；另一方面，它还能赋予那些改变自己原初偏好和想法的成员以合法性，所以它的结果应当好过博弈所能达成的"最小公分母"（the smallest common denominator）[2]，即各方固定偏好的合集。规范方面，通过平等协商，在无利益和强力介入背景下达成的共识，要比博弈的结果更具有民主合法性，能显示出谈判者的团结和友好，相比博弈而言，也更容易为外界人士所接受。乔·埃尔斯特在比较历史上几次制宪会议后指出，"（制宪会议的）民主程度体现在两个方面：选举代表的方法和代表间内部决策的程序"[3]。欧洲制宪会议在这两个方面比以前的政府间会议都有很大进步，本章主要强调后一种，即决策程序民主方面，协商赋予欧洲一体化更高的合法性。

---

[1] Joe Elster (ed.), *Deliberative Democracy*, MA, Cambridge: Cambridge University Press, 1998, p. 12.

[2] Paul Magnette, "Will the EU be More Legitimate after the Convention?", in: Jo Shaw, Paul Magnette, Lars Hoffmann and Anna Verges Bausili, *The Convention on the Future of Europe: Working Towards an EU Constitution*, London: The Federal Trust, 2003, p. 32.

[3] Joe Elster (ed.), *Deliberative Democracy*, p. 99.

三 "欧洲制宪会议"中的协商和博弈

(一)"制宪会议"的背景

判断"欧洲制宪会议"是否拥有协商需要的共同体环境,我们首先要追溯制宪会议召开的背景。随着欧洲一体化不断深入,社会各界对"民主赤字"问题越来越敏感,欧盟决策合法性遭到越来越多的质疑。以政府间会议缔结国际条约的"政府间模式"已经遇到了危机,学界、政界和媒体都有呼声:像欧盟这样一个能约束各国国家主权,其决策又可以直接影响生活在其领域内公民的政治体系,不能仅凭达成条约、修改条约就自然而然拥有合法性[1]。政府间会议程序使得它的参与者和它影响的广大民众间产生了很大的鸿沟,这一鸿沟几次在条约的批准进程中爆发。《马斯特里赫特条约》的批准是第一次,法国公决差一点没通过,丹麦的初次公决则予以否决。《阿姆斯特丹条约》也出现了类似的现象,成员国政府主张批准,而大众舆论反对。面对民主压力,最终在谈判《尼斯条约》的政府间会议上,各国政府领导人开始认真考虑公众的政治反应,决定在下一次政府间会议召开之前,先召开"欧洲制宪会议",参与者不限于政府代表;而且无人拥有否决权。各成员国政府希望这种新形式能在一定程度上消解对欧盟"民主赤字"的批评。

除了合法性,在功能方面,政府间会议模式也遇到瓶颈,阿姆斯特丹会议和尼斯会议暴露出政府间会议解决问题的能力缺陷。成员国之间分歧深化,欧洲机构的影响力弱化,特别是欧盟委员会的居中调解作用越来越小。更为严重的是,各国政府在一些问题上各执己见,立场僵化(比如尼斯会议上各国对理事会投票权分配问题争议很大),很难产生各方都满意的双赢局面。再加上欧盟东扩在即,欧盟成员国数量即将从15个剧增到25个,以后还会更多,这意味着欧盟必须进行大的调整,它需要一个新的根本性框架设计,才能适应新的形势。所以说不仅是原则上,从实际需要

---

[1] Joseph Weiler, "After Maastricht: Community Legitimacy in Post-1992 Europe?", in: Williams James Adams (ed.), *Singular Europe: Economy and Polity of the European Community after 1992*, Ann Arbor: University of Michigan Press, 1993, pp. 11 – 41.

角度出发，欧盟也需要变化，这种变化首先体现在程序上。

此时恰有一个现成的通过公开协商解决根本性宪政问题的实例：1999年6月科隆欧盟峰会宣布"有必要在联盟发展的当前阶段，撰写一部《基本权利宪章》"，10月欧盟理事会就成立了一个"制定宪章大会"（Charter Convention），成员不限于政府代表，还包括不少专家学者。"大会"最后制定出的《欧盟基本权利宪章草案》（EU Charter of Fundamental Rights），在2000年12月的尼斯会议上得到欧洲各国首脑的认可。这次大会"是第一次如此公开进行讨论的协商大会，一体化所涉及的价值和观念等问题都得到了讨论，特别是关于宪章前言的辩论，虽然各方有不同观点，但最终达成了一个妥协文本"[①]。这个"小宪章"的成功也产生了一定的示范作用，坚定了欧洲各国首脑召开"制宪会议"的信心。

此外，我还想强调一下欧盟协商的环境。欧洲一体化发生、深化的过程其实伴随着欧洲共同体文化的萌芽和发展。两次世界大战的深刻教训让战后欧洲各国走上了联合道路，彻底摒弃军事武力，实现欧洲的和平是欧洲一体化的初始动机之一。到今天可以说，欧盟国家间出现战争已经是不可思议的事情，亚历山大·温特说欧洲是"康德文化"的典型代表[②]。欧洲还不仅只是一个和平共同体，自由、民主、尊重人权和法治都是欧盟各成员国的共享观念。此外，欧盟并不是一个普通的国家间联合组织，很多方面它还具有超国家的性质，特别是1992年《马约》生效以来，欧盟的宪政色彩日益突出，不仅欧洲机构，连欧洲各国的领导人也受到宪政化潜移默化的影响。[③] 在宪政环境中，除绝不可能出现军事手段外，各国在使用经济、政治手段时也受到一定程度的规范制约。在遇到问题时，各国也会力图用合法性更高的方式去解决，比如此次"欧洲制宪会议"的召开。

---

① Justus Schönlau, "New Values for Europe? Deliberation, Compromise, and Coercion in Drafting the Preamble to the EU Charter of Fundamental Rights", in: Eric O. Eriksen, J. E. Fossum and A. J. Menendez (ed.), *The Chartering of Europe: The Europe Charter of Fundamental Rights and its Constitutional Implications*, Baden-Baden: Nomos, Verlagsgesellschaft, 2003, p. 112.

② 〔美〕亚历山大·温特：《国际政治中的社会理论》，秦亚青译，上海，上海人民出版社，2000。

③ Paul Magnette, "When does Deliberation Matter? Constitutional Rhetoric in the Convention on the Future of Europe", in: Carlos Closa and John Erik Fossum (ed.), *Deliberative Constitutional Politics in the EU*, Oslo: ARENA, 2004, p. 207; Beate Kohler-Koch, "A Constitution for Europe?" Mannheim Working Paper, 1999, p. 8.

综上所述，我们可以看出"制宪会议"还是具备协商必需的共同体环境的。

当然，我们要清醒地认识到，在漂亮的宪政言辞后面，隐藏着各类国家和欧洲机构的利益诉求。欧洲议会和欧盟委员会认为召开"制宪会议"，欧洲一体化朝宪政方向发展，能增加自己的权力；对比、荷、卢等小国来说，"制宪会议"中各国代表人数平等，采取协商方式，论坛规模扩大，这些都可以冲淡大国意志、提高自己的地位；德国国内要求欧洲宪政化的声音一向很高；而其他大国，特别是英国、法国和西班牙则并不愿意接受这项新进程，但在宪政化背景之下，公然反对这种社会规范需要承受很大的压力，而且"制宪会议"之后，还要召开政府间会议，加上这层保险之后，这几个大国也同意尝试一下新的一体化形式，而且它们也自认为可以控制整个局势。①

（二）制宪会议中的协商

"制宪会议"于 2002 年 2 月召开，到 2003 年 7 月结束，并提交了《宪法条约草案》。按"制宪会议"主席团的设计，整个大会分成"倾听"、"工作组讨论"和"起草"三个阶段。目前欧洲学术界普遍认可前两个阶段中，协商压倒博弈，协商是主要特征。② 在前两个阶段，整个制宪会议洋溢着"协商精神"，"制宪会议"委员们遵守了协商的规则。③ 是否果真如此，我们拟分组织构成、气氛和制度设置三个方面介绍情况，最后以文中第一部分提出的标准来考评，并做出判断。

---

① Paul Magnette and Kalypso Nicolaïdis, "The European Convention: Bargaining in the Shadow of Rhetoric", *West European Politics*, Vol. 27, No. 3, 2004, pp. 381–404.

② Justus Schönlau, "Convention Wisdom? Comparing the Working Methods of the European Convention's Mark I and II"; Daniel Göler's Comment, "Between Deliberation and Bargaining: The Influence of the Institutional Setting of the Convention on the Mode of Interaction", Papers Presented at the CIDEL Conference "Deliberative Constitutional Politics in the EU", Albarracin, Zaragoza, 19–22 June 2003; Daniel Göler, *Deliberation-Ein Zukunftsmodell europäischer Entscheidungsfindung? Analyse der Beratungen des Verfassungskonvents 2002–2003*, Baden-Baden, 2006; Thomas Risse and Mareike Kleine, "Assessing the Legitimacy of the EU's Treaty Revision Methods", *Journal of Common Market Studies*, No. 1, Vol. 45, 2007, p. 76.

③ Paul Magnette, "Deliberating or Bargaining? Coping with Constitutional Conflicts in the Convention on the Future of Europe", p. 208.

1. 组织构成：人员组成和主席的作用

政府间会议中常见的国与国之间在特定问题上结成联盟、利益对立的国家联盟相互博弈的场景，在制宪会议头两个阶段均没有出现。这与参加大会委员的人员组成有很大关系：一是委员人数众多，计有 15 名成员国的政府代表（每个国家 1 人），13 名候选国政府代表（2005 年加入欧盟的 10 个国家加上罗马尼亚、保加利亚和土耳其，每个国家 1 人），30 名成员国议会代表（每个成员国 2 人），26 名候选国议会代表（每个国家 2 人），16 位欧洲议会成员，2 位欧盟委员会成员，再加上德斯坦和两位副主席，共 105 人。整个制宪会议的人员构成极为复杂，来自性质不同的单位，使得结盟博弈很难发生。二是参与的委员具有多重身份，比如说某位来自德国议会的委员，如果在会议中，某项问题德国议会和德国政府有不同意见，同时欧洲议会社会党团又是一种态度，这时对这位委员来说，选择就是一件很困难的事，妥协很可能就是他（或她）的最佳选择。这样的多重属性，使得委员的偏好不会过于固定，更容易遵从协商逻辑。

"制宪会议"能成功制定出一部《宪法条约草案》，大会主席团，特别是大会主席德斯坦发挥了很关键的作用[1]。大会主席团由德斯坦任主席，包括两名副主席和 12 名成员，他们在设置议程、调节气氛等方面做得很成功。具体体现于以下几个方面：（1）德斯坦很好地控制和把握了秘书处和大会主席团之间关系的尺度，经常在发布议题时征求欧盟理事会的意见。主席团的议题设计都得到了欧盟理事会的认可，不管是 2002 年 11 月的条约草案"骨架"方案（skeleton），还是 2003 年 2 月的"16 条"，都没有激起成员国太多的争议，包括英国。（2）德斯坦尊重各成员国，尤其是大国的意见，希望制宪会议的草案能够顺利得到其后召开的政府间会议（IGC）的批准。英国政府已经告诉它的代表彼得·汉（Peter Hain），英国政府准备做什么样的让步。在"制宪会议"中，英国是反对变化的中心国家，德斯坦对彼得·汉的发言非常重视，往往给予特别的关照，很多时候他的要求都能得到满足，无形中似乎使彼得·汉拥有特权，仿佛成了"大会的影子主席"[2]。（3）主席团在制订日程表时就指出，制度问题放到最后讨论。

---

[1] George Tsebelis and Sven-Oliver Proksch, "The Art of Political Manipulation in the European Convention", *Journal of Common Market Studies*, Vol. 45, No. 1, 2007, pp. 157–186.

[2] Carlos Closa, "The Convention Method and the Transformation of EU Constitutional Politics", p. 200.

制度改革涉及各方利益，德斯坦知道制度问题肯定会在委员中造成分裂，因此在这个问题上尽可能多地噤声。

2. 气氛："大会精神"

制宪会议一成立，就强调它自己的特殊性和独立性。主席德斯坦在开篇演讲中就指出："我们不是一个政府间会议，我们没有被授权以各国政府的名义来谈判；我们也不是一个议会，因为我们不是一个公民为立法事务选出来的机构，我们就是一个'大会'。"① 他极其强调塑造制宪会议的"大会精神"（Convention Spirit），请求委员们把他们的工作放在"不预先设定观点"的情境中，"在面对我们的任务时不带任何既有的观念，持续地、全面地倾听各方面的意见，形成我们新的欧洲观念"。他进一步说，"所有四类成员都不要仅把自己当做指定机构的发言人"，虽然我们还要"忠实于接到的指令"，但应该"做出自己个人的贡献。"这就是"制宪会议精神"。对照协商的理想定义，他总结道："如果你们真在试图达成共识，认真考虑其他委员的提议，聆听他们的评论，那最终大会能一步一步得到最后的共识。"这就是"制宪会议"同通常的政府间会议的重大区别。政府间会议是"一个成员国间进行外交谈判的场所，那里每一方都竭力想使自己的收益最大化，而不考虑整个图景"②。委员保持个体独立和相互倾听，是德斯坦强调的两项原则③。

尽管德斯坦所说的"大会精神"或者是"大会风气"（Convention Ethos）有布道词（exhortations）式的说教意味，但它确实发挥了很大的效用。首先，它树立了具有合法性的"社会规范"，使委员们明白了威胁、利益诱惑等手段违反广泛公认的规范原则，这样其行为就受到一定的制约；其次，这些原则也部分内化到了制宪会议的组织构架中。"制宪会议"专门设立了"倾听阶段"（2002 年夏季），邀请欧盟委员会、欧洲法院等欧洲机构的专家为委员们做专题讲座、解答问题，并给出时间让他们相互交流观点、意见，做到信息畅通，保证委员间能实现良好沟通。

---

① CONV4/02.
② CONV4/02.
③ Paul Magnette, "When does Deliberation Matter? Constitutional Rhetoric in the Convention on the Future of Europe", in: Carlos Closa and John Erik Fossum (ed.), *Deliberative Constitutional Politics in the EU*, Oslo: ARENA, 2004, "Chapter 9".

3. 制度设置：不设否决权，不投票表决和适度的公开

在制度上，制宪会议与过去的政府间会议很重要的一点区别就是否决权的消失。传统的政府间会议，成员国政府代表有否决权，当自己的利益受威胁，或谈判要求得不到满足时，它有否决整项议题的权力；但在制宪会议中，没有任何参与者被授予程序之外阻碍、拖延或否决最后决定的权力，这种制度设置使委员们明白，要力争取得最大的共识，投身到"共识建设"（consensus-building）里，努力达成一致意见。

此外，"制宪会议"刚开始，主席团就决定采用共识制决策，废弃投票制。"主席团所有成员同意，考虑到大会组成的不均质（non-homogenous），投票制并不适用。大会应当力图达成共识，至少也要绝大多数同意才能通过。"① 在"制宪会议"第一次全会上，在绝大多数委员的默许下，德斯坦宣布不用投票表决作为决策方式。为什么不投票？德斯坦在其后的新闻发布会上做了解释：一是每个成员国都拥有数量相同的代表人数，这样多数投票制可能代表的是少数人口的意志。二是，如果我们能尽量达成宽泛的共识，将使我们的建议在公众眼中显得更可信，更可靠。到"制宪会议"即将结束的时候，德斯坦还在强调共识制的重要作用。他说："大会不采用投票制的原因很简单，它的构成不允许投票。105位委员中，欧盟委员会的代表只有两个；各国议会代表是欧洲议会的三倍，这种情况下，我们没法支持一方，反对另一方。所以我们不能投票，只能尽力找出我们的共识。"②

在另一次新闻发布会上，德斯坦还说过"共识并不代表意见完全一致"。《欧洲基本人权宪章》制定大会已有一小部分不同意并不能阻挡绝大部分委员采取共同立场的先例，所以协商共识制也使得很多委员明白，如果他们不能建立广泛的联盟，他们的反对方不会太把他们放在心上，从而促使各方努力寻求妥协，达成绝大部分人都同意的方案。③

---

① 2002年2月22日主席团会议结果，参见制宪会议官方网站网页：http://www.europarl.eu.int/Europe2004/index_en.htm。

② 2003年5月16日德斯坦在全体大会上的发言，转引自 George Tsebelis and Sven-Oliver Proksch, "The Art of Political Manipulation in the European Convention", *Journal of Common Market Studies*, Vol. 45, No. 1, 2007, p. 178。

③ Paul Magnette, "Deliberating or Bargaining? Coping with Constitutional Conflicts in the Convention on the Future of Europe", p. 214。

公开也是制宪会议的一大特色。大会所有的议程安排、主席团和委员们的发言、欧洲法院等机构的专家讲座、工作组的设置、起草的各稿宪法草案都在网站上公开发布。① 制宪会议还安排了青年论坛、在线意见征询等扩大民主参与的举措。自己的发言被公开，使得委员们不得不小心按照社会规范的要求发言，这有利于协商的进行。但另一方面，"制宪会议"在一些核心程序上又不那么透明。特别是议题设置权为主席团所垄断，很多重大问题的提出都是先在幕后讨论决定，然后才提交委员们讨论。虽然这使得"制宪会议"面临一些民主指控，比如像绿党这样在主席团中没有代表的政党，就指责上述"制宪会议"程序不民主，不过从解决问题的实用角度看，主席团关门商量还是促进了协商效率的提高，节约了时间。而且在主席团提出议题后，委员们一样可以各抒己见，大家不同意还是可以推翻初始方案。

4. 考评的结果：警告代替了威胁，协商胜过博弈

如果我们使用第一部分提到的协商标准，即"是否放弃威胁、制裁或否决等带有强制性的手段"来衡量这两个阶段的谈判，可以发现在前述共同体情境之下，适合协商的气氛之中，由于"制宪会议"的特殊人员构成和制度安排，很少出现威胁和赤裸裸的交易。在整体友好的气氛中，当某位委员意识到自己的立场无法得到大多数人的支持，同时他又无法放弃其立场，唯一能使其他人向自己立场靠拢的办法就是警告。举2002年7月12日英国关于欧盟外交政策的讨论为例。英国政府代表彼得·汉反对共同体的权力向外交政策领域渗透，如果在传统的政府间谈判框架中，他可以直接否决这类提案，但这里，他必须充分运用警告和一些经验论述。他一再说："共同体化不会简单地发生"，"如果一项政策想要真正实施，它一定要得到政府的同意"，"如果你对政府首脑没信心，那最后得不出一个统一意见，这是一个残忍的现实"。

而且在没有利益交换和威胁的情况下，一些反对国家的代表改变了自己的原有立场。最典型的案例就是英国对《欧洲基本权利宪章》的态度。2000年，英国对《权利宪章》的态度就很犹豫，此次"制宪会议"涉及确立宪章的地位问题，英国代表再次坚持如果在法律上实施，应该包括一些限制宪章范围和效用"水平"的条款，它拒绝无条件把宪章作为法律工

---

① 网站地址为：http://european-convention.eu.int。

具使用。但在第二阶段的工作组讨论中,其代表没有坚持己见,不再反对。① 此事被广泛认为是一次重要突破。

(三)"制宪会议"中协商的局限性

虽然协商在前两个阶段是"制宪会议"的主要特征,但到了第三阶段,起草阶段(drafting),开始讨论关键的机制改革问题,而不再是闲适的"倾听"和技术性探讨的"工作组分析"后,委员们的态度就发生了变化,成员国政府的介入力度也大大增强了,大会的人员组成也发生了很大变化。当面对国家核心利益的时候,对委员们来说,无私的面纱并不是不可以撕下,威胁等含有强制力的手段在必要的时候也是可以使用的,这样协商又变成了博弈,"制宪会议"在某种程度上又回到了政府间会议的轨道。

2002年底,法国、德国等成员国替换了政府代表,菲舍尔(Joschka Fischer)和德维尔潘(Dominique de Villepin)这样的外长级人物代替了原来的代表,他们的到来改变了原来的协商性质。他们并没有参加之前的"倾听"阶段,没有"沾染"上"大会精神",对共同价值和社会规范的遵守比之前的委员要差很多;他们认为自己是政府的代表,地位更为关键,所以也并不认可委员地位平等原则。正如一位主席团中的委员所说:"他们中很多人(比如这些后来加入的外长们)根本不知道大会是怎么工作的。他们没有参加实际的对话,而且自认为用5分钟就能完成对大会的陈述。所以他们经常以成员国政府代表的身份向大会要权威,而不是尽力用论述让大会委员们信服。"② 到2003年4月,总共有五位外交部长和两位副总理成为大会委员,这使得制宪会议在人员构成上已经有点像一次政府间会议了。

更重要的是,这一时期随着机制问题的决策即将出台,在"制宪会议"外,出现了一些典型的传统博弈现象:(1)高级政界人士的双边会晤。如2003年3月为了打消英国对《宪法条约草案》的担心,德斯坦和布莱尔举行了特别双边会议。(2)成员国之间在大会之外多边接触,并且

---

① 参见该工作组的最终报告。CONV 354/02, 2002年10月22日。
② 据 Daniel Göler 对该委员的访谈。Daniel Göler's Comment, "Between Deliberation and Bargaining: The Influence of the Institutional Setting of the Convention on the Mode of Interaction", p.7。

结盟向大会提交提案，比如"法德动议"（CONV489/93）、"西英动议"（CONV591/03）、"比荷卢备忘录"（CONV457/03）。在雅典峰会上，比荷卢政府举行了一次包括成员国和候选国共 18 国在内的早餐会，向"制宪会议"递送了一封信，表明它们对欧盟机制改革的意见①。（3）出现了威胁性的话语。2003 年 5 月 15～16 日的大会全体会议上，16 个小国政府代表向德斯坦致信，威胁说如果不修改草案中关于欧盟理事会主席的内容，他们就不在最后《宪法条约草案》上签字。这些代表随后又于 28 日在维也纳相聚，再次批评了《条约草案》。（4）大会最终讨论决定的《宪法条约草案》中的一些条款，是交易的结果（pay-offs）。比如在德国要求下，对移民政策实施一票否决得以保留；应法国的要求，也保留了外贸领域中的"文化例外权"。欧盟委员会主席权力的增强和欧盟理事会主席的选举办法则很像是战略博弈的产物。②

　　第三阶段，也是决策最关键的时刻，博弈重回主流，让前两个阶段的协商有沦为"廉价讨论"（cheap talk）的嫌疑。另外，"制宪会议"后面紧跟着还要召开政府间会议，各国政府依然拥有谈判的最后决定权，这进一步凸显了"制宪会议"中协商的局限性。不过，从整体上看，"制宪会议"友好协商的气氛比过去政府间会议要浓厚得多，与传统博弈的剑拔弩张和冷眼相对比起来，参与者的态度有很大的不同：一方面，如交往沟通理论所言，委员们受到规范的影响，听取其他成员的发言，相互交谈，这不同于过去的政府间会议；另一方面，如说辞理论的解释，委员们不得不更多使用规范判断的说法，来为他们的战略目的辩护。

四　结语

　　2002 年 7 月，"制宪会议"落幕，会议提交了《宪法草案条约》。虽然说"制宪会议"提出的《条约草案》并非最终定稿，其后还经过政府间会议讨论，但政府间会议对《条约草案》只做了一些边缘性修改，主体部分保留了《条约草案》的原貌。2005 年法国和荷兰相继在全民公决中否决

---

① Contribution by the Benelux Countries, CONV 732/03.
② Carlos Closa, "The Convention Method and the Transformation of EU Constitutional Politics", p. 201.

《欧盟宪法条约》，造成欧洲一体化的停滞，欧盟宣布进入一段"反思期"。2007年6月，欧盟各国领导人在轮值主席国德国总理默克尔的大力推动下，签署了《改革条约》，重新推动一体化进程。《改革条约》要求新的欧盟条约放弃宪政特征，但在制度上对过去的《宪法条约》只是微做调整。[①]尽管"制宪会议"的结果没有完全实现，但"制宪会议模式"仍具有重要的历史意义，正如托马斯·瑞斯和马莱克·克莱恩所说："'制宪会议模式'在三个方面的得分都超过了传统的政府间会议：输入合法性方面，议员的与会缩短了责任链，增加了代表利益的多样性；合法性传输过程则更透明，协商质量得以提升；输出合法性方面，解决了长期遗留的问题，通过制度改革提高了欧盟决策效率。"[②]

就本文关注的重点"制宪会议"谈判进程中的合法性，即协商的情况而言，尽管它并未贯穿整个制宪会议始终，但规模如此之大、规格如此之高、参与人员如此复杂（"欧洲制定基本人权宪章大会"的参与者主要是学者专家）、时间如此之长（一年零两个月）的国际大会上，协商特征体现得这么明显，在历史上还未曾出现过。虽然全球化时代国际组织也有很多说辞式的规范制约（如人权领域的国际组织[③]），但是表现如此明显，参与人员如此复杂，且有一定制度设置的协商却为欧盟政治模式所独有。"欧洲制宪会议"的实践也证明，协商这种曾被认为是未来才能实现的商谈方式，在一定条件下，是可以在国际政治环境中出现的。

参考文献

Checkel, Jeffrey T., "Taking Deliberation Seriously", ARENA, Oslo, Working paper, No. 14, 2001.

Cohen, Joshua, "Deliberation and Democratic Legitimacy", in: A. Hamlin and B. Pettit (ed.), *The Good Polity*, Oxford: Oxford University Press, 1989, pp. 17 – 34.

---

① Council of the European Union, Presidency Conclusions, Brussels, 21/22 June 2007.
② Thomas Risse and Mareike Kleine, "Assessing the Legitimacy of the EU's Treaty Revision Methods", *Journal of Common Market Studies*, No. 1, Vol. 45, 2007, pp. 77 – 78.
③ Thomas Risse, "International Norms and Domestic Change: Arguing and Communicative Behavior in the Human Rights Area", *Politics and Society*, Vol. 27, No. 4, Dec., 1999, pp. 529 – 559.

Elster, Joe (ed.), *Deliberative Democracy*, Cambridge, MA: Cambridge University Press, 1998.

Eriksen, E. O. and Fossum, J. E. (ed.), *Democracy in the European Union: Integration through deliberation?*, London: Routledge, 2000.

Eriksen, Erik O., "Deliberation and the Problem of Democratic Legitimacy in the EU: Are Working Agreements the Most that can be Expected?", ARENA, Oslo, Working paper, No. 08, 2006.

Habermas, Jürgen, *Between Facts and Norms*, Cambridge: Polity Press, 1996, pp. 238 – 359.

Habermas, Jürgen, *The Postnational Constellation: Political Essays*, Cambridge: Polity Press, 2001.

Hüller, Thorsten, "Adversary or 'Depoliticized' Institution? Attracting the Constitutional Convention for Democracy", paper presented at ARENA, Oslo, November 28, 2006.

Joerges, Christian, " 'Deliberative supranationalism': A Defence", 2001, in: *European Integration online Papers* (EIoP), 5 (8), July 4, 2001.

Kohler-Koch, Beate, "The Transformation of Governance in Europe", Paper at the Colloquium "The Future of Europe Challenges Ahead", Maastricht University, September 6, 2002.

Kohler-Koch, Beate and Rittberger, Berthold, *Debating the Democratic Legitimacy of the European Union*, to be published.

Magnette, Paul, "Deliberating or Bargaining? Coping with Constitutional Conflicts in the Convention on the Future of Europe", in: Erik O. Eriksen, John E. Fossum and Augustín J. Menéndez (ed.), *Developing a Constitution for Europe*, Oxon: Routledge, 2004, pp. 207 – 226.

Neyer, Jürgen, "The Deliberative Turn in Integration Theory", *Journal of European Public Policy*, 2006, 13 (5): 779 – 791.

Neyer, Jürgen and Schröter, Michael, "Deliberative Europe and the Rejected Constitution", paper for the "Law and Democracy in Europe's Post-National Constellation" Conference at the European University Institute, Florence, 22 – 24 September 2005.

Schoenlau Justus, "New Values for Europe? Deliberation, Compromise, and Coercion in Drafting the Preamble to the EU Charter of Fundamental Rights", in: E. O. Eriksen, J. E. Fossum and A. J. Menéndez (ed.), *The Chartering of Europe*, Baden-Baden: Nomos Verlagsgesellschaft, 2003.

第三编
欧盟的外部治理

第三編

民訴法小法廷判例

Ⅷ 欧盟的外部治理：欧盟在欧洲内外的民主促进*

本章将分析在欧盟扩大以及新的欧洲睦邻政策（European Neighborhood policy，以下简称 ENP）背景下，欧盟如何通过政治条件性（Political Conditionality）促进民主。通过对比理性主义和建构主义两种不同的解释模式，文章认为，"结果逻辑"（Logic of Consequences）是民主条件性得以遵守的主要驱动性力量。在欧盟扩大进程中，欧盟成员国资格前景以及较低的国内权力成本是有效促进民主的必要前提。运用同样的理论模式解释新的 ENP，我们认为，民主条件性是否能够取得成功，仍然在很大程度上取决于目标国家对实施欧盟规则的成本效益预算，同时还取决于他们对政治条件性的合法性、确定性以及公信力的认识。ENP 没有赋予目标国最终的入盟前景，其回报可能不足以促进专制政权或半专制性质的政权认真地进行民主改革。

一 引言

在范围广泛的欧洲一体化进程中，一个显而易见的事实是，"欧盟事务"已经渗入欧盟成员国的日常政治中。欧盟的规则深刻地影响着成员国国内的政治和社会行为体、政治制度以及政治进程。"欧洲化"的概念强调的是成员国对"欧盟欧洲"（EU-Europe）的不断适应，体现的是一种"自上而下"的影响力[①]。"欧洲化概念的核心内涵（central property）是：

---

* 作者：贝特霍尔德·里滕伯格，英国牛津大学博士。现任德国曼海姆大学教授。主要研究领域为欧盟宪政发展以及欧洲一体化理论。作者：西蒙·迈耶—贝克，德国曼海姆大学研究助理。中文译者：金玲。

[①] Lenschow, Andrea. 2005. "Europeanization of Public Policy". In: Richardson (2006): p. 56.

欧盟是成员国国内改革必要动力的直接或间接提供者。"①

作为欧盟地域进一步扩大的一体化②结果，欧盟目前已经包括27个成员国。欧盟向中东欧国家的扩大为欧洲化研究增加了新的维度，即中东欧国家的"欧洲化"。中东欧国家加入欧盟俱乐部的需求，加之欧盟所设置的苛刻的入盟标准，使得欧盟能够在重塑中东欧国家国内制度中发挥前所未有的影响。③ 欧盟中东欧政策的特征之一是"民主条件性"（Democratic Conditionality），"为入盟进程准备政治基础和转移更多的欧盟具体规则"④。在两大集团对抗结束以后，欧盟扩大进程注定会为中东欧国家的民主促进和巩固提供至关重要的动力。

本章将讨论欧盟外部治理的一个重要方面：欧盟对与其相邻的东欧和南地中海国家的政策。文章将评估欧盟在近邻地区（Near Abroad）促进民主的有效性。这里的"有效性"指的是"目标国家"（Target Countries）实施和制度化欧盟制度的可能性，如根据欧盟的标准，改革和重塑国内制度和政治规则，或在政治实践中有所改变。⑤

本章的研究并不一定与研究欧盟对外治理的学生们经常研究的"古典"问题相一致，如欧盟共同安全与防务政策或欧盟共同商业政策。欧盟的外部治理，从更广泛的意义上来看，指的是欧盟与第三国家之间的关系，突出欧盟政体多层属性的影响、欧盟政体对外关系的影响以及成员国和非成员国政策和制度的"欧洲化"⑥。

本章首先将考察欧盟东扩背景下"民主条件性"的有效性。然后，本章将在更广泛的欧洲范围内进行上述分析，将我们的重点指向ENP。在此基础上，本章运用理论分析工具解释扩大背景下"条件性"的成功和失

---

① Lenschow, 2005, "Europeanization of Public Policy". In: Richardson (2006): p. 59.
② 参见 Schimmelfennig, Frank and Rittberger, Berthold. 2005. "Theories of European Integration: Assumptions and Hypotheses". In: Richardson (2006): 73 – 95。
③ Schimmelfennig, Frank and Sedelmeier, Ulrich. 2004. "Governance by Conditionality: EU Rule Transfer to the Candidate Countries of Central and Eastern Europe". In: Journal of European Public Policy. 11 (4): p. 661.
④ Schimmelfennig, Frank and Sedelmeier, Ulrich. 2005b. "Conclusions: The Impact of the EU on the Accession Countries". In: Schimmelfennig and Sedelmeier (2005): 211.
⑤ Schimmelfennig, Frank and Sedelmeier, Ulrich. 2005a. "Introduction: Conceptualizing the Europeanization of Central and Eastern Europe". In: Schimmelfennig and Sedelmeier (2005): p. 6.
⑥ Schimmelfennig, Frank and Wagner, Wolfgang. 2004. "Preface: External Governance in the European Union". In: Journal of European Public Policy. 11 (4): 658.

败,从而探讨欧盟的东部和南部邻国政策中"民主条件性"有效性的决定性因素。

二 欧盟扩大和中东欧国家民主改革的经验

冷战结束以后,欧盟中东欧政策的核心特征是推动和支持中东欧国家国内民主改革。中东欧国家的"欧洲化"意味欧盟可以将自身的宪政规则转移至中东欧国家。[①] 欧盟认为,上述宪政规则,诸如自由、民主、法治、人权保护等,是国际政治共同体的规定性特征。1993 年欧洲理事会规定,愿意加入欧盟的国家必须符合由上述规则所确定的标准(哥本哈根标准)。"政治条件性"战略在促进潜在入盟国家国内民主改革过程中具有重要作用。"政治条件性"旨在促进候选国家产生政治变革,也就是民主改革以及民主巩固,通过入盟的条件性使得候选国逐渐实施欧盟的规则。欧盟的"政治条件性"建立在"回馈计划"(Reward-Scheme)的基础之上:如果候选国实行了欧盟所设置的规则,最终将获得成员国资格的回报。[②]

施米尔菲尼施(Schimmelfennig)及其合作者们已经证明,欧盟政治条件性的成功与否取决于欧盟给予回报的大小、国内改革成本的大小以及欧盟回报的公信力。因此,中东欧国家民主改革,只有在满足三方面条件的情况下,才最有可能取得成功。与成员国资格相联系的高物质利益,使得那些违反自由人权以及基本民主规则的转型国家采取欧盟的规则标准[③]。缺乏自由民主的政治制度,只有在进行国内民主改革所获得的回报具有足够吸引力,能够弥补国内权力损失成本,即欧盟成员国资格能够带来重大利益,如融入欧洲大市场、享受欧盟的农业和地区补助政策等[④],才可能

[①] Schimmelfennig, Frank et al. 2005. "The Impact of EU Political Conditionality". In: Schimmelfennig and Sedelmeier (2005): 49.

[②] 参见 Schimmelfennig, Frank et al. 2005. "The Impact of EU Political Conditionality". In: Schimmelfennig and Sedelmeier (2005).

[③] Schimmelfennig, Frank. 2005b. "European Neighborhood Policy: Political Conditionality and Its Impact on Democracy in Non-Candidate Neighboring Countries". Paper prepared for the EUSA Ninth Biennial International Conference, Austin, March 31-April 2. p. 3.

[④] Schimmelfennig, Frank, 2005b. "European Neighborhood Policy: Political Conditionality and its Impact on Democracy in Non-Candidate Neighboring Countries". Paper prepared for the EUSA Ninth Biennial International Conference, Austin, March 31-April 2. p. 4.

接受国内权力和自主性的损失。而且，为了使目标国家能够成功地开始民主改革的道路，成员国资格的回报必须具有公信力。土耳其的例子很能说明问题。虽然，目前土耳其的入盟谈判仍然很不确定，但是1999年确定土耳其候选国地位的欧盟决议对土耳其国内发生了深远影响：土耳其政府对于国内民主和人权改革表现出前所未有的热情。[1] 总之，可信的成员国前景以及国内满足国际条件的低成本，分别是促进中东欧国家民主的必要前提；上述两个方面同时存在是促进中东欧国家民主的充分前提。相反，如果欧盟不能提供成员国资格作为回报，或者目标国家国内适应成本过高，则目标国家不会遵守欧盟规则。[2]

目标国家进行调整的成本与目标国家国内政党结构密切关联。当目标国家的执政党具有改革思维并且支持欧洲一体化，政治条件性将可能有效。在自由派政党执政的情况下，早点得到回报，如物质援助，会加强亲改革力量在国内的受欢迎程度。提高目标国家与欧洲一体化的利益攸关性，可以使目标国家产生实行欧盟规则的路径依赖，进一步促进其与欧盟的友好关系。相反，如果中东欧国家的执政党是反自由党派，他们依赖专制维持他们在国内的权力，则政治条件性很难发挥影响力。[3]

对于中东欧洲国家——如捷克、匈牙利、波兰以及斯洛文尼亚——民主先驱者们来说，欧盟的政治条件性并不是其继续民主道路的必要条件。"即使没有民主条件性，这些国家也会继续民主改革的道路"[4]。在反自由派政党执政的国家，国内民主改革和民主强化的缺失预示着欧盟政治条件性的失效。政治条件性的失效发生在那些专制政权得到强化的国家（如白俄罗斯）。政治条件性失效的情形还会发生在那些入盟前景渺茫或

---

[1] Schimmelfennig, Frank, 2005b. "European Neighborhood Policy: Political Conditionality and its Impact on Democracy in Non-Candidate Neighboring Countries". Paper prepared for the EUSA Ninth Biennial International Conference, Austin, March 31-April 2. p. 5.

[2] Schimmelfennig, Frank. 2005b. "European Neighborhood Policy: Political Conditionality and its Impact on Democracy in Non-Candidate Neighboring Countries". Paper prepared for the EUSA Ninth Biennial International Conference, Austin, March 31-April 2. p. 7.

[3] Schimmelfennig, Frank. 2005b. "European Neighborhood Policy: Political Conditionality and its Impact on Democracy in Non-Candidate Neighboring Countries". Paper prepared for the EUSA Ninth Biennial International Conference, Austin, March 31-April 2. pp. 9 – 10.

[4] Schimmelfennig, Frank. 2005b. "European Regional Organizations, Political Conditionality, and Democratic Transformation in Eastern Europe". Paper prepared for Club of Madrid, IV General Assembly, Prague, November 10 - 12. p. 214.

是根本没有入盟前景的国家中。① 因此，在那些具有改革思维的政党或联合政党赢得国内选举，但民主政体尚不稳定的国家中，欧盟政治条件性最能够发挥影响力。它们能够开始国内民主改革和民主强化的道路，并使后来如发生逆转其成本将越来越昂贵。

我们可以得出如下结论：有入盟前景的国家，如果该国的自由党能够在某一时刻恰好能够及时当政，欧盟的政治条件性是很好的有效推动民主的机会。② 鉴于欧盟对于国内民主改革的影响力与入盟前景的密切关联，那么在没有入盟前景的情况下，欧盟所发起的民主推动如何能够实现？ENP 是一个能够说明上述问题的有趣案例，因为其在实施政治条件性时，并没有赋予目标国最终的入盟前景。

三 如何在更广泛的欧洲范围内促进民主

（一）欧洲睦邻政策

最近一轮的欧盟东扩，使得欧盟与几个新的国家拥有共同边界，考虑到一些周边国家政治形势以及担忧动乱（instability）的可能外溢，欧盟大大提高了对周边环境稳定的关注度。2004 年欧盟出台的欧洲睦邻政策，目标是管理扩大的欧盟与其新睦邻之间的关系。③

欧盟对外新政策的发展可以追溯到 2002 年。当时，欧盟负责外交事务的高级代表索拉纳与欧盟对外关系委员会委员彭定康共同致信欧盟理事会，建议发起"大欧洲"计划，从而避免在欧洲产生新的分界线（扩大的欧盟与其邻国之间），并在欧盟内外促进稳定和繁荣。2002 年，在哥本哈根峰会上，欧洲理事会对这一动议持欢迎态度。欧盟的 ENP 所针对的目标国家，最初主要是东北欧国家的摩尔多瓦、白俄罗斯、俄罗斯以及乌克

---

① Schimmelfennig, Frank and Sedelmeier, Ulrich. 2005b. "Conclusions: The Impact of the EU on the Accession Countries". In: Schimmelfennig and Sedelmeier (2005): p. 214.
② Schimmelfennig, Frank. 2005a. "European Neighborhood Policy: Political Conditionality and its Impact on Democracy in Non-Candidate Neighboring Countries". Paper prepared for the EUSA Ninth Biennial International Conference, Austin, March 31-April 2. p. 11.
③ Commission of the European Communities. 2004. "Communication from the Commission". *European Neighbourhood Policy Strategy Paper*. COM (2004), 373 Final.

兰,目前南部地中海国家,埃及、约旦、以色列、黎巴嫩、利比亚、摩洛哥、巴勒斯坦以及叙利亚和突尼斯等也都被包括在内。在欧盟2003年3月的"大欧洲"计划建议中,欧盟委员会的目标是:立足长远,为欧洲睦邻政策建立基金,旨在促进民主、发展经济和深化贸易。2004年,ENP的目标国家进一步扩大,涵盖了亚美尼亚、阿塞拜疆和格鲁吉亚。尽管最初的计划包括俄罗斯,但俄罗斯坚持与欧盟发展双边关系,拒绝了ENP。

2004年5月,欧盟委员会ENP战略报告具体规定了欧盟新的对外政策内容。为了提高欧盟对周边国家稳定发展日益增加的兴趣,ENP为欧盟与邻国的特殊关系提供了一个框架。ENP所宣称的目标是:"建立一个繁荣和睦邻友好的周边地带——'朋友带'——欧盟与其共享密切、和平与合作的关系。"[1] 彼此之间的合作建立在合作与伙伴关系协定,或联系协定基础上,但目标国家并不拥有入盟前景。用罗马诺·普罗迪先生的话说就是:"ENP的伙伴国,能够潜在地与欧盟共享制度以外的一切。"[2]

在ENP所宣称的上述主要的目标之外,欧盟更具体的目标是什么?欧盟将运用何种政策工具推动上述目标的实现?ENP强调通过"联合所有"(joint ownership)实现彼此之间的合作。"联合所有"的概念强调的是:"平等主体之间的合作伙伴关系,而不是通过强力强制"[3]。欧盟与ENP的伙伴国共同制订具体行动计划中的改革重点。对每一伙伴国采取的行动计划均具有指向性,针对那些旨在增加与欧盟接近的具体政策领域和结构改革。尽管欧盟所有的行动计划实施一系列共同原则,但同时也会考虑伙伴国与欧盟关系的特定背景及其整体形势。2004年欧盟委员会ENP战略报告,为每一行动计划设置了以下七项目标:

(1) 致力于共同的价值观;
(2) 更加有效的战略对话;
(3) 内政和司法事务;

---

[1] Commission of the European Communities. 2004. "Communication from the Commission". *European Neighbourhood Policy Strategy Paper*. COM (2004), 373 Final.
[2] Prodi, Romano. 2002. "A Wider Europe—A Proximity Policy as the Key to Stability". Speech at the Sixth ECSA-World Conference in Brussels.
[3] 参见 Smith, Michael E. and Szymanski, Marcela. 2005. "Coherence and Conditionality in European Foreign Policy: Negotiating the EU-Mexico Global Agreement". In: *Journal of Common Market Studies*. 43 (1): 171-192.

(4) 人员—人员计划 (people-people) 和机构;

(5) 经济和社会发展政策;

(6) 贸易和国内市场;

(7) 联系欧盟邻国（在不同政策领域内的合作，如能源、交通、环境、研究和发展领域）。

欧盟委员会的战略报告明确宣称，欧盟建立在尊重人的尊严、自由、民主、平等、法治以及人权的基础之上。[1] 欧盟委员会进一步规定，欧盟的目标是"促进和平、推动欧盟价值观和促进人类的福祉。在发展欧盟与更广阔的外部世界的关系上，委员会报告指出，欧盟的目标是坚持和促进上述价值观"[2]。更为具体地说来，ENP通过实施针对每一具体国家的行动计划，不仅仅是致力于推动对上述价值观的认同，而且能够促进目标国家更好地实行上述价值观。"行动计划将包括旨在强化上述价值观的重点，如加强民主和法治，进行司法改革与打击腐败和有组织犯罪；尊重人权和根本的自由，包括新闻和言论自由；保障少数民族、儿童的权利，保障男女平等，保障工会权益；保证关键的劳工标准；反对和预防虐待；支持和发展市民社会的发展；与国际刑事法庭的合作。"[3]

对于那些希望通过实施改革推动民主、人权和法治的目标国家，ENP在促进其推动和实现民主方面取得了怎样的成功？欧盟如何去推动这些类型的改革？朱迪丝·凯利 (Judith Kelley) 认为欧洲睦邻和政治设计主要受到了欧盟扩大进程的经验启示。与欧盟扩大政治一样，ENP结合了社会化战略与条件性战略的"领域—扩张" (domain expanding) 政策[4]。在下面的部分，本章将分析欧洲睦邻政策条件性以及社会化的有效性。

（二）条件性以及适应成本

政治条件性在何种条件下对于ENP发挥作用？受到理性选择理论的启

---

[1] 参见 Commission of the European Communities. 2004. "Communication from the Commission". *European Neighbourhood Policy Strategy Paper*. COM (2004), 373 Final。

[2] 参见 Commission of the European Communities. 2004. "Communication from the Commission". *European Neighbourhood Policy Strategy Paper*. COM (2004), 373 Final. p. 12。

[3] 参见 Commission of the European Communities. 2004. "Communication from the Commission". *European Neighbourhood Policy Strategy Paper*. COM (2004), 373 Final. p. 13。

[4] Kelley, Judith. 2006. "New Wine in Old Wineskins: Promoting Political Reform through the New European Neighbourhood Policy". In: *Journal of Common Market Studies*. 44 (1): p. 30.

示,施米尔菲尼施和赛德迈尔(Sedelmeier)依据"结果逻辑"分析的行为体中心外部刺激模式(actor-centered external incentives model)认为,欧盟运用于中东欧国家的政治条件性直接对目标国的政府发挥影响力。目标国政府在欧盟所承诺的回报与国内所须调整成本之间进行权衡,并计算违规成本①。在扩大的背景下,欧盟所提供的回报,从技术和财政援助到赋予目标国家完全的成员国资格。而在ENP政策框架下,欧盟与各目标国之间所确立的行动计划,排除了目标国成为欧盟成员国的可能,提出了"有区别的回报计划",主要包括:参与欧盟内部市场、扩大和深化政治合作范围、财政支持、支持与欧盟相似的立法以及深化贸易和经济关系。

外部刺激模式对影响成员国在实施欧盟规则时进行利益—成本核算的四个系列因素进行了区分:欧盟所设定条件的确定性、回报的大小、威胁和承诺的公信力,以及适应成本的大小。② 本部分将在ENP背景下依据政治条件性分析上述四要素。

1. 欧盟条件的确定性

欧盟条件的确定性指的是,欧盟所规定规则和条件的形式和明晰度。具有确定性的规则指的是,规则所规定的行为意义以及规则的约束力有清楚的而不是含糊的界定。因此,欧盟设置的规则和条件的确定性将增加候选国家实施规则的可能性。③

但是在ENP中,"条件性"并没有满足上述标准。"欧盟在对于何种改革将获得多大的额外援助问题上,仍然相当地模糊和不确定。"早期行动计划中所论及的肯定的、客观的标准已经逐渐被更多"灵活性"的语言取代。④ 针对每个国家的行动计划,其目标和标准设置的"具体化"明显被夸大了。行动计划中只包括南部地中海国家进行政治改革的主要障碍:

---

① Schimmelfennig, Frank and Sedelmeier, Ulrich. 2005a. "Introduction: Conceptualizing the Europeanization of Central and Eastern Europe". In: Schimmelfennig and Sedelmeier (2005), p. 11.
② 参见 Schimmelfennig, Frank and Sedelmeier, Ulrich. 2005a. "Introduction: Conceptualizing the Europeanization of Central and Eastern Europe". In: Schimmelfennig and Sedelmeier (2005)。
③ Schimmelfennig, Frank and Sedelmeier, Ulrich. 2005a. "Introduction: Conceptualizing the Europeanization of Central and Eastern Europe". In: Schimmelfennig and Sedelmeier (2005). p. 12.
④ Youngs, Richard. 2005. "Ten years of the Barcelona Process: A Model for Supporting Arab Reform?" *FRIDE Working Paper* No. 2. p. 5.

"行动计划中陈述的目标有 200 项,但却没有主次之分。"[①]

2. 回报的大小

回报越高,目标国家实施欧盟规则的可能性越大。施米尔菲尼施和赛德迈尔认为:"扩大的承诺与联系或援助的承诺相比更有力,欧盟对候选国家的影响力应该比对没有入盟前景国家的影响力强。"[②] ENP 所提供的回报是否足以平衡国内对实施欧盟规则的阻力?委员会 2003 年"大欧洲"沟通文件(communication)指出:作为支持共享价值以及有效实施经济、政治和制度改革取得具体进步的回报,欧盟的邻国应该从更密切的一体化前景中获益。为了实现上述目标,俄罗斯及其西部独联体国家和南部地中海国家,未来在欧洲内部市场中应该拥有一定的份额,进一步的一体化和自由化应该促进人员、商品、服务和资本的自由流动。[③] ENP 所提供的"胡萝卜"与中东欧国家能够获得入盟资格的最终回报相比,要小得多。然而,具体到南部地中海国家,扬斯(Youngs)认为,回报的规模很难刺激阿拉伯政府同意进行深远的改革,与行动计划所要求的质的飞跃相比,地中海国家的热情度很低。[④] 如突尼斯这样最急切融入欧洲经济一体化的国家,也没有迹象表明其愿意用改善国内人权来换取融入一体化的目标。导致 ENP 与欧盟扩大政策之间吸引力大小出现如此大差距的原因,可以总结如下:"作为对政治自由化的报偿,'与欧盟共享制度以外的一切',即东南欧国家的政府可能对欧盟的政策拥有表决权,也就是拥有真实的影响力,被认为是促动东南欧国家内部进行改革最有力的杠杆。"[⑤]

3. 条件性的公信力

与公信力相关的因素是,"欧盟在目标国不遵守规则的情况下,减少

[①] Youngs, Richard, 2005. "Ten Years of the Barcelona Process: A Model for Supporting Arab Reform?" *FRIDE Working Paper* No. 2. p. 6.

[②] Schimmelfennig, Frank and Sedelmeier, Ulrich, 2005. "Ten Years of the Barcelona Process: A Model for Supporting Arab Reform?" *FRIDE Working Paper* No. 2. p. 13.

[③] 参见 Commission of the European Communities. 2003. "Communication from the Commission to the Council and the European Parliament". *Wider Europe-Neighbourhood: A New Framework for Relations with our Eastern and Southern Neighbours.* COM (2003), 104 Final。

[④] Youngs, Richard, 2005. "Ten Years of the Barcelona Process: A Model for Supporting Arab Reform?" *FRIDE Working Paper* No. 2. p. 5.

[⑤] Youngs, Richard. 2005. "Ten Years of the Barcelona Process: A Model for Supporting Arab Reform?" *FRIDE Working Paper* No. 2. p. 6.

回报以及在目标国遵守规则的情况下，欧盟承诺给予回报的公信力"①。目标国家实施规则的前提是，这些国家确信在满足相关条件之后，欧盟能够给予相应的回报。如果欧盟不能一致地、连贯地实行其回报政策，其条件性的公信力会受到损害。"如果目标国家认为欧盟将条件性附属于其他的政治、战略或经济的考虑时，目标国家可能会期望在不满足条件的情况下获得回报，或者是认为无论在什么情况下都不会得到回报。"②

从上述角度来看，ENP的条件性明显缺乏可信度。凯利认为欧盟在与第三国的关系中，民主条件性从来没有得到一致的遵守：协约的伙伴国表现得不民主或有违反人权的行为时，欧盟并没有进行相应的制裁，欧盟只有在便利的时候才会推动民主和人权议程。结果是，"ENP的目标国家对欧盟战略报告和行动计划的公信力大打折扣"③。

在实施开始于1995年的欧盟—地中海伙伴计划过程中，人权和民主条件性不一致的运用，是导致欧盟公信力问题的另一来源。欧盟—地中海伙伴计划实行过程中，很多地中海国家从欧盟获得了大量的财政利益，但是国内的民主和人权记录仍然令人沮丧。由此导致，很多其他国家开始质疑欧盟是否真的致力于帮助和促进目标国国内政治改革的努力。④ 况且，欧盟成员国之间立场的不同也会损害ENP"回报"政策的公信力。例如，扬斯认为，欧盟一些成员国认为应该明确赋予地中海国家劳动力在欧盟内部市场中自由流动地位的可能性，而当前这种可能性正逐渐变得模糊。⑤ 凯利这样总结上述情形："大量的其他入盟标准、成员国之间不同的战略和经济利益、欧盟内部对每一候选国的政策差异，抵消了条件性的可信度。当欧盟在很大程度上不能给予改革者回报时，会导致他们对欧盟的愤恨。"⑥

---

① Schimmelfennig, Frank and Sedelmeier, Ulrich. 2005a. "Introduction: Conceptualizing the Europeanization of Central and Eastern Europe". In: Schimmelfennig and Sedelmeier (2005), p. 13.
② Schimmelfennig, Frank and Sedelmeier, Ulrich, 2005a. "Introduction: Conceptualizing the Europeanization of Central and Eastern Europe". In: Schimmelfennig and Sedelmeier (2005), p. 15.
③ Kelley, Judith. 2006. "New Wine in Old Wineskins: Promoting Political Reform through the New European Neighbourhood Policy". In: *Journal of Common Market Studies*. 44 (1): p. 45.
④ Kelley, Judith. 2006. "New Wine in Old Wineskins: Promoting Political Reform through the New European Neighbourhood Policy". In: *Journal of Common Market Studies*. 44 (1): p. 46.
⑤ Youngs, Richard., 2005. "Ten Years of the Barcelona Process: A Model for Supporting Arab Reform?" *FRIDE Working Paper* No. 2. p. 6.
⑥ Kelley, Judith, 2006. "New Wine in Old Wineskins: Promoting Political Reform through the New European Neighbourhood Policy". In: *Journal of Common Market Studies*. 44 (1): p. 35.

4. 实施成本和拥有否决权的行为体

目标国家实施欧盟规则需要付出高额成本。实施成本由以下方面构成：例如，欧盟规则通常是由政府采纳和实施，因此这可能会对一些私人或公共行为体产生福利或权力成本，此时，"条件性"的有效性取决于政府以及其他拥有否决权的行为体之偏好[1]；实施政治条件性中核心的部分如民主、人权规则等，会威胁到 ENP 目标国家政府的自主权，因为它们中的很大部分仍然是专制的国家。实施民主自由规则则可能改变政治行为体之间的权力结构，权力结构的改变会威胁到现任政府以及其他既得权力机构的利益。因此，事实上，只要遵守欧盟规则可能导致改变现有政权，或对现有政府权力构成威胁，目标政府将不能成功地遵守规则。[2] 在欧盟扩大的背景下，即使中东欧国家拥有欧盟前景作为回报，政治条件性发挥效用也发生在国内的自由民主党派通过选举获得临时性执政权之后，如罗马尼亚和斯洛伐克的情形[3]。制度民主化改革以及开始走向欧盟的道路，提升了巩固民主制度的利益权衡，增加了今后任何逆转的成本[4]。但是，ENP 的目标国家实施政治条件性的条件还不成熟。凯利认为，ENP 的目标国家实施民主化的起点还很低，也缺乏实施民主化的重要条件，这些条件包括消除绝对贫困和国民收入匮乏；实现收入和权力均衡；文化和教育有一定发展；拥有国内冲突的解决方案以及充满活力的市民社会以及繁荣的市场经济。[5] 凯利的上述观点与施米尔菲尼施的观点相呼应。在过去的十年中，由于转型所导致的混乱和权力滥用，很多

---

[1] Schimmelfennig, Frank and Sedelmeier, Ulrich. 2005a. "Introduction: Conceptualizing the Europeanization of Central and Eastern Europe". In: Schimmelfennig and Sedelmeier (2005): p. 16.

[2] Schimmelfennig, Frank. 2005b. "European Regional Organizations, Political Conditionality, and Democratic Transformation in Eastern Europe". Paper prepared for Club of Madrid, IV General Assembly, Prague, November 10 – 12. p. 10.

[3] Schimmelfennig, Frank. 2005b. "European Regional Organizations, Political Conditionality, and Democratic Transformation in Eastern Europe". Paper prepared for Club of Madrid, IV General Assembly, Prague, November 10 – 12. p. 11.

[4] Schimmelfennig, Frank, 2005b. "European Regional Organizations, Political Conditionality, and Democratic Transformation in Eastern Europe". Paper prepared for Club of Madrid, IV General Assembly, Prague, November 10 – 12. p. 11.

[5] 参见 Kelley, Judith. 2006. "New Wine in Old Wineskins: Promoting Political Reform through the New European Neighbourhood Policy." In: *Journal of Common Market Studies*. 44 (1): pp. 43 – 44.

ENP 的目标国家的民主和人权状况甚至出现了恶化。

（三）条件性和社会化的可能性

"结果逻辑"认为,政治行为体的决策建立在对具体行动过程中成本和利益核算的基础上。建构主义的假设是,生活在高度制度化环境下的行为体,他们的行为由具体形势和具体背景下的规则、规范以及认同等建构。社会行为体的行为遵从的是"合宜逻辑"而不是"结果逻辑"。在现实环境下,"合宜逻辑"假定,如果目标国家政府认为实施自由民主规则是合宜的,就会实施。施米尔菲尼施和赛德迈尔指出了一系列影响欧盟规则作为"影响性力量",激发目标国家社会化以及学习效果的因素[①]。下面将依次分析这些因素。

1. 规则和进程的合法性

如果欧盟能够说服目标国家,相信欧盟规则"恰当",则彼此之间应该对"善的行为"标准拥有共识[②]。共识的形成需要规则的产生和交流过程具有合法性,同时规则本身也应该具有连贯性和一致性。规则产生过程的合法性很大程度上取决于 ENP 目标国家的参与机会。如果规则由欧盟单方面制订,则目标国家会认为是对其主权的侵犯,因此不具备合法性。由于 ENP 谈判主要建立在共享价值和平等参与的基础上,通过政府间形式共同制订行动计划,因此目标国拥有很高程度的参与机会。尽管有学者仍然质疑目标国是否对政策重点的确定具有重要的影响力[③],但双方强调对话和伙伴关系的规则产生和交流过程,赋予了欧洲睦邻政策的合法性[④]。

规则的连贯性以及其一致性运用已经表现出更多的问题。扬斯认为,

[①] Schimmelfennig, Frank and Sedelmeier, Ulrich. 2005a. "Introduction: Conceptualizing the Europeanization of Central and Eastern Europe". In: Schimmelfennig and Sedelmeier (2005): p. 18.

[②] Johnston, Alastair I. 2001. "Treating International Institutions as Social Environments". In: *International Studies Quarterly*. 45 (4): p. 501.

[③] 参见 Cremona, Marise. 2004. "The European Neighbourhood Policy: Legal and Institutional Issues". *CDDRL Working Paper* No. 26; Youngs, Richard. 2005. "Ten Years of the Barcelona Process: A Model for Supporting Arab Reform?" *FRIDE Working Paper* No. 2.

[④] 参见 Kelley, Judith. 2006. "New Wine in Old Wineskins: Promoting Political Reform through the New European Neighbourhood Policy". In: *Journal of Common Market Studies*. 44 (1): 29 – 55.

欧盟的"人权政策重点"经常只是反应型的,有关人权的政策动议,通常被用来应对恶的政府在国家形成过程中的具体影响[①]。尽管 ENP 行动计划建立在共同的价值观基础之上,但是每一个行动计划中的诸多目标,都为不同的解释和不连贯的执行留有空间。正如本章前面对条件性和公信力所做的说明,对规则的不一致运用减少了欧盟规则的合法性。

2. 目标国家对欧盟的认同

根据约翰斯顿(Johnston)的理论,"社会影响力有赖于被影响的行为体首先对相关的偏好群体具有认同"[②]。只有目标国家对欧盟具有认同,欧盟以及其条件性才能对目标国家发挥劝服作用。在欧盟扩大与入盟的进程中,充满渴望的新成员国认同了自由、民主、人权和法治的价值体系,因此能够共享欧盟的宪政规则。而上述情况对于 ENP 的目标国家则不一定适用,共同的认同感是一个很高的要求条件,尤其是考虑到欧盟成员国与 ENP 目标国家在民主和人权记录上的巨大差异。"与欧盟成员国不同,大部分 ENP 国家都有广泛的践踏人权现象,没有民主,也很贫穷。"[③] 由于国内的政治精英对欧盟的宪政规则缺乏认同,旨在发挥社会影响的政策实践,如使违规者感到羞辱或孤立违规者的政策,基本没有影响力。如果只有部分相关行为体被劝服,那么这些行为体虽然会努力采纳和实施欧盟规则,但是会在那些尚未被劝服的行为体的反对下失败。因此欧盟的劝服努力,应该针对所有的相关行为体。在东扩过程中,欧盟官员去候选国家进行谈判的同时,激发他们国内对诸如民主问题、少数民族政治问题以及人权问题的辩论。改变社会规则的信念,表明了对市民社会的形式以及与非政府组织合作的重视[④]。欧盟的 ENP 建立在这样的战略基础之上,即寻求与目标国国内具有改革思维的行为体的联盟。它强调在各不同层面,与国内的政治行为体之间的接触,以及与非政府组织之间的合作。在社会和文化层面,ENP 的行动计划支持人员与人员之间以及双方学生之间的交流项

---

① Youngs, Richard. 2004. "Normative Dynamics and Strategic Interests in the EU's External Identity". In: *Journal of Common Market Studies*. 42 (2): p. 426.

② Johnston, Alastair I. 2001. "Treating International Institutions as Social Environments". In: *International Studies Quarterly*. 45 (4): p. 499.

③ Kelley, Judith, 2006. "New Wine in Old Wineskins: Promoting Political Reform through the New European Neighbourhood Policy". In: *Journal of Common Market Studies*. 44 (1): p. 42.

④ Kelley, Judith. 2006. "New Wine in Old Wineskins: Promoting Political Reform through the New European Neighbourhood Policy". In: *Journal of Common Market Studies*. 44 (1): p. 39.

目以及机构。

本部分的讨论证明了欧盟扩大进程中"政治条件性"完全被"结果逻辑"驱动,而并非"合宜逻辑"。目标国家对规则的遵守和实行完全建立在政治精英们对成本和利益的核算上,而不是规范劝服(normative persuasion)和社会化的结果。本章认为,在很多 ENP 国家中,尤其是那些人权和民主记录糟糕透顶的国家中,政治精英既不认同欧盟的宪政价值观,也不认为包含民主条件性条款的欧盟规则具有合法性。不过,西曼斯基(Szymanski)和史密斯(Smith)认为,即使在欧盟近邻地区之外,那些不可能成为欧盟成员国的国家,民主社会化也能够最终发挥作用。[1] 为了说明上述观点,他们分析了欧盟与墨西哥 2000 年签署的"全球协定"(Global Agreement),该协定是墨西哥接受的第一个明确规定了尊重民主原则和尊重人权之间的条件关系的协定。[2] 如何解释这种现象?用施米尔菲尼施和赛德迈尔的社会学习模式可以这样解释:墨西哥政府认为欧盟是一个"有效的理想团体"(aspiration group),认同它的集体身份、价值观和规则[3]。西曼斯基和史密斯进一步认为,墨西哥政府认同充满活力的市民社会以及对民主和人权的尊重是"第一世界"民主的标志[4],民主是"理想团体"的重要构成要素。而且,欧盟规则的让渡进程推动了对欧盟规则的运用。与美国经常使用的"强权"战略相对比,欧盟的政治条件性战略和欧盟的规则拥有更高的合法性。另外,墨西哥被自由之家(Freedom House)认为是自由国家,能够保证基本的民事权利和政治自由,这样,上述现象也就不难解释了。"规范劝服"只有在参与方都认同共同的合法性标准、共享价值观和规则时才会有效。如果对合法性标准没有共同的认识,

---

[1] 参见 Smith, Michael E. and Szymanski, Marcela. 2005. "Coherence and Conditionality in European Foreign Policy: Negotiating the EU-Mexico Global Agreement". In: *Journal of Common Market Studies*. 43 (1): pp. 171 – 192。

[2] Smith, Michael E. and Szymanski, Marcela, 2005. "Coherence and Conditionality in European Foreign Policy: Negotiating the EU-Mexico Global Agreement". In: *Journal of Common Market Studies*. 43 (1): p. 172.

[3] Schimmelfennig, Frank and Sedelmeier, Ulrich. 2005a. "Introduction: Conceptualizing the Europeanization of Central and Eastern Europe". In: Schimmelfennig and Sedelmeier (2005): p. 19.

[4] Smith, Michael E. and Szymanski, Marcela. 2005. "Coherence and Conditionality in European Foreign Policy: Negotiating the EU-Mexico Global Agreement". In: *Journal of Common Market Studies*. 43 (1): p. 185.

规范劝服或针对违规者的"修辞陷阱"都不会起作用。与墨西哥不同，大部分 ENP 国家都适用于上述原则。

四 结语

本章认为，非欧盟成员国按照政治条件性的要求，在其国内推行制度化民主和人权规则的可能性，在很大程度上，取决于国内对实行欧盟规则的成本—利益核算。在欧盟东扩的背景下，"最终入盟"的回报促使了中东欧国家，尤其是那些民主形势不稳定的中东欧国家开始了民主改革的道路。对于那些未来并不可能入盟的国家——大部分的 ENP 国家都是如此，可能的回报就是普罗迪所描述的"与欧盟分享除机构以外的一切"。但是上述的回报被认为并不足以推动专制政权或半专制政权进行民主改革。更何况，欧盟的政治条件性缺乏公信力和确定性。与欧盟政治条件性（民主、人权和法治）相关的规则在沟通和转移进程中的合法性，也会促进目标国家对欧盟规则的实施。如果目标国家对欧盟拥有认同，社会影响也会增加政治条件性的有效性和减少国内预计的实施成本。

本章在肯定了欧盟政治条件性的有效性，在很大程度上取决于目标国家国内条件以及欧盟规则本身特性的同时，也表明了这样的观点：欧盟战略本身也会影响战略条件性的有效性。本章认为，由于欧盟经常并不能用一个声音说话，其民主促进的政策也缺乏连贯性和一致性，规制性、商业性以及安全关切等因素有时彼此增强，但有时候又相互牵制，因此，欧盟政治条件的有效性并不仅仅取决于目标国家的国内条件以及欧盟回报的大小，还取决于欧盟多层体系内的民主促进政治。

参考文献

Commission of the European Communities. 2003. "Communication from the Commission to the Council and the European Parliament". *Wider Europe-Neighbourhood: A New Framework for Relations with Our Eastern and Southern Neighbours.* COM (2003), 104 Final.

Commission of the European Communities. 2004. "Communication from the Commission".

European Neighbourhood Policy Strategy Paper. COM (2004), 373 Final.

Cremona, Marise. 2004. "The European Neighbourhood Policy: Legal and Institutional Issues". *CDDRL Working Paper* No. 26.

Johnston, Alastair I. 2001. "Treating International Institutions as Social Environments". In: *International Studies Quarterly*. 45 (4): 487 – 515.

Jünemann, Annette and Knodt, Michèle. Forthcoming. "The EU as an External Democracy Promoter: East and Central Europe (incl. former Soviet Union), the Mediterranean, Asia, Latin America, the Caribbean, Africa and Pacific (ACP) in Comparison".

Kelley, Judith. 2006. "New Wine in Old Wineskins: Promoting Political Reform through the New European Neighbourhood Policy". In: *Journal of Common Market Studies*. 44 (1): 29 –55.

Lavenex, Sandra and Schimmelfennig, Frank. 2006. "Relations with the Wider Europe". In: *Journal of Common Market Studies*. 44: 137 – 54.

Lenschow, Andrea. 2005. "Europeanization of Public Policy". In: Richardson (2006): 55 –71.

Prodi, Romano. 2002. "A Wider Europe—A Proximity Policy as the Key to Stability". Speech at the Sixth ECSA-World Conference in Brussels.

Richardson, Jeremy (ed.). 2006. *European Union: Power and Policy-making*. London: Routledge.

Schimmelfennig, Frank. 2005a. "European Neighborhood Policy: Political Conditionality and its Impact on Democracy in Non-Candidate Neighboring Countries". Paper prepared for the EUSA Ninth Biennial International Conference, Austin, March 31-April 2.

Schimmelfennig, Frank. 2005b. "European Regional Organizations, Political Conditionality, and Democratic Transformation in Eastern Europe". Paper prepared for Club of Madrid, IV General Assembly, Prague, November 10 – 12.

Schimmelfennig, Frank et al. 2005. "The Impact of EU Political Conditionality". In: Schimmelfennig and Sedelmeier (2005): 29 – 50.

Schimmelfennig, Frank et al. 2006. *International Socialization in Europe: European Organizations, Political Conditionality and Democratic Change*. Basingstoke: Macmillan.

Schimmelfennig, Frank and Rittberger, Berthold. 2005. "Theories of European Integration: Assumptions and Hypotheses". In: Richardson (2006): 73 – 95.

Schimmelfennig, Frank and Sedelmeier, Ulrich. 2004. "Governance by Conditionality: EU Rule Transfer to the Candidate Countries of Central and Eastern Europe". In: *Journal of European Public Policy*. 11 (4): 661 – 679.

Schimmelfennig, Frank and Sedelmeier, Ulrich (eds.). 2005. *The Europeanization of Central and Eastern Europe*. Ithaca and London: Cornell University Press.

Schimmelfennig, Frank and Sedelmeier, Ulrich. 2005a. "Introduction: Conceptualizing the Europeanization of Central and Eastern Europe". In: Schimmelfennig and Sedelmeier (2005): 1 -28.

Schimmelfennig, Frank and Sedelmeier, Ulrich. 2005b. "Conclusions: The Impact of the EU on the Accession Countries". In: Schimmelfennig and Sedelmeier (2005): 210 - 228.

Schimmelfennig, Frank and Wagner, Wolfgang. 2004. "Preface: External Governance in the European Union". In: *Journal of European Public Policy*. 11 (4): 657 - 660.

Smith, Karen E. 2005. "The Outsiders: the European Neighbourhood Policy". In: *International Affairs*. 81 (4): 757 - 773.

Smith, Michael E. and Szymanski, Marcela. 2005. "Coherence and Conditionality in European Foreign Policy: Negotiating the EU-Mexico Global Agreement". In: *Journal of Common Market Studies*. 43 (1): 171 - 192.

Youngs, Richard. 2002. "The European Union and Democracy in the Arab-Muslim World". *CEPS Working Paper No. 2.*

Youngs, Richard. 2004. "Normative Dynamics and Strategic Interests in the EU's External Identity". In: *Journal of Common Market Studies*. 42 (2): 415 - 435.

Youngs, Richard. 2005. "Ten Years of the Barcelona Process: A Model for Supporting Arab Reform?" *FRIDE Working Paper* No. 2.

IX 从亚欧会议进程看发展国际关系的"欧洲模式"*

一 导言

欧盟以"区域组织"的身份活跃在国际舞台上,是一个特殊的行为主体,它的角色和发挥作用的方式不仅受到内部制度结构的限制,而且在某种程度上把欧洲一体化经验"外化"到全球范围,套用欧洲人的话来说,就是让全球共同"分享欧洲的成功经验"。欧洲的成功经验有着丰富的内涵。从制度分析的角度来观察,欧洲的一体化进程以"制度化的一体化"为特色[1],欧洲层面的制度建设不仅塑造了一体化的走向,而且为一体化的深入和扩大提供了持续的动力。欧洲的多边制度框架确立和巩固了成员共同认可和必须遵守的行为规则和价值规范,结果是,成员对自己利益的看法发生了变化,为了实现本国利益而彼此冲突的竞争关系在多边框架下被寻求"共同利益"的种种努力所取代。除了为经济一体化和建立统一大市场提供了制度保障之外,欧洲的多边机制还改变了欧洲大陆上的国际关系格局,"均势外交"在今天的欧洲大陆上已经失去意义。国家发挥影响的方式和途径相应地改变,在欧共体/欧盟内部复杂的政策制定体系中,已经不能单纯依靠"实物"来计量一国的"实力"或发挥影响的能力,多边机制提出了另外需要考虑的因素[2],实力成为"硬力量"(hard power)

---

* 作者:张浚,博士,中国社会科学院欧洲研究所副研究员。
[1] Katzenstein, Peter J., "United Germany in an Integrating Europe", in: Katzenstein, Peter J. (ed.), *Tamed Power: Germany in Europe*, Cornell University Press, 1997, pp. 1–48.
[2] 比如,在"一致同意"的投票机制下,卢森堡这个弹丸小国就在某种程度上拥有可以与德、法这些大国相抗衡的能力。此外,国内政治和社会结构的差别,会导致各国参与欧盟政策制定过程的程度不同,并间接导致在欧盟层面发挥影响能力的国别差异。

与"软力量"(soft power)的综合。

欧洲的内部经验决定了欧盟及其成员国对外的行为方式,在参与国际事务的时候,欧盟及其主要成员国一如既往地坚持多边机制的作用,不仅努力在全球范围内巩固国际多边制度框架,而且致力于推动其他地区的多边机制的发展。一个以"制度化"和"多边制度建设"为主要内容的处理国际关系的"欧洲模式"日渐清晰起来。这种模式首先反映了欧洲人对双边外交,尤其是"均势外交"的扬弃,在经历了两次世界大战之后,欧洲人清醒地意识到以"势力均衡"为基础的和平与安全是多么不可靠。其次,目前还没有得到充分认识的是,欧洲人通过有意识地参与制度建设间接却又有效地在全球范围内发挥着影响,"制度"是欧盟这个"民事力量"(civilian power)发挥影响的重要渠道,也是其影响力的来源。本章旨在通过对欧盟参与亚欧会议案例的分析,说明欧盟及其成员国如何通过多边制度建设对其他国家和地区发挥影响。

本章将集中讨论亚欧会议的制度结构,并由此入手分析欧盟及其成员国在亚欧会议中发挥影响的方式。亚欧会议的历史不足十年,况且是一个发展欧盟和东亚两个地区间关系的区域间合作机制,它如何可以成为观察欧盟对外行为方式的一个窗口?原因有三:第一,由于东亚在世界范围内的经济和政治地位迅速上升,而且,由于历史原因,美国在这一地区有举足轻重的影响,发展和东亚之间的关系对欧盟来说具有极其重要的战略意义,是其全球战略的关键部分;第二,亚欧会议充分展示了欧盟及其成员国有意识地通过制度建设发挥影响的种种努力,在亚欧会议框架下,成员间的跨国政策讨论以新的方式组织起来,对东亚地区的区域多边机制建设和成员内部的政策制定过程都产生了比较明显的影响;第三,亚欧会议增强了欧盟及其成员国在东亚发挥影响的能力,除了外部国际局势的因素之外,亚欧会议所确立的合作方式也放大了欧洲和东亚两个地区之间原本存在的不对称关系,因而通过观察亚欧会议下的合作可以更好地理解制度本身如何能够成为一种"软力量",也可以更好地说明欧盟如何成为与美国相对的"民事力量"。

二 "制度化的一体化":欧洲一体化进程中的制度建设

政治制度可以引导政治活动的进程,因为它确立了政治主体需要遵守的行为规则和规范，蕴涵了他们认可的价值观念，并且会在比较长的时间段里影响到他们的政治观念、立场和取向。① 因而，一些学者把政治制度视为独立的社会进程。② 从长远来看，政治制度的运转不仅会带来一些参与者意想不到的结果，而且它还会限制和影响实现既定目标的方式。在欧洲一体化的历史中，制度建设就曾经扮演了重要的角色，并将继续发挥着影响。

首先，制度框架塑造了欧洲一体化的轮廓，并影响了一体化的历史进程。第二次世界大战之后，欧洲人痛切地认识到确保安全和共同发展的目标无法在民族国家的范围内实现，而旧有的以势力均衡为基础的欧洲国际关系格局也无法保证欧洲的持久和平。在这种情况下，欧洲人开始尝试通过建立区域性多边机制的办法，促进欧洲的联合。战后初期，欧洲掀起了建立国际组织的潮流，欧洲煤钢共同体就是从这些区域性组织中生长起来的，并为欧洲联盟奠定了最早的制度基础。

欧洲煤钢共同体与战后初期的其他欧洲区域合作机制的最大不同之处有二。其一，它改变了不触及国家主权的松散的合作方式，建立了一个拥有主权让渡性质的最高机构（high authority），并逐步发展起一套对成员国具有直接约束力的欧共体法律体系；其二，它采取了部门联合的形式，鼓励"针对具体问题"（issue-specific）的合作，因而可以避免政治上的障碍。回溯欧洲一体化的历史就能清楚地看到，欧洲煤钢共同体与英国积极支持的像欧洲自由贸易区（EFTA）这样松散的合作机制恰成对照，前者之所以能够开辟经欧洲原子能共同体、欧洲经济共同体直到欧洲联盟这一条发展脉络，并有效地推动了欧洲一体化的进程，它所创立的制度模式是一个重要的因素③。

---

① 相关分析见 March, James G. and Olsen, Johan P. , *Rediscovering Institutions: the Organizational Basis of Politics*, The Free Press, 1989 以及 Powell, Walter W. and DiMaggio, Paul J. , "Introduction", in: Powell, Walter W. and DiMaggio, Paul J. (ed.), *The New Institutionalism in Organizational Analysis*, The University of Chicago Press, 1991。

② 见〔德〕贝娅特·科勒—科赫等：《欧洲一体化与欧盟治理》，顾俊礼等译，北京，中国社会科学出版社，2004，第6章。

③ 详细的分析可以进一步参考：〔法〕法布里斯·拉哈：《欧洲一体化史（1945～2004）》，彭姝祎等译，北京，中国社会科学出版社，2005；Nugent, Neill, "The Historical Evolution", in: Nugent, Neill: *The Government and Politics of the European Union*, 5th ed. , Basingstoke: Palgrave Macmillan, 2003, pp. 3 – 45, 以及 Dehousse, Renaud &Majone, Giandomenico, "The Institutional Dynamics of European Integration: From the Single Act to Maastricht Treaty", in: Martin, S. (ed.), *The Construction of Europe*, Kluwer Academic Publishers, 1994, pp. 91 – 112。

其次，多边制度框架改变了成员国之间的"权力游戏"规则，主要是改变了权力的内容和使用方式。二战后"德国强权"的演化最能说明这一点。德国在欧洲一体化进程中占据着核心位置，这是不争的事实。建立欧洲煤钢共同体的初衷之一就是要把尚在恢复元气的德国装进"笼子"，消除欧洲安全的隐患。多边合作机制固然从制度上限制和约束了德国，使它没有可能再度发展成为第三帝国似的地区霸权，但是，故事的另一面是，德国利用多边制度框架间接地影响其他成员国。[①] 一方面，德国通过参与欧洲层面的制度建设间接发挥影响，在参与过程中，德国尝试着把自己的行为规则、规范和价值观念变成欧洲的规则、规范和价值观念，把德国利益变成"欧洲利益"，这是凭借着"制度输出"而不是凭借着"强权"来施加影响的一种方式；另一方面，欧洲机构放大了德国发挥影响的能力，"欧洲化"了的"德国"规则、规范和价值，得以在更大的范围内传播，"欧洲化"了的"德国"利益因此也能够更好地实现。这种变化的结果是，德国事实上在欧共体/欧盟之中占据了主导地位，但是"德国强权"的基础改变了，在政治、经济和军事实力，人口规模和地缘政治优势等"硬力量"之外，又添加了由参与多边制度建设而带来的各种"软力量"，而且它对其他成员国施加影响的方式变得更为隐蔽。

基于这样的经验，欧洲人坚定不移地在世界范围内推销多边制度框架，并在有条件的时候通过选择制度模式放大自己的影响力。其动机是双重的：一方面，与双边外交条件下的"势力均衡"相比，多边制度框架可以更加可靠地保障安全和实现共同繁荣；另一方面，有意识地参与全球范围内的多边制度建设，可以充分利用多边制度框架带来的"软力量"，输出欧洲的规则、规范和价值，间接却又有效地在全球范围施加影响。欧盟及其成员国积极参与亚欧会议进程，并力图通过亚欧会议进程补充现有的各种双边交流渠道，其内在逻辑即在于此。

[①] 对德国在欧洲一体化机制中发挥影响的各种方式的详细分析，见 Bulmer, Simon J., "Shaping the Rules? The Constitutive Politics of the European Union and German Power", in: Katzenstein, Peter J. (ed.), *Tamed Power: Germany in Europe*, Cornell University Press, 1997。

三 亚欧会议的制度框架：欧洲的烙印

欧盟及其成员国对亚欧会议机制赞不绝口，在 2001 年欧盟的亚洲政策文件中，亚欧会议被称为进行"区域间合作的出色样板"[①]。不仅如此，在目前亚欧会议面临机制改革的压力，而欧洲和亚洲成员之间又存在着意见分歧的情况下，欧盟极力维护当前的亚欧会议合作机制，尽管这个机制遭受到严厉的批评。欧洲人为什么要决意捍卫当前这个看上去缺乏效率的合作机制？解决这个问题必须从亚欧会议的制度结构入手。

（一）亚欧会议所确立的网络结构

亚欧会议是一个"非机制化"的合作机制，它不是建立在具有约束力的条约和其他国际法律文件的基础上，没有处理日常事务的常设机构，自身不拥有可以独立使用的资源，在亚欧会议框架下进行的主要活动就是召开会议。所以亚欧会议并不是一个一般意义上的区域组织，它之所以被称为制度，是因为它具备了政治制度最基本的要素：成员之间的定期交往渠道（routines）[②]，在亚欧会议中，这些日常交往渠道表现为不同领域中和不同层次上的定期会议。

迄今为止，亚欧会议确立了一个建立在分工基础上的网络式制度结构的雏形。虽然亚欧会议的宗旨是推动亚欧之间的"全面"伙伴关系，但交流却建立在分工基础之上。亚欧会议下设三根支柱，覆盖了主要的合作领域：经济合作、政治对话和学术、文化以及人民之间的交流，并根据每个支柱下政策对话与合作的不同情况安排相应的定期会议，比如负责经济合作的定期的经济部长会议和财长会议，负责政治对话的定期的外长会议，在学术、文化交流领域的不定期的文化部长会议等。合作领域分工的结果是建立了成员政府之间直接的部门联系（cross-cutting relations），政策对话由主要在成员国的中央政府之间展开，变为在职能部门之间进行。

如果把这些平行政策领域中平行的会议机制视为亚欧会议的经线，不

[①] European Commission, "Europe and Asia: A Strategic Framework for Enhanced Partnerships", COM (2001) 469, p. 25, 原文如此："The ASEM process has offered an excellent example of inter-regional cooperation…"

[②] 见 March & Olsen (1989)。

同级别的会议就是纬线，它们共同构成了亚欧会议下的政府间关系网络。根据亚欧会议的倡导人之一吴作栋的最初想法，亚欧会议应该服务于两个目标：其一，建立亚欧领导人之间的个人联系；其二，在两个地区之间发展更紧密的经济联系。① 这个想法辗转落实成具体制度，就成了不同级别的政府间会议，最出风头的会议是两年一次的亚欧首脑会议，为维持亚欧会议机制贡献最大的是亚欧会议高官会，担负了亚欧会议的整体协调的责任。此外，还有各种定期和不定期的部长级会议、分管具体问题的高官会、通过其他渠道进行的政府官员间的一般交流，等等。一般说来，从首脑会议到高官级别的会议之间存在着一种十分松散的"上下级"关系，比如，贸易投资高官会要向经济部长会议汇报工作成果，并负责筹备经济部长会议，经济部长会议又要向首脑会议汇报工作，提出本领域的新合作议案，由首脑会议批准，等等。

沿着经线和纬线的方向，出现了两种政策协调。一个是不同合作领域之间的协调，一方面成员国要协调本国内部的部门立场，使得国家内部各个部门的亚欧会议政策能够与国家的整体政策保持一致；另一方面，在亚欧会议层面存在着亚欧会议高官会和负责其他领域合作的会议或机构之间的协调，保证各领域的合作符合亚欧会议进程的总体方向。一个是在亚欧会议层面的不同级别的协调，主要是在成员之间就具体问题达成一致意见。这种网格状的结构鼓励的是政策过程中的分权趋向。显然各个职能部门占有更重要的地位。以中国的情况为例，在制定针对亚欧会议的政策时，传统的主管对外事务的对外关系部门，如外交部、商务部，乃至职能部门下设的国际司等，主要承担的是政策协调职能，基本的政策立场则出自负责各个领域具体事务的主管部门。② 政府间交流网络的情况见图9-1。

亚欧会议除建立了成员政府部门之间的交流网络，同时设立了非政府部门参与亚欧会议的机制和渠道，不仅促进了成员非政府部门之间的交流，而且在某些领域之中，鼓励非政府部门参与政府间的政策讨论。比如，在贸易促进行动计划下，投资专家组（主要由成员负责投资问题的政府官员组成）针对某些问题的讨论要以"亚欧工商论坛"（以非政府的私

---

① Yeo Lay Hwee, *Asia and Europe: The Development and Different Dimensions of ASEM*, Routledge, 2003, p. 64.
② 信息来源：对外交部和商务部主管亚欧会议事务官员的访谈记录。

欧盟治理模式

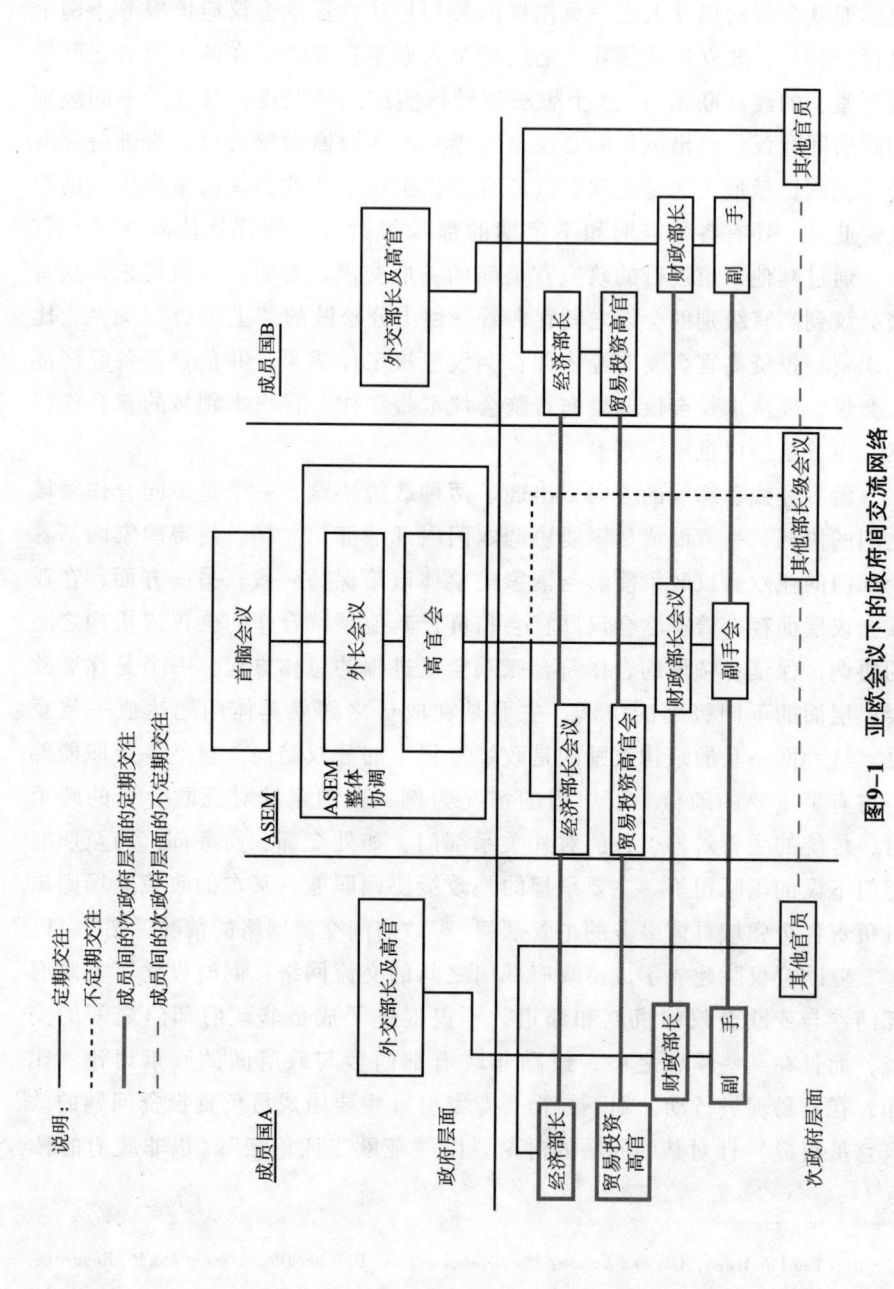

图9-1 亚欧会议下的政府间交流网络

人部门或工商协会等组织为主）提供的问题清单为准，这意味着非政府部门甚至分享了政策制定权力：设定讨论日程。

从制度结构的角度来看，这种网络式制度结构的特点主要有以下几个方面。首先，国与国之间的政策对话不再由中央政府，尤其是外交部主导，大量讨论是在次政府层面的职能部门间进行，非政府部门也参与到传统意义上的"外交"事务中，因而在亚欧会议进程中明显出现了多头参与、政策制定权力分散化的趋向。其次，政策讨论的基础发生了变化。由于大量的政策对话是在职能部门之间进行的，政府间讨论的人员构成相应地改变。亚欧会议下的大量会议是"技术官僚"会议，会议议题以具体合作领域的具体问题为主，表现出了技术倾向，政治性降低；讨论问题的方式也随之改变，受到鼓励的是"以知识为基础的政策讨论"[1]，跨国政策讨论的行业性质更加突出。再次，亚欧会议建立了一个开放的制度结构。其制度的开放性主要表现在两个方面：一方面亚欧会议不是以具有约束力的法律或条约为基础，成员的角色和行为方式不是以"白纸黑字"的方式确定下来的，而是依据共识和在互动过程中逐步确立起来的非正式的规则；另一方面，构成成员之间对话和合作所依据的规范基础的是全球多边法律框架，而不是基于仅适用于亚欧会议成员的"亚欧规范"。

（二）亚欧会议的制度设计和改革：欧洲方面的影响

在亚欧会议的最初制度设计和机制改革的过程中，欧洲成员显然是"有心人"，他们的目标比亚洲成员要清楚得多。

首先，从某种意义上讲，亚欧会议是欧共体/欧盟与东盟对话机制的"改进版"，政策对话的范围扩大了，组织方式也有所改进。1996年欧盟在针对欧盟—东盟对话的政策文件中，指出现存对话机制的两点不足[2]。一方面，欧盟—东盟对话中不存在合作领域的分工，在部长级会议中同时讨论经济和政治议题，很难深入交换观点；另一方面，在欧盟—东盟对话中，非政府部门的参与是不充分的，虽然有一些议会之间的交流，但并没有充分带

---

[1] Neyer, Juergen, "Discourse and Order in the EU: A Deliberative Approach to Multi-level Governance", in: *Journal of Common Market Studies*, Vol. 41, No. 4, Blackwell, 2003, pp. 687–706.

[2] European Commission, "Creating a New Dynamic in EU-ASEAN Relations", COM (96) 314 final, Luxembourg: Office for Official Publications of the European Communities.

动市民社会组织之间的直接交往和人民对人民的交流。无独有偶,在同一年成立的亚欧会议不仅确立了分领域对话的机制,而且把非政府部门的参与作为重要组成部分,设立了专门的机构和渠道推动这方面的交流。

其次,欧洲成员极力保持亚欧会议非正式论坛的性质。目前,亚欧成员之间就亚欧会议机制改革问题表现了极大的立场分歧。欧盟强调亚欧会议应是一个对话和交流的渠道[1],因而不仅不希望在亚欧会议框架下重复通过其他渠道进行的合作,而且希望保持非正式的工作程序,不想发展实质性的合作。亚洲成员的立场恰恰相反。除了协商之外,欧洲方面还采取了一些实际行动表明自己"不可动摇"的态度,比如为了捍卫亚欧会议非正式论坛的性质,欧方一再推迟原定于 2004 年举办的经济部长会议和财政部长会议。

欧洲方面采取这种政策立场的原因,是因为亚欧会议当前的合作机制与其参与全球治理的基本政策主张是一致的。根据欧盟的政策文件,它参与全球治理的主要目的并不是要在不同的层次、地域和政策领域中组建各式各样的组织,全球治理的目标在于创建共同遵守的游戏规则。为了实现这一目标,欧盟一方面希望扩大政策讨论的参与范围、推广共同接受的规范和标准来推动全球层面的规则趋同;另一方面,欧盟又极力推荐不具有强制约束力的合作形式,如使用软法律工具和进行政策讨论等,使得所有国家都可以根据自己的情况灵活地贯彻"共同准则"[2]。这就不难解释欧洲成员为什么要坚持亚欧会议保持非正式论坛的合作形式。

最后一点,亚欧会议的多重、多层会议机制与欧盟内部的多层治理在制度结构上也是相似的。它按照职能划分不同的管辖权限[3],而且同样鼓

---

[1] European Commission (2001b), p.25,文件中提及要继续利用亚欧会议这个非正式论坛来实现成功的亚欧伙伴关系。原文如此:"…we should draw fully on ASEM's potential as a forum for an informal exchange of views promoting increased understanding and enhanced cooperation, and to use this to build concrete achievements in the various priority areas identified in the Asia-Europe Cooperation Framework adopted at the Seoul Summit."

[2] European Commission, Report of the Working Group— "Strengthening Europe's Contribution to World Governance", in: *European Governance: Preparatory Work for the White Paper*, Brussels, 2002.

[3] Hooghe & Marks 将多层治理结构分为两类,一类以美国式的联邦制度为代表,管辖权限并不分工明确,但是限制在一定的层次上(General-purpose jurisdictions, nonintersecting membership, jurisdictions at a limited number of levels and systemwide architecture),另一类以欧盟为代表,管辖权限分工明确,但是在某一确定的领域内存在着不同级别的管辖机构(Task-specific jurisdictions, intersecting memberships, no limit to the number of jurisdictional levels and flexible design)。详细分析见 Hooghe and Marks (2003)。

励既包括各级政府部门，也包括非政府部门在内的广泛参与。相似的制度结构可以为欧盟及其成员国提供更多的发挥影响的渠道，使它获得了相对于亚洲成员的比较制度优势。

但是，亚欧会议机制在关键一点上与欧共体/欧盟又完全不同。欧共体/欧盟是建立在对成员国有法律约束力的条约和欧共体法的基础上的。在欧盟内部，条约和以条约为基础的欧共体法律体系的一个重要作用是给所有参与欧盟治理活动的成员规定了必须共同遵守的规范标准，这是进行建设性政策对话的一个必要条件。[1] 而亚欧会议是建立在"宣言"基础上的，并依靠"软法律工具"运转。之所以如此，首先是由于欧洲和东亚成员之间巨大的差异；其次，由于亚欧会议中的对话与合作遵循了现有多边法律框架所确立的基本原则，所以弥补了亚欧会议的"先天缺陷"，使成员间的对话与合作仍然有规可循。同时，这样的制度安排也反映了欧盟在亚欧会议中的另一层战略目标，即：加强亚欧成员之间的政策协调，使欧盟得以在制定全球性规则的场合发挥更大影响，用《亚欧合作框架2000》的话来说，亚欧会议的主要目标之一是"应该为其他论坛的进展提供动力和方便条件"[2]。

以上分析集中于亚欧会议制度结构的特点以及欧盟在亚欧会议制度建设中发挥的影响。更进一步的问题是，这样的制度结构反映了欧盟什么样的利益？它怎样有利于欧盟在东亚地区发挥影响？

四 "间接的制度影响力"：
其实施方式和结果

亚欧会议进程的发展比较充分地体现了欧洲成员所拥有的"间接的制度影响力"[3]，也就是把欧洲的规则、规范和价值观念推广到亚欧会议之

---

[1] Neyer, Juergen, "Discourse and Order in the EU: A Deliberative Approach to Multi-level Governance", in: *Journal of Common Market Studies*, Vol. 41, No. 4, 2003, pp. 687 – 706.

[2] 原文如此："…as an informal process, ASEM need not be institutionalized. It should stimulate and facilitate progress in other fora." 见 ASEM, The Asia-Europe Cooperation Framework (AECF) 2000。

[3] Bulmer, Simon J., "Shaping the Rules? The Constitutive Politics of the European Union and German Power", in: Katzenstein, Peter J. (ed.), *Tamed Power: Germany in Europe*, Cornell University Press, 1997.

中，从而影响亚洲成员的行为方式和行为规范，间接地实现自己的利益。在亚欧会议的实际运行之中，现有制度结构从哪些方面增强了欧盟及其成员国发挥影响的能力，又带来了什么样的结果？

（一）亚欧会议是怎样有助于欧洲成员发挥影响的？

首先，分领域的会议机制增强了成员间跨国政策协商的"技术含量"，突出了行业性质，所以减少了讨论的政治障碍，并在一些政策领域中扩大了欧洲成员所具有的知识优势，这种倾向在亚欧会议具体的合作项目中表现得非常明显。

在投资促进行动计划下针对投资政策法规的讨论是一个很好的例子。在讨论的初期阶段，欧方建议共同讨论投资壁垒问题，亚洲成员认为投资体制完全是一国内部的制度问题，所以反对欧方的建议，在这一领域的政策磋商转而针对"吸引外资的最佳措施"，并采用了"标准化"（benchmarking）的方法对各国进展进行评估。项目执行四年后，亚洲国家转变了最初的立场，把投资壁垒问题纳入针对投资政策法规的讨论。欧洲成员之所以能够主导这个领域的讨论，与欧洲在这方面丰富的经验和知识储备有关。针对投资壁垒问题的"标准化"实践，在欧盟内部已经有相当长时间的历史。从1980年代末、1990年代初开始，欧洲的企业家组织欧洲工业家圆桌会议（ERT, European Round Table of Industrialists）就开始对30个主要发展中国家的投资环境进行评估，发展起了一个复杂的评估指标体系，并对外界公布评估结果[1]。亚洲国家普遍没有这样的经验和知识储备，从中国的情况来看，2003年中国主管对外经济政策的政府部门商务部第一次撰写并公布了对中国18个主要的贸易伙伴贸易投资环境的国别报告，其中绝大部分篇幅还是分给了贸易壁垒，关于投资壁垒的描述寥寥数页而已[2]。这种差别是不容忽视的。

这里还要提请注意的是，欧洲和亚洲成员对亚欧会议战略作用的认识是不同的。欧盟及其成员国比较明确自己在亚欧会议中的战略利益和战略目标，相反，亚洲成员的认识相对模糊，一方面无法确定亚欧会议同其他亚欧之间现有渠道的关系及它的附加价值；另一方面，亚欧会议对推动自己

---

[1] European Commission (2002), p. 347.

[2] 中华人民共和国商务部：《国别贸易投资环境报告2003》，北京，人民出版社，2003。

对外战略的意义也不甚了了。所以,欧盟及其成员国的知识优势不仅体现在具体合作领域中,它也有助于欧洲成员主导亚欧会议的进程。

其次,亚欧会议中的多头参与扩大了欧洲成员发挥影响的渠道,除了把交流扩展到次政府层次,亚欧会议还建立了非政府部门之间进行直接交流的平台,这使得欧洲成员在社会组织方面的优势也成为其"影响力"的一个重要方面。

在任何政治制度中,开放的参与机会都不能等同于平等的参与机会。欧洲方面更有能力发掘非政府部门参与渠道的潜力。欧洲的市民社会组织素有传统,有强大的组织动员能力、丰厚的资源以及丰富的参与跨国政策讨论的经验。亚洲的市民社会组织相对较弱。中国尤其如此,动员参与亚欧会议框架下活动主要是通过政府渠道进行的,一些参与非政府部门合作的实际上也是政府部门,比如全国青联,在参与活动的过程中,他们本身就面临着定位问题,到底应该是算作政府部门,还是非政府组织?[①] 社会组织不发达还意味着行业、团体利益缺乏整合、表述和代表,因而在跨国交往中就没有能力充分对外施加影响。

最后,欧盟这个超国家组织的协调作用增强了欧洲成员的影响力。欧洲成员一直在亚欧会议中占据着数量优势,在 2004 年亚欧会议扩大之前,欧亚成员的比例是 16:10,2004 年之后变为 26:13。亚洲成员本就是少数,又缺乏有效的内部协调,因而难免在某些政策讨论中处于劣势。一位中国公安部的官员给出了一个例子,在其参与的一次亚欧会议活动中,由于欧方的代表多负责非法移民事务,会议讨论不得不以非法移民为重点,否则对话无法进行。

(二) 亚欧会议只是"清谈家的聚会"吗?

由于迄今为止亚欧会议一直是一个非正式的论坛,其框架下很少"实质性"的合作,所以被舆论批评为"清谈家的聚会"(a talk-shop),各参与方也普遍担心亚欧会议进程会因此而丧失动力。按照所谓的"硬性"指标来评估,亚欧会议确实不是一个高效的机构,因为它带来的看得见的好处很少。尽管如此,欧盟还是把它称作发展区域间合作的"出色样板",这有点让人费解。但是,如果把规则、政策立场和观念的趋同作为衡量的

---

① 信息来源:对全国青联国际部有关人员的访谈。

标准，欧盟对亚欧会议的热情就容易理解了。

亚欧会议最引人注目的成果是，巩固了东亚的多边区域合作机制。与美国在东亚地区积极开展以美国为中心的双边外交的做法相反，欧盟希望推动东亚地区的多边合作机制。基于这种考虑，欧盟把东盟看做是发展与亚太地区关系的枢纽[①]。在亚欧会议中，东盟和东北亚3国组成一个地区小组，与欧盟相对，这种安排给东亚区域内部的合作带来了动力。在亚欧会议成立后不久，先后出现了"东盟＋1"和"东盟＋3"等东亚国家之间的定期对话机制，巩固了东盟在地区多边合作机制中的地位。而且，欧亚之间长期的关于维持多边国际秩序的交流也带来了成员间政策立场的趋同，最近，中国政府就公开表示了对东盟的支持，认为发展东亚区域合作机制要以东盟为核心[②]。更为重要的是，因为东盟本身就是一个多边机制，所以以东盟为轴心的区域合作从制度上保证了东亚的区域性对话与合作的多边性质，这巩固了东亚区域秩序的"多边主义"倾向，同时更为重要的一个结果是限制了美国在这一地区的"单边外交"。

此外，亚欧会议在一些敏感领域的对话也带来了积极的效果。比如说亚欧之间关于人权问题的对话，这是一个欧洲方面热衷讨论、亚洲方面戒心重重的话题，在亚欧会议下举办了非正式的系列研讨会就此进行交流，带来了亚洲方面的态度转变；在2000年第三届首脑会议的主席声明中第一次出现了关于人权的内容。从亚欧会议的整体进程来看，无论是在国际政治、经济秩序等"大政"方面，还是在细小的技术合作领域，都可以观察到这种定期对话所带来的影响。前文已经提到了一些，但这远不是全部。

考虑到前面提到的欧盟对制度的理解——制度是规则而不是组织——那么亚欧会议的确应该是欧盟眼里的出色样板，它的确帮助了欧盟及其成员国向东亚地区输出规则和观念。从目前的情况来看，亚欧会议中的交流虽然是双向的，但欧洲的影响似乎更突出一些。之所以如此，除了上面给出的解释以外，也不排除亚洲国家对亚欧会议的战略目标不清楚、政策表述不够充分以及政策文件相对不够透明的因素。

[①] European Commission, "Creating a New Dynamic in EU-ASEAN Relations", COM (1996) 314, p. 8, Luxembourg: Office for Official Publications of the European Communities.

[②] 见中国政府的相关发言。

五 结语:"欧洲模式"和国际舞台上的"民事力量"

在国际舞台上,欧盟是相对于美国的"民事力量",这已经成为共识。但是,"民事力量"到底是一种什么样的力量?亚欧会议进程所显示的是,欧盟及其成员国不仅凭借它们的经济实力发挥全球影响,更重要的是,它们通过全球范围内不同层次上的制度建设,输出欧洲规则、规范和观念,间接地发挥影响。这从一个侧面揭示了以多边制度建设为核心的处理国际关系的"欧洲模式"的内在动力和逻辑。

在欧洲人提倡的全球治理中,"势力均衡"条件下的国与国之间的冲突、对抗以及潜在的战争威胁被寻求"共同利益"的种种努力所代替。对利益的理解是受到政治制度所确定的规则、规范和价值观念的影响和制约的,把"欧洲制度"变成"全球制度"的后果之一是将"欧洲"的利益变成了"共同利益"或"全球利益",因而欧洲人追求自身利益的方式相当迂回,却远非无效。一个非常现成的例子是欧洲和中国在环保问题上的政策趋同,以往中国把欧洲要求中国在环保问题上承担更多责任的做法看做是对中国高速发展的限制,中欧在此问题上颇多龃龉,可是,当中国政府意识到环保对中国本身的可持续发展所具有的重要意义后,环境保护和可持续发展就成了中欧的"共同利益",在全球范围内的协商与谈判中,中国自发地采取了和欧盟相似的立场。

在以"制度化"和"多边制度建设"为核心的发展国际关系、处理国际问题的"欧洲模式"中,不仅"权力"的内涵更为丰富,使用"权力"的方式也更为多样和隐蔽。然而不可否认的一点是,同以双边外交和势力均衡为基础的国际秩序相比,"欧洲模式"减少了直接的冲突和对抗,更有利于维护安全与和平。从这个意义上说,欧盟这个活跃在国际舞台上的"民事力量"以及它所倡导的"欧洲模式"都是应该受到欢迎的。

参考文献

丁奎松、倪霞韵、尚前宏:《亚欧首脑会议背景与影响》,《现代国际关系》1996

年第 2 期。

龙永图主编《全球化进程中的亚欧经贸合作》，中国对外经济贸易出版社，2000。

石泽、王毅：《亚欧关系新发展及其对世界格局影响》，《国际问题研究》1996 年第 3 期。

《"亚欧合作与发展问题"研讨会纪要》，《现代国际关系》1996 年第 7 期。

夏方林：《欧盟参加亚欧会议的战略意图》，《当代世界》1996 年第 5 期。

杨成绪：《亚欧合作前景广阔》，《世界经济与政治》2001 年第 12 期。

俞可平主编《全球化：全球治理》，北京，社会科学文献出版社，2003。

张浚：《欧洲：疆域和认同的历史辨识》，《欧洲研究》2005 年第 1 期。

中国国际贸易促进会国际部：《中国企业家代表团参加第九届亚欧工商论坛情况简报》。

中华人民共和国商务部：《国别贸易投资环境报告 2005》，北京，人民出版社，2005。

中华人民共和国外交部国际司亚欧会议处编《亚欧会议文件（中文）》，2002 年 9 月。

中华人民共和国外交部国际司亚欧会议处编《亚欧会议文件（英文）》，2002 年 9 月。

中华人民共和国外交部，《中国对欧盟政策文件》，2004 年 10 月 13 日。

中华人民共和国外交部网站 http://www.fmprc.gov.cn。

周弘：《亚欧会议：从平等伙伴到广泛合作》，《人民日报》2001 年 5 月 25 日。

周弘主编《共性与差异：中欧伙伴关系评析》，北京，中国社会科学出版社，2004。

〔美〕约瑟夫·S. 奈、约翰·D. 唐纳胡主编《全球化世界的治理》，王勇等译，北京，世界知识出版社，2003。

〔德〕贝娅特·科勒—科赫等：《欧洲一体化与欧盟治理》，顾俊礼等译，北京，中国社会科学出版社，2004。

〔德〕赫尔穆特·施密特：《全球化与道德重建》，柴方国译，北京，社会科学文献出版社，2001。

〔德〕乌尔利希·贝克等：《全球政治与全球治理——政治领域的全球化》，张世鹏等编译，中国国际广播出版社，2004。

X 欧盟能源安全战略及启示[*]

欧盟的能源安全战略经历几个不同阶段,并在此过程中逐渐丰富和完善,从一种维护单一能源供应安全的战略,发展成为兼顾多重战略目标的综合性安全战略。其基本架构由外部战略和内部战略两个部分组成:面向外部的战略包括石油储备战略、构建国际供应网络战略和国际对话战略;面向内部的战略包括替代能源开发战略、提高能源效率战略和统一大市场的战略。这种战略的基本特点是:高度重视调查论证,成功整合多种战略目标,依法有序地贯彻落实,国家进行必要干预,全面开展对话合作。实践证明,这是一种行之有效的成功战略。保障能源安全是欧盟国家和中国面临的共同挑战。中国与欧盟的能源安全战略具有相似之处,它以构筑稳定、经济、清洁的能源体系为主要目标,国内政策包括以煤炭为基础,激励节能,多元发展和保护环境;对外政策包括建设战略石油储备,推动企业"走出去"和开展技术交流。欧盟能源安全战略的某些经验值得中国参考,特别是开展地区性能源安全合作,引进先进的能源技术,以环保标准落实能源安全措施,采用多样化的政府干预方法。

一 欧盟能源安全战略的演变

第二次世界大战结束以来,西欧国家能源安全战略的演变可以分为三个阶段。

---

[*] 作者:杨光,毕业于中国社会科学院研究生院,中国社会科学院西亚非洲研究所所长、研究员。

欧盟治理模式

(一) 20世纪60年代的消极安全战略

20世纪60年代是世界能源结构发生重大转折的时期，石油取代煤炭成为世界主要能源，石油供应安全对西欧国家的战略意义急剧上升。这种转折也加深了西欧国家对石油进口的依赖。当时，国际石油市场供应量的约80%都来自中东地区，而主要消费者却是欧、美、日工业发达地区和国家。尤其令西欧国家感到不安的是，从20世纪50年代末和60年代初，石油输出国开始掀起收回石油权益的斗争。石油输出国组织一成立，便提出通过控制石油供应量来争取提高石油价格的集体战略。尽管由于欧美石油公司对中东石油生产和销售的控制，石油输出国的这一战略在60年代并没有得到落实，但它使西欧国家对国际石油供应产生了危机感，敲响了能源供应安全的警钟。为了回应国际能源供应安全出现的挑战，欧共体于1968年颁布了《理事会关于原油及油品最低储备的指令》，规定欧共体成员国有义务储备相当于上年90天消费量的石油产品，主要是飞机、汽车和其他燃料油，以便在石油进口出现中断或价格暴涨的情况下应急使用。石油生产国的储备量可以酌减，成员国之间也可以相互委托储备。这一指令的颁布，标志着欧共体开始为保障能源供应安全采取集体战略。但这种战略是一种比较简单的战略，其战略目标仅限于防范国际石油供应中断和价格上涨，其手段仅限于建立应急储备，只是一种目标单一和手段单一的防范战略，可以说是一种消极防范的能源安全战略。

(二) 20世纪70~80年代的积极安全战略

20世纪70年代初，欧共体国家所担心的国际石油供应危机终于成为现实。石油输出国从西方石油公司手中收回石油权益的斗争在60年代末和70年代初开始取得重大进展。石油资源国政府通过提高租让地使用费、增加税收、在石油公司参股乃至对石油工业实行国有化等形式，削弱西方石油公司对石油生产和销售的控制，石油权益逐步收回到产油国政府手中。在这样的基础上，1973年阿拉伯石油输出国组织成员国把石油当做政治武器，对在第四次中东战争中支持以色列的国家实行石油禁运，并把国际石油价格提高三倍，使国际石油市场出现严重的供应中断和价格暴涨。这次石油危机对全球的石油进口国乃至整个世界经济都造成了沉重打击，证明了国际石油供应安全风险的存在，也进一步推动了欧共体能源安全战略的

— 178 —

发展和完善。

由于 20 世纪 70 年代石油危机直接冲击了所有的石油消费国，因此，欧共体国家的能源安全战略调整也是在集中了世界主要石油消费国的经济合作与发展组织（OECD）范围内进行的。这次调整的主要标志是，经济合作与发展组织成员国在 1974 年提出"国际能源计划"并且成立了协调落实该计划的国际能源机构。"国际能源计划"与欧共体原有的能源安全战略相比，最重大的突破在于，它不仅把建立战略石油储备这一短期应急机制普及到所有的经济合作与发展组织成员国，而且提出了防范石油危机和保障能源安全的长期性结构调整战略，特别是把提高能效和开发石油替代能源导入能源安全战略范畴，试图以此逐渐减少石油进口国对石油能源的过度依赖。因此，这一战略不仅考虑到如何在石油危机发生的时候进行被动的紧急应对，而且开始考虑逐步摆脱对石油能源的过度依赖，从而获得能源供应安全的长期主动权。尽管这次战略调整的基本出发点仍然是要解决石油供应安全问题，但它已经使欧共体的能源安全战略从消极防范石油供应中断和价格暴涨向积极开发石油替代能源和节能技术方向转变；从建立短期的战略储备和应急机制向长期的结构性调整转变。这一新的能源安全战略的时间维度和空间维度都显著扩展，与欧共体原有的能源安全战略相比更加具有积极主动的特征。

（三）20 世纪 90 年代以来的综合安全战略

20 世纪 90 年代，世界和欧洲发生了重大变化。这些重大变化给欧盟能源安全战略带来新的视角，要求欧盟把能源战略与其他的战略结合起来，兼顾和涵盖更多的内容。

第一个重大变化是可持续发展要求把能源安全与环境安全结合起来。以 1992 年召开的联合国环境大会为标志，兼顾经济发展和环境保护的可持续发展战略脱颖而出，并被世界各国广泛采用。从可持续发展的角度来看，化石能源是空气和水源污染及全球温室气体排放的罪魁祸首，减少对煤炭和石油等化石能源的依赖不仅成为能源供应安全的需要，而且也成为环境保护的需要，环境安全目标与能源安全目标因此而结合起来。1997 年欧盟签署关于全球气候变化的《京都议定书》，其减低排放数量的承诺在很大程度上必须通过限制化石能源的使用来实现。因此，在可持续发展战略中，能源安全与环境安全之间关系密切，开发清洁的可再生能源和提高能源使用效率不再仅仅是能源安全的需要,而且成为实现能源安全和环境安全的重要途径,受到欧盟及其成员国政府的极大推动。

第二个重大变化是欧洲统一的步伐加快。1993年欧盟成立,随后开始大规模"东扩",能源市场的统一问题也被逐渐提上日程。主张建立统一能源市场的观点认为,实现欧盟成员国之间市场的统一和强化市场竞争,特别是天然气和电力这两项欧洲主要能源市场的统一和竞争,将会大大提高能源的运输和使用效率,同时也有利于能源在欧盟范围内的灵活调度,从而提高欧盟成员国的能源安全。1990年欧共体颁布《共同体关于改善产业最终用户天然气和电力价格透明度的理事会指令》,拉开了欧洲天然气和电力市场统一的序幕。随着两极格局解体和经济全球化加速发展,这种市场统一的努力逐渐朝着周边的东欧和南地中海国家扩展。

第三个重大变化是苏联解体和冷战结束。这一变化直接导致在中亚和东欧地区出现了一大批脱离苏联控制的国家,它们有的是新出现的石油天然气资源国,有的是西欧能源进口的过境通道,对欧共体保障能源安全具有重要意义。如何把这些国家纳入欧共体国家的能源安全体系,成为其必须面对的新课题。1991年和1994年《能源宪章条约》和关于能源效率和有关环境问题的《能源宪章议定书》的签署,是欧盟与东欧国家进行能源合作的开始。欧盟与能源生产国和消费国的对话也逐步展开。

面对新形势的挑战,欧盟从20世纪90年代后期开始重新整合能源安全战略。1997年4月欧洲委员会发出《关于能源政策和行动的总体看法的通报》,要求把欧盟原来分散在对外关系、内部市场和环境方面的与能源有关的政策加以整合,形成统一的欧洲能源政策,为欧盟国家在能源领域共同行动提供法律依据。按照这一要求,欧盟实施过三个长期能源政策计划。第一份全面的共同能源政策文件《欧洲理事会关于1998~2002年能源部门行动框架计划的决定》于1998年12月颁布。这一具有历史意义的战略文件把能源供应安全、通过统一市场提高竞争力和环境保护列为欧盟能源政策的三大基本目标,并为实现这些目标制订了六个专项五年计划(有些计划在此之前已经开始执行),即研究市场变化的ETAP计划、强化国际能源合作的SYNERGIE计划、开发可再生能源的ALTENER计划、提高能源使用效率的SAVE计划、在固体燃料领域使用环境友好型技术的CARNOT计划以及安全使用核能的计划。该计划到期后,欧盟于2003年6

月通过欧洲议会和理事会决定，颁布了第二个综合性能源计划，即"聪明能源——欧洲（2003～2006 年）"计划，重点放在支持开发可再生能源和提高能源使用效率上，并新提出了推动运输部门可再生能源燃料多样化的 STEER 计划和与发展中国家进行可再生能源和能源效率合作的 COOPENER 计划。2007 年 4 月欧盟理事会通过了"欧盟未来三年能源政策行动计划（2007～2009 年）"（EPE），其中长期能源政策主要包括五大措施：一是建立欧盟统一的天然气与电力市场。二是保障能源进口的稳定与安全。三是实施全方位的国际能源战略，加强与欧佩克、经合组织等的合作，通过与俄罗斯建立伙伴关系及签署合作协定以确保欧盟能源供给的稳定，特别要保证欧盟中长期的能源安全。强化对中亚、里海与黑海地区能源产业的项目评估、商业投资与技术合作，进一步使能源供给的来源多样化。四是提高能源效率与扩大核能利用规模，达到欧盟至 2020 年减少能源消耗 20% 的目标并要求各国明确节约能源的"责任目标"。五是研究新能源技术与开发绿色能源。

能源安全战略与环境安全战略的结合、能源安全战略与欧洲统一战略的结合、能源安全战略与能源外交的结合，使欧盟的能源安全战略成为一种与环境保护战略和欧洲统一进程并行不悖，且相互促进的综合性安全战略。能源供应安全、产业竞争力和可持续发展，成为这种战略的关键词。

二 共同能源安全战略的基本架构

如果对 20 世纪 90 年代后期以来欧盟的能源政策文件做一些分析，便不难看出，欧盟的能源安全战略基本由内部战略和外部战略两个部分组成。这两部分战略所要实现的具体目标不同，但都是为了实现供应安全和可持续发展的总目标。

（一）外部能源安全战略

外部能源安全战略的主要目标是防范国际油气供应中断和价格暴涨。主要措施包括：与主要石油进口国开展合作；建立石油和天然气战略储备应急机制；建立可靠的国际运输网络；通过开展能源外交特别是与油气生产国的对话合作，保障能源供应安全和来源多样化。

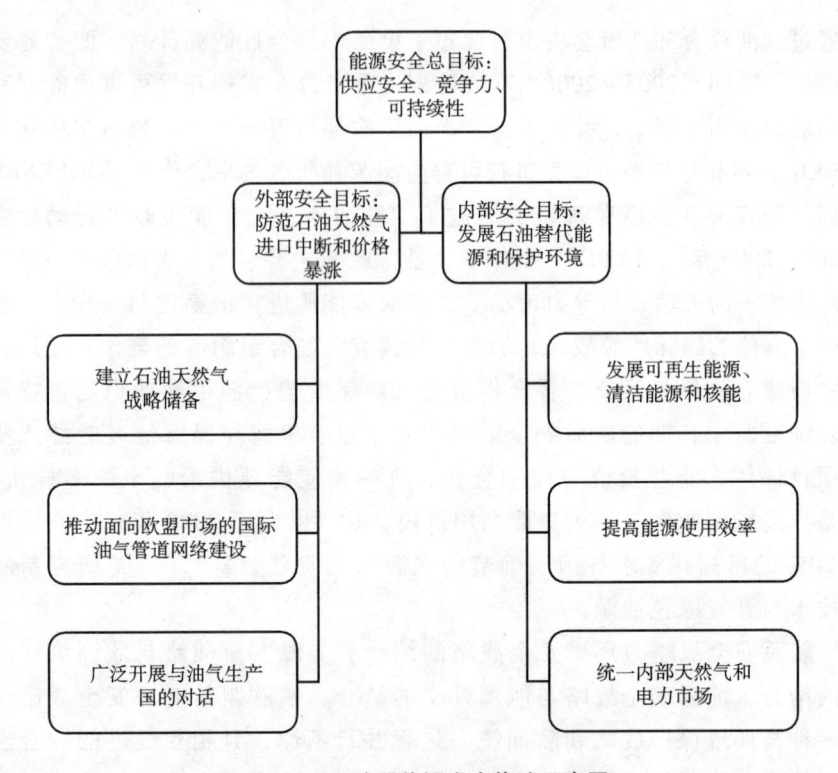

```
                    能源安全总目标：
                    供应安全、竞争力、
                         可持续性
                    ┌──────┴──────┐
            外部安全目标：        内部安全目标：
            防范石油天然气        发展石油替代能
            进口中断和价格        源和保护环境
                暴涨
    ┌───────────┤              ├───────────┐
    建立石油天然气                  发展可再生能源、
      战略储备                     清洁能源和核能

    推动面向欧盟市场的国际              提高能源使用效率
     油气管道网络建设

    广泛开展与油气生产                统一内部天然气和
       国的对话                      电力市场
```

图 10−1　欧盟能源安全战略示意图

建立战略储备和应急反应机制仍然是欧盟对外能源安全战略的重要内容。石油迄今仍是欧盟国家的主要能源，2004 年占其全部初级能源消费量的 37%。欧盟国家对进口石油依赖严重，2004 年进入欧盟 15 国炼油厂的原油共计 6 亿吨，其中 5.6 亿吨来自进口，占 93.3%。[①] 因此，防范进口石油供应中断以及国际石油价格的保障、建立应急机制和手段、提高快速反应的能力一直是外部能源安全战略的要件。尽管人们经常认为，石油战略储备是国际能源机构的安全机制，但也不应忽视欧盟在这一机制框架下发挥的独特作用。例如，国际能源机构对成员国规定的战略石油储备要求是相当于上年 90 天的进口量，但欧盟国家至今所坚持的仍是欧共体原定的 90 天原油消费量标准，而实际储备量往往大于这一标准。又如，欧盟国家

---

① IEA, *IEA Statistics: Oil, Gas, Coal and Electricity*, Second Quarter 2005, OECD/IEA, 2005, p. 66.

的战略石油储备的品种是由欧盟根据其主要石油消费产品决定的,而且储备产品的结构往往随着欧盟调整排放标准特别是对燃料油标准的调整而不断更新。随着天然气进口的增长,防范国际天然气供应中断风险也开始进入欧盟外部能源安全战略的视野。2004年天然气在欧盟的初级能源消费结构中的比例已经达到24%,成为仅次于石油的第二大能源,特别是成为欧盟发电厂的主要燃料。然而,与石油一样,欧盟的天然气也主要依靠进口。2004年欧盟15国的天然气消费总量为4530万立方米,其中3017万立方米来自进口,占66.6%[①]。2000年欧盟能源《绿皮书》预计,欧盟到2020年对进口天然气的依赖程度将上升到70%。因此,如何确保天然气的进口供应安全,是与保障石油进口安全同样重要的问题,日益引起欧盟的重视。2004年4月欧盟颁布《理事会关于保障天然气供应安全措施的指令》,要求成员国采取包括建立天然气储备、成立欧盟天然气协调小组等措施在内的安全措施。这是"国际能源计划"没有包括的措施,是欧洲能源安全政策的新发展。

营造面向欧盟市场的国际石油天然气供应管道网络。欧盟在地理上与盛产石油天然气的中东、中亚和北非距离很近,以管道作为运输手段,比海洋运输更加便利。近年来,为了保证能源供应安全,欧盟国家从以上三个方向推动面向欧盟的石油天然气管道建设和升级项目,成为引人注目的新动向。1996~2006年,欧盟为实施INOGATE计划,提供5600万欧元来整合原苏联地区的石油天然气管道系统,以确保东欧和中亚国家的石油天然气顺利流向欧盟市场,其中40%的资金被用于紧急干预行动。目前欧盟已决定实施或已完成策划的石油天然气管道项目还包括:2007年建成的挪威与英国之间的天然气管道、预计2010年完成的波罗的海管道项目、预计2020年完成的伊朗至奥地利天然气管道项目、阿尔及利亚至西班牙和阿尔及利亚至意大利(GALSI)的跨海天然气管道、埃及经土耳其至欧盟的天然气管道项目、将运送里海石油的俄罗斯敖德萨至波兰布罗迪(Odessa-Brody)石油管道延长到捷克的项目、捷克布拉迪斯拉发至奥地利施韦夏特(Bratislava-Schwechat)油管、保加利亚布尔加什港至希腊亚历山德鲁波利斯(Bourgash-Alexandropoulis)油管、罗马尼亚康斯坦察至捷克特热什季(Constantza-Treste)油管等。此外,意大利、西班牙、英国等国都在修建

---

① IEA, *IEA Statistics*: *Oil, Gas, Coal and Electricity*, p. 411.

液化天然气码头，以便从中东、北非地区进口液化天然气。到2020年前后，随着这些项目的完成，中东、中亚和北非石油天然气资源国与欧盟市场之间将形成一个庞大的石油天然气供应网络。

通过与能源生产国对话推动能源供应来源多样化。西欧国家对进口能源的依赖起初主要集中在中东地区的石油供应上。20世纪90年代以来中东地区的冲突和局部战争频仍，经常出现供应中断的危险，因此逐渐摆脱对中东地区能源供应的过度依赖，成为欧盟能源外交的重大问题。前苏联和东欧地区有着大量的石油天然气资源，同时也是这种资源供应欧洲市场的必要过境通道。苏联东欧集团解体后，该地区成为欧盟能源进口来源多样化的主要方向。根据1990年荷兰首相提议，1991年51个国家签署了《欧洲能源宪章》，包括苏联解体后出现的国家和东欧国家，1994年这些签字国又共同签署关于相互保障能源投资、过境、贸易和解决贸易纠纷的《能源宪章条约》，为欧盟国家获取前苏联东欧国家的能源奠定了法律基础和共同规则。1998年欧盟理事会和委员会批准了《能源宪章条约》，该条约目前已经得到51个国家的批准；俄罗斯以其巨大的资源优势，成为欧盟能源合作的重点国家：1997年11月欧盟与俄罗斯签署《伙伴关系和合作协定》（PCA），把能源合作列为重要合作内容。2000年10月欧盟与俄罗斯峰会建立了"欧盟俄罗斯能源对话"机制。欧盟在对话中一方面愿意向俄罗斯提供投资和技术，改进能源生产和运输能力；另一方面，则要求俄罗斯向外国企业开放石油、天然气和电力市场，接受《能源宪章》所提出的能源投资、运输和贸易条件，为能源部门投资者提供"一站式"服务，建立快速解决纠纷机制，接受国际会计标准等，以此改善投资环境，也为欧盟企业进入俄罗斯市场铺平道路。

此外，地中海南岸的北非地区也是欧盟能源进口来源多样化的重点合作对象之一：1995年欧盟与地中海南岸12个国家签署了《欧洲地中海伙伴关系协定》，并建立了"欧洲地中海能源论坛"以及"1998～2002年行动计划"等专门的能源对话和合作机制。在2000年第三次论坛会议上，欧盟提出多项优先合作领域，其中包括鼓励地中海南岸国家加入《能源宪章条约》、对能源工业实行私有化、建立与欧盟连接的能源基础设施等。

（二）内部能源安全战略

内部能源安全战略的主要目标是减少对化石能源的过度依赖和实现环

境安全。主要措施包括开发替代能源、提高能源效率、统一内部能源市场等。

开发替代能源特别是可再生能源备受欧盟重视。欧盟的一个基本判断是，在未来的 20～25 年，世界上还有足够的石油满足欧盟预期的消费需求，但此后便有较大的不确定性[①]，因此必须开发石油替代能源，而从环境保护的角度来看，特别需要开发清洁的可再生能源，以替代化石燃料。1996 年 11 月欧盟委员会发表关于可再生能源的《绿皮书》，提出为保护环境和减轻对石油能源的依赖，在 1996～2010 年期间实现可再生能源在欧盟能源消费结构中的比例翻一番，即从 6% 提高到 12% 的明确战略目标。欧盟从 1993 年开始实施支持可再生能源发展的 ALTENER 计划，10 年期间共拨款 1 亿多欧元，用于资助和开发与可再生能源有关的研究、示范、教育培训、监督、评估等项目，资助额可达有关项目总费用的 50%～100%。欧盟 2001 年 9 月颁布《欧洲议会和欧盟理事会关于在内部市场促进可再生能源发电的指令》，决定为落实欧盟对 1997 年《京都议定书》做出的减排承诺，实现 2010 年可再生能源发电量即"绿色电力"占发电总量的比例，从 1997 年的 14% 提高到 22.1% 的目标，并要求每个成员国都根据欧盟的总目标制定其国别指导性目标并提出为实现这些目标所要采取的措施。目前，在欧盟成员国内已有近百家研究机构和企业从事绿色能源和可再生能源的研究与开发工作。尽管欧盟国家对于是否应当发展核能莫衷一是，但核能也是一种主要替代能源。从总体看，核能在欧盟能源结构中的比重是趋于上升的。

提高能效被欧盟作为控制能源需求增长和减少排放的重要途径。欧盟从 20 世纪 90 年代初就开始从一些具体部门入手，以立法手段制定家电、热水器、建筑能耗标准，鼓励热电联发。1992 年 5 月，欧盟颁布《欧洲理事会关于新热水器能源效率要求的指令》，要求功率在 4 千瓦至 400 千瓦之间的热水器必须符合欧洲统一的能效标准；同年 9 月，欧盟又颁布《欧洲理事会关于家用电器消耗能源和其他资源的标签和标准的指令》，要求各成员国的家用电器生产商和销售商在出售家用电器的时候，必须标明该电

[①] Commission of the European Communities, *A European Strategy for Sustainable, Competitive and Secure Energy, What is at Stake-Background Document*, Commission Staff Working Document, Annex to the Green Paper, Brussels, EC (2006) 317/2, p. 19.

器的能耗指标，以便消费者选择购买低能耗产品。欧盟委员会2000年发表《绿皮书》，并做出欧盟能源对外依赖率将从当时的50%提高到2030年的70%的判断后，欧盟加快了提高能效的步伐：2001年5月欧洲理事会决定在欧盟采用美国的办公设备节能标签计划，即所谓"能源之星"计划；2002年12月，欧盟颁布《欧洲议会和理事会关于建筑物能源效率的指令》，要求成员国采取共同的方法，制定公用建筑物的能效标准，定期检查公用建筑物的热水器和中央空调系统，并对公用建筑物的能效进行认证；2004年2月又颁布《欧洲议会和欧洲理事会关于根据内部市场有效热力需求推动热电联发的指令》，要求成员国研究分析本国实施热电联发的潜力并对现有的立法和调控措施进行评估，以推动热电联发技术的实施；2006年10月，欧盟委员会根据2005年发表的委员会绿皮书《能源效率或以更少的投入做更多的事》，提出"2007~2012年能源效率行动计划"以及通过提高能源效率把原定2020年初级能源消费量减少20%的长期节能目标。

整合内部能源市场的努力从20世纪90年代开始，主要集中在统一天然气和电力市场方面。1990年6月，欧共体通过《理事会关于改进产业最终用户天然气和电力价格的共同程序的指令》，要求成员国的天然气和电力经营者定期向欧共体统计局通报价格信息，以提高市场透明度，这被视为统一能源市场行动的开始；1993年6月欧盟颁布《理事会关于协调水、能源、运输和电讯部门运营实体采购程序的指令》，要求成员国在发布各种能源勘探和生产、运输和销售企业项目的时候，必须在欧盟官方刊物上发布招标通告；1994年5月，欧盟颁布《欧洲议会和理事会关于颁发和使用碳化氢勘探和生产许可证的指令》，要求成员国平等对待在欧共体内成立的实体，但出于国家安全理由，可以拒绝被第三国或第三国国民实际控制的实体从事这些活动；1996年欧盟通过"跨欧洲能源网络"计划，目标是建立统一的天然气和电力市场，目前在这一计划下已确定项目有74个，相应的投资总额为180亿欧元，有些项目涉及周边国家，特别是地中海国家、中亚和东欧国家；2003年6月，欧盟颁布《欧洲议会和理事会关于进入跨国电力交易网络条件的规则》，对跨国电力传输所涉及的费用补偿等问题作出规定；2003年6月欧盟分别颁布《欧洲议会和理事会关于内部电力市场共同规则的指令》和《欧洲议会和理事会关于内部天然气市场共同规则的指令》，对电力和天然气的生产、运输和销售制定一系列共同规则；

2003年10月欧盟颁布指令，对跨国天然气和电力供应中如何征收增值税和避免双重征税作出具体规定。天然气和电力共同市场建设不断取得新进展。

三 欧盟能源安全战略的绩效和启示

（一）绩效和问题

从总体上看，欧盟的能源安全战略是一个有效的战略，它的许多组成部分都产生了比较显著的效果。1990～1991年的海湾危机和海湾战争验证了动用战略储备对防范国际石油供应中断的有效作用。面对伊拉克入侵科威特造成国际石油市场出现每日450万桶石油的供应中断，欧盟国家与其他国际能源机构成员国于1991年1月动用战略石油储备，在欧佩克国家增产的协助下，顺利平抑了一度高涨的国际石油价格。

欧盟国家能源进口来源多样化取得显著进展。1976～2002年中东在西欧国家进口石油中的比重已经从78.1%下降到32.2%[①]，前苏联地区、非洲和美洲都已成为欧盟的重要石油进口来源。天然气进口也实现来源多样：目前46%的天然气供应来自欧盟成员国，25%来自俄罗斯，15%来自挪威，14%来自北非。[②]

开发替代能源进展明显。在1971～2002年的31年期间，按照石油当量计算，欧盟国家的初级能源供应总量每年平均增长1.1%，而同期各类能源的地位因能源结构调整而发生明显变化，煤炭供应年均减少1.1%，石油仅年均增长0.1%，水能年均增长0.9%，而天然气、核能、生物质和垃圾以及其他可再生能源的供应却分别以每年4.7%、10.0%、3.1%和3.9%的速度快速增长[③]，替代能源发展保持了强劲势头。

提高能效措施的落实情况较好。欧盟国家普遍实现能源消费增长速度低于GDP增长。按照2000年美元固定价格计算，欧盟15国每实现1000

---

① 杨光主编《中东非洲发展报告：防范石油危机的国际经验》，社会科学文献出版社，2005，第63页。
② Commission of the European Communities, *A European Strategy for Sustainable, Competitive and Secure Energy, What is at Stake-Background Document*, op. cit., p. 24.
③ IEA, *World Energy Outlook 2004*, OECD/IEA 2004, p. 466.

美元国内生产总值所耗用的能源已从1970年的0.272吨石油当量下降到2003年的0.186吨石油当量[①]。欧盟通过采取共同能源战略，使其能源安全状况正在获得不断的改善。

当然，欧盟能源安全战略的实施仍然存在不少障碍。天然气战略储备的建立比较复杂，并非一日之功；可再生能源尽管发展迅速，但其在初级能源消费结构中的比例变化较慢。据国际能源机构测算，生物质能、废物和其他可再生能源在欧盟初级能源结构中的比例从1971年的2%提高到2002年的4%，2010年将提高到6%[②]，很难达到欧盟设定的目标。从电力生产来看，可再生能源发电在欧盟总发电量中的比例提高缓慢，1990～2004年期间仅从12.8%上升到14.8%[③]。尽管可再生能源价格各不相同，但多数成本较高，除非加大政策干预的力度，否则实现这一目标并非易事；在发展核能问题上，欧盟主要国家之间的意见相左，德国等国仍然坚持全部关闭现有核设施，使欧盟的核能潜力难以全面发挥出来；统一内部天然气和电力市场的努力遭遇一些国家能源垄断企业和政府的阻力，尽管出台不少法律，但实际进展较慢。能源市场统一将影响到一些天然气和电力企业的利益，特别是一些国家的天然气和电力企业仍归国家所有，政府不愿这些企业被其他国家更有竞争力的公司所并购。波罗的海国家、伊比里亚半岛、英国和爱尔兰等国都还没有与邻国的电网连接。据研究，2006～2025年的20年中，欧盟发电能力和电网建设需要投资7000亿欧元，天然气基础设施（包括管道、液化天然气码头和地下储存设施）建设需要投资1000亿欧元，统一能源市场需8000亿欧元的巨资[④]，也是一个巨大的挑战。

（二）欧盟能源安全战略的几个特点

尽管欧盟能源安全战略还存在许多问题，但其取得的绩效是主要的。研究取得这些绩效的经验对亚洲和中国的能源安全战略不无启发。

---

① IEA, *IEA Statistics: Energy Balances of OECD Countries 2002 – 2003*, OECD/IEA, 2005, p. II32.
② IEA, *World Energy Outlook 2004*, op. cit., p. 466.
③ IEA, *IEA Statistics: Renewables Information 2005*, OECD/IEA, 2005, p. 83.
④ Commission of the European Communities, *A European Strategy for Sustainable, Competitive and Secure Energy, What is at Stake-Background Document*, op. cit., p. 17.

欧盟能源安全战略之所以能够顺利运行并取得显著的绩效，与它的以下一些特点有关。

第一，高度重视调研论证。欧盟非常重视决策前的调研工作。调研成果一般以《绿皮书》或《白皮书》的形式发表，主要是对所需解决的问题进行系统调研，明确问题产生的背景和原因、解决问题对能源安全和环境安排以及欧盟一体化进程的意义和影响、提出解决问题的对策建议，其中包括解决问题的具体步骤和所要达到的具体目标。欧盟的许多指导性的规划和计划以及具有法律效力的指令和决定，都采用《绿皮书》或《白皮书》提出的目标和标准。发表《绿皮书》和《白皮书》也是一个向公众咨询的过程，公众对这些调研成果的反应，也是欧盟进行最后决策的重要参考。深入系统的调研工作是欧盟能够制定行之有效的共同能源安全战略的基础。

第二，善于整合战略目标。欧盟的能源安全战略从一种维护石油供应安全的单一目标的战略发展成为一种综合安全战略，是一个把环境保护和欧盟市场统一战略目标与能源安全的战略目标结合起来的过程。在这种综合战略中，每一项重大举措都可以服务于多项战略目标。这种战略目标的整合，不仅加强了欧盟的多项重大战略的协调性，而且形成能源安全、环境保护和市场统一这三大战略目标相辅相成、相互推动、和谐推进的局面。

第三，依法有序落实。欧盟能源安全战略之所以在实践中取得成效，很重要的原因在于各项战略目标和措施能够依靠法律的手段顺利落实。欧盟发布的指令和决定等具有法律效力的文件，有的是对能源政策的全面规划，有的具体规定要求执行的标准、程序和指标，有的是对成员国一些成功做法的推广。欧盟制定和颁布这些法律文件，体现了成员国把某些立法权赋予欧盟的议会或理事会，但并不意味着欧盟是这些法律的执行者。欧盟各项法律文件一般都是通过转化为成员国的国家法律、法规和标准，甚至分解为量化的任务配额，并通过各个成员国的执行机构加以落实的。例如，1998年欧洲理事会为落实《京都议定书》达成有关减少温室气体排放的《共同分担协议》，并且把减排指标分配给每个成员国，而每个成员国则根据其减排配额制定出一系列法律和财税激励措施加以落实。又例如，德国1998年颁布的《最大耗能法》就是把欧盟提出的有关降温和冷冻设备最大能耗标准变成国家标准，同年颁布的《能耗标签法》也是按照欧盟法律，落实对冷冻设备、洗衣机、烘干机、洗碗机和家用电灯强制实行能效标签制度。欧盟和成员国之间法制系统的顺利衔接和运行，为能源安全战略的依法有序落实，提供了基本的保障。

第四，国家进行积极干预。如果把化石能源和可再生能源的成本进行比较，应当说中国仍然处在化石能源价格比较低廉的时代。在这样的背景下限制化石能源消费和推动可再生能源发展，势必遇到市场力量的巨大障碍，政府干预不可避免。欧盟的经验也是如此。就限制石油能源消费而言，欧盟各国普遍采取收取高额能源税的手段进行干预，如今在不同成员国的油品价格中，能源税的比例高达 1/3~2/3。

从鼓励可再生能源发展来看，欧盟成员国的政府干预主要通过以下几种形式：

(1) 以制定发展目标进行企业导向。例如，德国政府的目标是把可再生能源在全国能源中的比例由目前的 8% 提高到 2020 年的 20%。计划到 2030 年前后使风能占全国发电总量比例由目前的 4% 提高到 25%。对于企业而言，这种目标的制定可以使其明确市场前景，起到激励企业投资的作用。

(2) 以立法手段为可再生能源开辟进入市场的渠道。以立法手段强制电力公司接受用可再生能源生产的电力入网，是帮助企业克服可再生能源发展初期竞争力弱势和获取能源市场份额的必要手段。例如，德国 1991 年颁布《电力入网法》，要求电力公司购买可再生能源电力；2000 年颁布《可再生能源法》，要求电力公司优先购买用林业废弃物、垃圾和小水电等技术生产的电力。

(3) 以财税手段鼓励投资和消费。例如，德国为风力发电设备的生产提供补贴，补贴目前为 17%。该国 1998~2003 年推行"10 万太阳能屋顶计划"，为个人和企业在屋顶安装太阳能设施提供长达 10 年的低息贷款和无息贷款。

(4) 推行可再生能源电力入网配额制度。20 世纪 90 年代以来，一些国家开始采用"可再生能源发电配额标准"(Renewable Portfolio Standard)，推动可再生能源开发。在这种制度下，每个企业都有使用可再生能源电力的配额，完成这种配额是企业的法律义务，政府允许企业以"可再生能源证"(Renewable Energy Certificate) 形式对其配额进行相互交易。已经采用这种制度的欧盟国家包括英国、荷兰和丹麦。

第五，全面开展国际能源合作。欧盟的能源安全战略并不是一个自我封闭的体系，而是建立在与世界主要能源消费国和生产国广泛合作的基础之上的。与能源消费国的合作以国际能源机构为舞台，重点放在协调战略石油储备的建设和使用、推动能源消费结构的转变以及环境保护方面。与能源生产国的合作主要以俄罗斯和东欧国家以及欧盟南翼的北非地中海沿岸国家为重点，主要集中在欧盟周边地区。欧盟与这些国家签署了一系列的宪章、协定和计划。事实证明，这种广泛的国际合作在欧盟应对石油供应中断的紧急情况、推动可再生能源发展、提高能源使用效率、实现能源供应来源多样化、保障能源过境运输安全等涉及能源安全的诸多方面，都发挥了非常重要的作用。

（三）几点启示

中国从20世纪90年代中期开始成为石油净进口国，其能源安全战略与欧盟的能源战略有不少相似点。中国的能源安全战略也可以分为国内政策和对外政策两个方面，中欧的能源安全战略所涵盖的领域几乎相同。

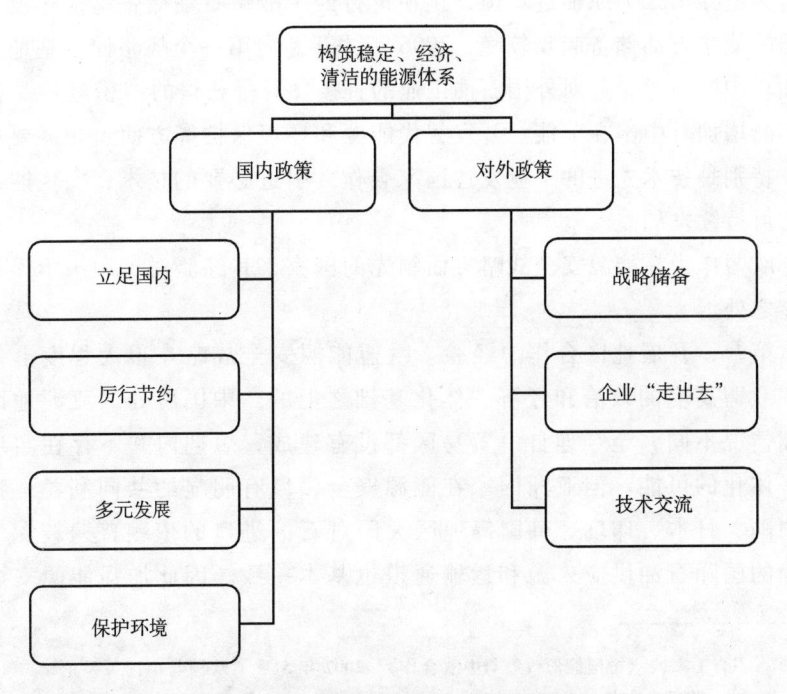

图 10-2 中国能源安全战略示意图

中国政府的能源战略的目标是"构筑稳定、经济、清洁的能源体系"。其国内部分主要内容是立足国内、厉行节约、多元发展和保护环境；其对外部分强调多方面的国际互利合作[①]，互利合作的内容包括战略石油储备建设、企业"走出去"战略以及技术交流三个主要方面。

中国是一个能源资源大国，煤炭资源丰富。尽管中国对进口石油有所依赖，但因煤炭占中国能源消费的67%，中国能源需求的总自给率实际高达93%左右。从这种意义上看，中国比欧盟更具有立足国内能源供应的条件。然而，中国能源的供求差距趋于拉大，从1992年的1914万吨标准煤扩大到2006年的24669万吨标准煤，节约能源和提高能源效率势在必行。为此，中国政府2004年制定中国《节能中长期规划》，确定了2003~2020年间每年平均节能3%的长期目标。2006年开始实施的《中华人民共和国国民经济和社会发展第十一个五年规划纲要》，则把2010年单位国内生产总值能源消耗比2005年降低20%确定为节能的中期目标。为了推动清洁可再生能源的发展，《可再生能源法》已于2006年1月1日生效。但中国在提高能源效率和推动可再生能源发展方面还存在经验和技术的不足。中国作为世界第二大原油进口国，正在进行四个战略石油储备基地建设。但中国的战略石油储备起步较晚，2006年才开始向第一个战略储备基地灌注原油。中国通过企业对外国石油工业的直接投资所获得的"份额油"数量在不断增加。中国在节能、开发替代能源和环境保护等方面迫切需要与外国，特别是技术先进的工业发达国家合作，引进必要的技术，实现能源领域的可持续发展。

欧盟作为在能源安全战略方面领先的国家，其经验对于中国不乏可以借鉴之处。

第一，开展地区合作的经验。欧盟能源安全战略在很大程度上是建立在欧盟高度的政治和经济一体化基础之上的。中国所处的亚洲地区与欧洲情况不同，至今连自由贸易区都没有建成，短期内并不存在实现高度一体化的可能。但亚洲国家在能源安全领域有明显的共同利益，特别是中国、日本、印度、韩国等地区大国对石油进口的依赖普遍较深，所依赖的国际石油供应来源和运输通道也基本一致。因此加强能源安全合

---

① 引自王家诚《中国能源政策与中欧合作》，2007年5月"欧洲与中国关系论坛"（葡萄牙）提交的论文。

作应当是亚洲区域合作的一个富有潜力的领域。中国和亚洲国家可以根据本地区的具体情况，在地区能源形势调研、建立战略石油储备、共同开发第三国石油资源、维护石油运输航道安全、开辟新的运输通道、与石油资源国开展集体对话等方面进行合作，并为此建立相关的地区性协调机制。

第二，引进先进技术的经验。欧盟的许多成员国都是工业发达国家，先进的可再生能源技术的发展对能源安全发挥了重要作用。中国作为一个发展中国家，要实现能源安全战略，在加强自身的研究开发工作的同时，更需要在相关技术领域向发达国家学习和借鉴。中国在节能领域特别需要燃煤锅炉、工业窑炉、电机、风机等用能设备的节能改造技术，高耗能工业生产过程的节能技术和新工艺，降低建筑能耗的技术，核能、太阳能、风能、生物质能的开发使用技术与洁净煤技术等。许多欧盟国家在这些技术方面具有优势，能源技术合作应当成为中国与欧盟国家合作的新增长点。

第三，以环保促进能源安全。20世纪90年代末以来，欧盟能源战略的一个突出特点是以环境保护推动能源安全，欧盟对《京都议定书》的减排承诺指标被分解到各个成员国，各国采用多种措施加以落实，将环保指标转换为能源指标，从而对推动替代能源特别是可再生能源开发以及提高能源使用效率，发挥了十分显著的作用。中国走可持续发展道路的方针已经明确，近年也制定了节能和开发可再生能源的法律和全国性指标，但落实情况不尽如人意，特别是在地方和基层贯彻落实不力。欧盟把环境安全和能源安全结合起来，以环境保护指标促进能源安全，并且把全欧盟的环境指标转换为各成员国的能源指标和具体举措，作为一种成功的方法和手段，值得我们进行深入细致的研究，并根据国情予以借鉴引入。

第四，加强政府干预。欧盟实践经验表明，落实能源安全战略，需要依靠强有力的政府干预。行之有效的强制性立法措施和财税激励措施，是推动欧盟能源战略贯彻落实的基本手段。中国与欧盟及其成员国相比，能源安全的法律体系还很不完善，大量财税激励措施还没有到位，甚至形成扭曲状态。在完善政府干预方面，欧盟现有法律和激励措施，例如能源税政策、可再生能源电力配额制度及多种多样的补贴政策，都值得中国参考借鉴，使政府干预的手段更加丰富。

参考文献

IEA, *World Energy Outlook*, IEA 2004 Edition.

IEA, *IEA Response System for Oil Supply Emergencies*, Paris, 2007.

IEA, *History of the IEA: The First 20 Years-Volume III, Major Policies and Actions*, Paris, 1995.

IEA, *Energy Policies of IEA Countries-Germany*, IEA, 2007.

IEA, *Experiences with Energy Efficiency Policies and Programs in IEA Countries: Learning from the Critics*, IEA, 2005.

Commission of the European Communities, *Green Paper: A European Strategy for Sustainable, Competitive and Secure Energy*, Brussels, 2006.

BP, *Statistical Review of World Energy*, BP, 2006.

The Clingendael International Energy Program, *Study on Energy Supply Security and Geopolitics*, Institute for International Relation, The Netherlands, January 2004.

周凤起:《对中国石油供应安全的再思考》,《国际石油经济》2005 年第 1 期。

杨光主编《中东非洲发展报告:防范石油危机的国际经验》,北京,社会科学文献出版社,2005。

XI 欧盟国际危机管理的转变与理论视角[*]

在近年来重大的国际危机管理中，欧洲联盟的作用日益凸显，不仅直接影响了危机的化解过程，而且为冷战后国际政治和安全秩序的转型带来了理念、制度和行为规范的启示。与此同时，一体化建设中的困难也在一定程度上制约了欧盟的危机管理能力，将它置于观念创新和制度改革的持续压力之下。因此，研究欧盟危机管理的"例外性"无疑有助于我们深入理解超国家主义与民族主义在当代欧洲的兴衰交替过程。本章通过回顾欧盟危机管理转变在各个层面所面临的动力或局限，结合相关的一体化理论对欧盟危机管理的现实条件、核心观念和制度变迁进行经验分析，并对其作为特殊的国际行为体的发展趋势及对中国含义做出判断。

一 国际危机管理新趋向与欧盟的转变

传统意义上的国际危机是指"两个或两个以上的国家和政府之间在严重冲突中所发生的相互作用，这种冲突不是实际的战争，但却使人感到高度的战争威胁"[①]。同时，危机的构成应至少包括"决策单位的首要目标受到威胁"、"可做出反应的时间大大受限"以及"事件本身的意外性"等要素。[②]

---

[*] 作者：吴白乙，中国社会科学院欧洲研究所研究员、副所长，中国社会科学院研究生院教授，国务院应急管理专家组成员。
[①] 陈汉文：《在国际舞台上》，成都，四川人民出版社，1985，第170页。
[②] 〔美〕詹姆斯·多尔蒂、小罗伯特·普法尔茨格拉夫：《争论中的国际关系理论》（第五版），阎学通、陈寒溪等译，北京，世界知识出版社，2003，第630页。

冷战结束所带来的国际政治版图变化不仅促进了各种行为体的力量消长（包括欧洲联合的质量与数量），而且也给国际危机管理的传统观念和方式带来巨大挑战。

第一，国际危机的动因和形式发生变异，导致危机管理目标更加多元化，管理手段多样化。

随着旧的两极国际体系及其高度对抗性成为历史，世界大国之间的对峙与紧张态势大大下降，而国际军控领域的扩散与反扩散斗争、地区大国之间的冲突、中小国家因内部危机或战争而引发的地区动荡（包括种族屠杀和大范围的人道主义灾难）、国际恐怖主义事件对国际安全秩序的冲击等则取而代之，成为国际危机的主要表现。在这些危机的背后，无疑掩藏着大量地缘政治、经济、民族、宗教甚至文化的深刻原因。[1]

相形之下，一方面全球化极大地推进了国际政治、经济和安全网络的发展，另一方面这些网络也因多种危机变得更加敏感和脆弱。2001年9月11日所发生的针对美国的自杀式恐怖袭击事件在相当意义上证明了这一点，同时这一事件也促进了国际危机管理向多元目标、多边合作转变。消除危机根源、预防连锁事态成为具有战略意义的管理目标，危机管理过程因"关口前移"而更早地展开；同时，主要大国对危机管理的垄断作用有所下降，利用和集合国际体系力量达到有效管理成为新的趋势。[2] 无论是近年来针对有组织的恐怖活动所建立的各种跨国界、跨领域、跨技术专业的国际合作网络，还是解决朝核危机和伊朗核危机的多边合作进程，都充分表明国际危机管理方式已经发生重大转变。

第二，上述变化及其影响使得参与国际危机管理的行为者增多。

危机的"决策单位"已不再局限于主权国家，而是延伸到国际组织、地区组织、军事联盟甚至非国家/政府组织，[3] 在2002~2004年的伊拉克危机期间，联合国、国际原子能机构、欧盟等均扮演过阶段性的角色；在解决近年来苏丹达尔富尔危机的过程中，非洲国家联盟的立场和作用直接

---

[1] 赵绪生：《论后冷战时期的国际危机与危机管理》，载《现代国际关系》2003年第1期，第24~26页。
[2] 赵绪生：《论后冷战时期的国际危机与危机管理》，载《现代国际关系》2003年第1期，第26页。
[3] 雷勇：《后冷战时期的国际危机》，载《贵州教育学院学报（社会科学）》2004年第6期，第24页。

影响了包括中国在内的国际社会的相关立场①;而在频繁爆发的阿以危机中,巴勒斯坦的哈马斯组织和黎巴嫩的真主党则明显地成为危机决策的另一方。危机主体之间严重的非对称性,不仅使当今的危机关系更加复杂,也意味着国际危机管理的含义大大丰富了。

第三,危机所带来的决策压力时期延长。

一方面,由于信息技术网络的便利和大众传媒的发达,大多国际危机都经过一定的前期"曝光",不再"完全地出人意料",因而决策者做出反应的时间也较前宽裕,压力程度相对减轻。②伊朗在纳坦兹和阿拉克秘密建造两座核设施的内幕,最早是由《纽约时报》在2002年8月披露的,而国际原子能机构理事会对此做出正式决议则是在一年多之后了③;另一方面,国际危机事件,特别是那些因持续内乱造成大量平民流离失所、生命不保的人道主义灾难,经发达的传媒手段持续报道后激起公众普遍的同情和干预冲动,又给决策者带来旷日持久的心理紧张。④

上述国际危机及危机管理的转型给欧盟带来的影响是多重的,并导致欧盟做出以下转变和调整。

第一,欧盟适时地改变了自己的危机观,认为后冷战时代的安全威胁是非单纯军事性质的,因此不能仅用军事手段来管理和解决危机。2003年

---

① 由于达尔富尔地区局势的持续恶化,2006年11月,联合国安理会曾通过决议由联合国部队接管非洲联盟在该地区的维和行动。对此,中国表示应首先尊重当事国苏丹政府的意愿。2007年6月,非盟和平与安全理事决定延长非盟维和部队的任期,以便有充足的时间在该地区部署联合国—非盟混合维和部队。对此,中国表示在解决达尔富尔危机中,"非盟应该发挥关键作用"。参见中国新闻网:《中国特别代表再度访非 表明对达尔富尔问题立场》。载《中国网》,2006年6月17日,http://www.china.com.cn/international/txt/2007-06/17/content_8400694.htm。
② 赵绪生在《论后冷战时期的国际危机与危机管理》一文中指出,"紧迫性是国际危机的根本特性"。就危机事件的国际影响而言,这无疑是正确的。但是,从后冷战时期历次重大国际危机管理过程的角度看,其"没有持续数年的国际危机"的断言则有失客观,所称"重大决策必须在紧迫的时间压力下完成"之论点则值得商榷。参见赵绪生:《论后冷战时期的国际危机与危机管理》,第24~26页。
③ 唐志超:《伊朗核问题的由来、发展及走向》,载《思想理论教育导刊》2005年第2期,第48页。
④ 西方学者曾专门就电视新闻媒体的报道量与公众对重要国际问题的认知度做了大量研究,得出前者对促成后者向当局的外交政策施加压力起到决定性作用的结论。参见 Douglas Van Belle, "Domestic Imperatives and Rational Models", in: David Skidmore and Valerie M. Hudson (ed.), The Limits of State Autonomy: Social Groups and Foreign Policy Formulation, London: Westview Press, 1993, pp. 171-172。

出台的《欧洲安全战略》提出要用综合手段,特别要通过外交谈判、多边协商和推进国际规范等和平步骤解决国际和地区冲突与争端。[1] 这些理念与美国的单边主义政策形成了明显对立的策略文化,对于抑制后冷战单极世界格局所导致的种种弊端,推进国际关系的民主化具有重要意义。[2]

欧盟还将危机管理视为输出其经济和政治制度,改善其周边安全环境,进而推进、深化一体化的机遇。2001年,前南地区马其顿共和国西北部安全部队与当地阿族武装之间发生冲突后,欧盟进行了数月的居中调停,使交战双方于当年8月13日达成"欧赫里德和平框架"。马其顿在该协议中承诺修宪、立法和结构改革,并优先发展与欧盟地区"更加紧密和趋同的关系"。此后,欧盟通过增加发展援助、直接派驻维和部队(即欧盟历史上首次对外独立军事行动)和警察等帮助维持当地的局势稳定,推动当局按协议实现诸领域的改革。2005年10月,欧盟又启动了帮助马其顿进一步改造内政司法系统的"配对计划"(Twinning Project),拨出配套资金并派出警察顾问团,为当地机构改革、执法规范和行动标准等提供具体支持。国外的研究者认为,欧盟此举已经启动了将西巴尔干纳入欧盟的一体化进程。这种将集体安全体制的作用辐射到被管理者,增加其对欧洲观念和制度认同、向往的做法也是"干预性地区主义"的范例。[3]

第二,根据后冷战的国际危机"规模小、来源多样且不确定、地区性明显"等特点,欧盟采取了修复型的危机管理战略,注重发展自身对不可预测危机的快速反应和吸震(shock absorption)能力。[4] 相对于美国"更迭政权"的管理目标,这种"修复型战略"强调军事干预以塑造当地稳定而持久的和平秩序为任务,并与其他资源投入配套,最终达到对危机地区

---

[1] *A Secure Europe in a Better World*, European Security Strategy, adopted by the Heads of States and Government on 12 December, 2003, p. 12, pp. 18 – 19.

[2] 周敏凯:《论伊拉克战争后大西洋联盟的危机》,载《华东师范大学学报(哲学社会科学版)》2004年第5期,第23页。

[3] Isabelle Ioannides, "EU Police Mission Proxima: Testing the 'European' Approach to Building Peace," in: Agnieszka Nowak (ed.), *Civilian Crisis Management: the EU Way* (*Chaillot Paper No. 90*), Paris: (EU) Institute for Security Studies, pp. 69 – 86;阿米塔夫·阿齐亚:《地区主义和即将出现的世界秩序:主权、自治权、地区特性》,载《世界经济与政治》2000年第2期,第68页。

[4] 邱美荣:《试析冷战后欧洲危机管理风格的变化》,载《欧洲研究》2005年第1期,第19~20页、第30页。

长期治理，消除动荡根源的目的。因此，其操作更精细，作用更显著，影响更深远。具体地说，在"欧洲安全与防务政策"（即欧盟所特有的合作性防务构造——ESDP）框架下，欧盟在危机地区展开的军警行动分为维护稳定（即分隔冲突双方或强制其休战）、替换（即取代原来由当地政权行使的军事和公检法等管理职能）、重建/改革（即督察当地法治与国家机器的改造）、监督（即确保达成的危机解决方案和协议得到贯彻执行）和保障（即为其他在事发地参与危机管理的国际组织提供安全保障）等多个步骤或类型。[1]

即使在欧盟无法主导的重要国际危机管理中，其危机管理过程也未因外交努力失败而中止。相反，欧盟及其成员国积极参与战后重建，形成了具有特色的危机后处理（即全面的危机地区治理）实践。1999年6月，北约对南斯拉夫联盟空袭结束不久，欧盟就通过《东南欧稳定公约》，以法律的形式明确战后重建的三大目标为"民主与人权、经济改革、发展与合作"，并成立专门的重建机构，为帮助科索沃及其周边地区恢复秩序和经济提供了80%的维和部队和70%的资金。[2] 欧洲人对后危机管理的创新不仅强化了欧盟的民事强权地位（civilian power Europe），也丰富了当代国际关系和危机管理理论。近年来人们讨论的"次危机管理"（secondary crisis management）的概念，明确将经济和社会的繁荣与稳定作为新的管理目标，要求进行危机管理的国家或国际组织在通过军事手段结束危机或维持和平之外，还要担负被干预国家的经济复苏、政治重构、难民安置等后续义务。[3] 这些内容主要是在欧盟的经验之上总结出来的。

第三，后冷战时期的国际危机，特别是直接涉及欧洲安全的危机，进一步调动了欧盟的超国家资源潜能，使其政策独立性有了明显提升，危机管理的竞争力大大增强。以伊朗核危机为例，早在20世纪90年代初，欧盟及其许多成员国就实行了一套鲜明地独立于美国的外交政策，先后同伊

---

[1] Pedro Serrano, "A Strategic Approach to the European Security and Defense Policy", in: Agnieszka Nowak (ed.), *Civilian Crisis Management: the EU Way* (*Chaillot Paper* No. 90), Paris: (EU) Institute for Security Studies, pp. 42 – 43.

[2] 陈志敏：《欧洲联盟的军事化：从民事力量向军事力量的变形？》，载《欧洲研究》2004年第5期，第81页。

[3] Patricia Youngson, "Coercive Containment: The New Crisis Management", *International Relation*, Vol. 15, No. 5, 2001, p. 37.

朗恢复了外交关系。1998年以后，欧盟同伊朗建立了能源、毒品控制、难民安置、贸易和投资等领域的合作机制，英、法、德三国与伊朗之间还保持着每半年一次的"全面对话"机制，协调双方在反恐、大规模杀伤性武器扩散、人权等全球性问题以及中东和平进程、伊拉克、中亚等地区性问题上的立场。与此同时，欧盟成为伊朗最大的贸易伙伴，欧伊双边贸易在2002年曾超过150亿欧元。这些建设性的接触成果为后来英、法、德对伊谈判提供了重要基础，使欧盟在战略上占据了此次危机管理的先机。① 欧盟的外交动员能力也得益于其资源的多样性。在联合国，除英、法等安理会常任理事国具有突出影响力之外，作为永久观察员的欧盟也积极协调、引导各成员国实现共同立场，使成员国在联大的一致票率始终很高，增加了欧盟在国际危机中的共同立场。② 在这样的背景下，欧盟在推动安理会通过关于伊核问题的历次决议以及包括英、法、德和美、俄、中（"3+3"）的多边磋商进程中发挥主导作用实属必然。

第四，欧盟加快了自身建设。一方面，通过增加成员国用于危机管理的预算，改善军队结构，强化各成员国之间的协同作战、快速反应与联合指挥的能力，欧洲快速反应部队已初具规模。同时，欧盟继续与联合国、欧洲安全与合作组织、北大西洋公约组织等保持密切的协作关系，通过在这些组织中的欧盟成员国部队使自己的力量得以补充和延伸③；另一方面，欧盟通过增设军事委员会、政策和预警署等机构增加其危机反应功能和决策集中程度，直至将有关体制设想写入《欧洲宪法条约草案》。虽然法、荷公投使欧洲政治一体化的步伐暂时放缓，但欧洲集体安全制度并未停滞不前。2007年6月23日，欧盟27国首脑会议上通过了德国提出的欧盟新条约草案，同意将欧盟最高权力机构欧洲理事会由目前的成员国首脑会议转变为固定机制，设立常任主席一职，还设立统管欧盟外交和安全事务的"欧盟高级代表"一职。尽管后者与目前相同称谓的职位似乎差别不大，

---

① 李格琴：《欧盟介入伊朗核问题政策评估》，载《武汉大学学报（哲学社会科学版）》2005年第2期，第419~423页；李小军：《论美国和欧盟在防扩散战略上的分歧与合作》，载《外交评论》2005年第6期，第86页。
② 张凡、吴倩岚：《中国和欧盟在联合国安理会的合作》，载周弘主编《共性与差异——中欧伙伴关系评析》，北京，中国社会科学出版社，2004，第150~151页。
③ Pedro Serrano, "A Strategic Approach to the European Security and Defense Policy," in: Agnieszka Nowak（ed.）, *Civilian Crisis Management: the EU Way*（*Chaillot Paper* No. 90）, Paris:（EU）Institute for Security Studies, p. 40.

但因它由拟议已久的"外交部长"变化而来,并将合并目前的欧盟对外关系委员职责,还可以出任欧盟委员会副主席和主持成员国外长会议,其意义自然非同以往,表明欧盟进一步整合内部资源,"以一个声音说话"的制度努力仍在发展之中。①

二 对欧盟危机管理转变的理论解释

即使上面对欧盟相关理念、行为转变的归纳是客观和准确的,但也只是如盲人摸象般的简单分辨和叙述,还没有说明欧盟危机管理的整体机理,未能回答"欧盟危机管理何以发生如此转变"这样的根本问题。事实上,危机管理只是整个欧盟安全与防务政策(ESDP)以及对外行动(External Action)的核心内容之一,是欧盟内部治理和政府间主义制度安排的一个缩影。在复杂的表象之下,这一机制的运行和改良无不体现着联盟内部多元的利益构成、相互间的补充与制约关系,同时也体现着欧盟在内部和外部两个竞争图景之间的理性选择。说到底,对欧盟危机管理的深入分析不能脱离欧盟对外扩张和内部一体化的背景和原理。为此,借助于相关的一体化理论工具对欧盟危机管理加以透视不仅是必要的,也是明智的。

(一) 多元的利益——现实主义视角

国际关系中现实主义理论认为,导致决策的主要动力来自行为者"理性决定的国家利益、权力、均势,以及无政府世界中权力的运用"。而这种理性判断的前提可以来自两个方面:一是国际体系的变化可能带来各国外交政策的变化;二是国内政治形势对当局行动选择造成的影响。②

---

① 潘革平、谢栋风、尚军:《欧盟峰会就新条约草案达成协议》,载《新华网》,2007年6月23日,http://www.china.com.cn/international/txt/2007-06/23/content_840855.htm.

② 〔美〕詹姆斯·多尔蒂、小罗伯特·普法尔茨格拉夫:《争论中的国际关系理论》(第五版),第81页;Andrew Moravcsik, "Introduction: Integrating International and Domestic Theories of International Bargaining", in: Peter B. Evans, Harold K. Jacobson, and Robert D. Putnam (ed.), Double-Edged Diplomacy: International Bargaining and Domestic Politics. Berkeley, CA: University of California Press, 1993, pp. 1-42; Peter B. Evans, "Building an Integrative Approach to International and Domestic Politics: Reflections and Projections", in: Peter B. Evans, Harold K. Jacobson, and Robert D. Putnam (ed.), Double-Edged Diplomacy: International Bargaining and Domestic Politics. Berkeley, CA: University of California Press, 1993, pp. 399-405.

欧盟治理模式

据此，首先可以将欧盟危机管理的观念、策略转变解释为在国际力量对比之下一种审时度势的理性选择。欧盟的对外行动能力一方面来自巩固和扩大的欧洲联合所产生的超国家权力，使得欧盟可以同时拥有集体安全的合力和各成员国的安全政策工具，通过众多的双边或多边（如联合国、北约等）舞台得到倍增和扩展；另一方面，在汇合内部利益认同的过程中，集体安全、协商一致、多边行动以及通过制度和规范约束使用武力的冲动等成员间规范已成为其国际竞争力的一部分。相对于美国"对内行民主，对外施霸权"的特性，欧盟在对内政策、行为习惯与国际活动方式之间不存在制度性分裂，也与其军事力量微弱、民事力量发达的"特殊禀赋"相一致。[①] 从实际效果看，民事力量可在危机管理全程中得到广泛应用，推延了战争的发生或减低了战争所带来的灾难，对防止滥用武力或促进战后地区的全面重建起到了重要的制衡作用。反过来看，即使欧盟的观念和策略获得部分的成功，作为一种联盟的公共产品，集体行动和制度的软性推广也可以加深欧盟内部对集体利益及其全球身份的认同。

其次，可以这一视角诠释欧盟在观念、策略转变中隐含的对"均势"的追求，虽然此"均势"与梅特涅时代的"均势"已不可同日而语。上溯半个多世纪以来欧洲联合的过程，可以发现"欧洲人内部的立场分歧以及同美国的地位之争"，一直是具有决定意义的两大挑战。[②] 而冷战结束之后，这两大挑战更随着国际危机频发而日益突出。一方面，欧盟扩大带来诸多新成员、新利益和新矛盾，在波兰等中东欧新成员中，平衡传统大国轴心的新势力悄然出现，使联盟内部同样面临着均衡各方利益、实现新的团结与协调的压力。因此，无论在处理国际危机的主张上，还是在具体资源和行动的调度上，欧盟必须坚持多边协商、透明公正的原则，保持各成员国均等的知情权和参与权；另一方面，冷战后欧盟对国际危机的主动干预与其重塑跨大西洋关系的愿望有着某种直接的关联。欧盟不再满足于做美国在国际事务中的"小伙伴"，而是通过在重大危机问题上采取有别于

[①] 资中筠：《冷眼向洋（上）：百年风云启示录》。北京，生活·读书·新知三联书店，2000，第27页；陈志敏：《欧洲联盟的军事化：从民事力量向军事力量的变形？》，载《欧洲研究》2004年第5期，第80页。
[②] 〔德〕贝娅特·科勒—科赫、托马斯·康策尔曼、米歇勒·克诺特：《欧洲一体化与欧盟治理》，顾俊礼等译，北京，中国社会科学出版社，2004，第307页。

美国的政策"来强化欧洲认同和欧洲身份"[1]。2003年,在伊拉克的所谓"大规模杀伤性武器"问题上欧盟及德、法等主要成员国与美国发生激烈的争执,从而引发了一场跨大西洋关系的严重危机。这一事件充分表明欧洲的独立身份意识极大地增强,给欧美关系乃至国际政治格局所造成的冲击是结构性的。[2]

同样,现实主义视角可以用来解释欧盟在危机管理理念和行为转变中存在的多重矛盾。在这个多层政治复合体中,传统的国家利益、决策机构的部门利益、官员的个人偏好乃至公众的参与要求等依旧顽强地存在,对联盟的集体行动构成重要的制约。从国内政治角度观察,欧盟成员国经常在不同危机情况下出现"政治意识上不同的优先考虑和对问题的不同认识"[3]。例如,在伊拉克危机的后期,英国首相布莱尔优先考虑的是与美国的传统关系,而德国总理施罗德则更加看重德国公众的反战呼声;对美国发出的"要么与我们站在一边,要么成为我们的对头"的要挟,西班牙首相阿斯纳尔和法国总统希拉克的认识截然相反。与此密切相关,高度发达的公众舆论也大大增加了危机决策者的国内政治成本,使后者的不作为与错误作为之间的灰色地带已变得越来越狭窄。[4]

现实主义对行为者追逐权力的解释还有助于揭示联盟层面的利益冲突以及行动转变的艰难。欧盟共同外交与安全政策的决策程序规定了成员国的独立与核心地位,而联盟的权力则主要体现于引导欧洲各国首脑及外交部长们优先讨论何种日程并提供何种决策建议。尽管后者的影响力不容低估,但欧盟要以此推动所有成员国在复杂、尖锐的危机中达成一致的管理意见显然不那么容易。此外,在欧盟本身的机构设置与职能分工上,政府间主义和协商一致的原则也造成了(共同体和共同外交与安全政策两大)支柱之间和部门之间信息不对称、行动脱节和政策不配

---

[1] Robert Jervis, "The Compulsive Empire," *Foreign Policy*, No. 137, July-August 2003, pp. 83–87.
[2] 周敏凯:《论伊拉克战争后大西洋联盟的危机》,载《华东师范大学学报(哲学社会科学版)》2004年第5期,第21~23页;孙溯源:《认同危机与美欧关系的结构性变迁》,载《欧洲研究》2004年第5期,第53~63页。
[3] 〔德〕贝娅特·科勒—科赫、托马斯·康策尔曼、米歇勒·克诺特:《欧洲一体化与欧盟治理》,第308页。
[4] Douglas Van Belle, "Domestic Imperatives and Rational Models", in: David Skidmore and Valerie M. Hudson (ed.), *The Limits of State Autonomy: Social Groups and Foreign Policy Formulation*, London: Westview Press, 1993, pp. 159–162.

套等现象。属于第二支柱的欧盟理事会把对危机的评判和管理的规划视为自己的专属领域,对来自欧盟委员会的沟通意向不甚欢迎;在对危机地区的紧急援助项目上,共同体成员国则担心这种短期行为会损害其既定的援助目标与程序,使共同体沦为第二支柱的工具;即使是在欧盟理事会内部,军事部门也习惯于单向的对上负责而不愿意对民事部门开放和与之协作。[1]

总之,在危机的现实面前,国际政治的影响肯定是促使欧盟采取行动的重要前提,然而在不同的案例和不同的客观条件下,对外竞争与联盟内部关系的平衡、国际政治与国内政治等多组现实因素频繁互动,对欧盟不同层次管理者的影响和后果是不一样的。美国因素和国内政治的作用呈明显上升的趋势,二者均在共同外交和安全政策的着力点之外,更增加了欧盟的管理难度。此外,危机管理对集中权力和决策效率的自然要求又构成了对主权、支柱及部门权力的挑战,从而令欧盟经常处于选择不同价值和原则的两难境地。显然,现实主义的分析方法有助于证实在共同外交与安全政策这一"高政治"领域内,国家权力及相关追求仍然处于主导地位,而后威斯特伐利亚的超国家政治共同体还仅仅像领取了出生证的待生儿,虽然为各种内外危机所催生,却充满着脆弱与不确定性。在有限的权力结构下,欧盟危机管理只能是现实政治的妥协性安排,只能在对外目标与内部资源的动态平衡中获得自身行动的合法性。然而,现实主义的视角过于强调权力构成危机管理成败的决定作用,却无法揭示欧盟在多元利益的困境中实行危机管理转变的全部秘密。在欧洲一体化过程中,政治妥协不完全是权力角逐中的务实考虑所致,还可能来自一种共同的价值观念与行为习惯。尤其当这些观念和习惯作为制度被固定下来之后,它们就可能成为约束力,弱化国家和官僚对权力的过度追求。

(二) 网络中治理——制度主义视角

制度主义理论的倡导者将欧盟视为一个非等级结构的国家联合体,设

---

[1] Catriona Gourlay, "Cinvi-Civil Coordination in EU Crisis Management," in: Agnieszka Nowak (ed.), *Civilian Crisis Management: the EU Way* (*Chaillot Paper* No. 90), Paris: (EU) Institute for Security Studies, pp. 111 – 112; Radek Khol, "Civil-Military Coordination in EU Crisis Management", in: Agnieszka Nowak (ed.), *Civilian Crisis Management: the EU Way* (*Chaillot Paper* No. 90), Paris: (EU) Institute for Security Studies 2006, pp. 127 – 128.

定这个体系中各成员国在合法地拥有自主权的同时,通过协商谈判"有意识地确定并努力实现一个政治目标,并确保行为者的行为是在朝这个方向努力"①。在此过程中,联盟层面的官僚机构(如部长理事会、欧盟委员会以及欧洲议会等)、成员国政府相关机构和众多的专业团体、利益集团和民间组织根据共同的议题和关切组成和参与一个协商决定的网络,使各自的利益(包括联盟机构自身的利益)均有机会得到充分的表达和保护,从而进一步塑造了网络的功能及其合法性。②

制度主义理论对欧盟为改进危机管理以及内部整合所展现的独特性具有一定的解释力。首先,欧盟作为一个"完美的协商谈判体系",其总体目标无疑是促进成员国兴趣和行动的"欧洲化"(Europeanization),即"向更接近欧共体规范、政策和习惯的方向移动的进程"③。尽管协商并非每每成功,但作为一种制度化行为,它增加了成员的参与感并促进其对联盟的向心力,因为联盟为协商所预定的共同目标已经打上了"欧洲化"的标签,它可能催生某种从众效应,使任何成员难以置之度外。仍以2007年6月23日欧盟27国首脑会议为例,尽管波兰对新条约草案中的"双重多数表决机制"条款持有异议,但在最后时刻被法、英、卢等国首脑说服,对欧洲大家庭的认同使波兰终于做出妥协。④

其次,外部压力(如美国因素)和各成员国国内政治造成欧盟危机管理的弱化或失败也为其事后改进内部团结和制度改革提供了动力。在长期的一体化过程中,欧洲民族认同和泛欧认同始终并存和相互渗透,融汇成独特的欧洲精神。在欧盟各种制度的构建和改革中,体现这种精神的"自由"与"合作"两大核心价值始终并驾齐驱,当内外危机超过临界,失败与分裂成为更现实的挑战时,人们会理智地回到合作的轨道上,以相互妥协来维护共

---

① 〔德〕贝娅特·科勒—科赫、托马斯·康策尔曼、米歇勒·克诺特:《欧洲一体化与欧盟治理》,第176~179页。
② 陈玉刚:《国家与超国家——欧洲一体化理论比较研究》,上海,上海人民出版社,2001,第197~199页。
③ Roy H. Ginsberg, "Conceptualizing the European Union as an International Actor: Narrowing the Theoretical Capability-Expectations Gap", *Journal of Common Market Studies*, Vol. 37, No. 3, September 1999, p. 443.
④ 潘革平、谢栋风、尚军:《欧盟峰会就新条约草案达成协议》,载《新华网》,2007年6月23日,http://www.china.com.cn/international/txt/2007-06/23/content_840855.htm。

同体的命运。① 伊拉克危机之后，欧盟内部关系的修复速度超出人们的预料，并且直接体现于联盟在后来伊朗核危机中的突出作为。国际舆论对2003年10月英、法、德外长共同出访德黑兰，展开对伊谈判给予高度评价，认为此举"不只是解救了处在危机边缘的伊朗，也挽救了欧盟的共同外交政策"②。

在成员国的政治回归之外，近年来欧盟也有意改进成员国之间的合作制度，通过一系列具体措施改进一体化的网络功能。2002年11月，欧盟理事会的总务及对外关系理事会（General Affairs and External Relations Council—GAERC）通过了推进民事—军事协调（Civil-Military Co-ordination—CMCO）的"行动计划"。这一计划实际上是一个制度性的部际乃至支柱间的会商活动，由作为政治决策部门的欧盟政治与安全委员会主导，参加者除欧盟理事会秘书长和共同外交与安全政策高级代表外，均为各成员国驻布鲁塞尔大使；在此之下，还成立了由来自欧盟委员会和欧盟理事会秘书处的高级官员组成的危机反应协调小组（Crisis Response Coordinating Team—CRCT），以确保各军事、政治、民事行动方案在战略上的有机衔接，参加者中包括各成员国驻布鲁塞尔使团的高级官员。此外，欧盟还利用自身和成员国的教育培训基础设施，对成员国、入盟国和候补国的外交、军事和民事部门高官，欧盟各部门官员以及参加欧盟危机管理行动的人员进行军民联合危机管理培训，两度举行了与军民协调主题有关的危机管理演习。这些举措不仅提高了管理合作网络的开放度和吸纳力，增加成员国对集体管理危机的重要意义和迫切性的认知，更重要的是在潜移默化之中培育了一种跨国、跨支柱和跨部门的协调文化。③

由此归纳，欧盟解决危机管理中的内部利益冲突的方式是一方面承认和保护这些现实考虑；另一方面则借助于合作网络的学习、示范功能，增加各方对集体利益的认知，软化其个体的思维和行为偏好，而这些塑造功

---

① 蔡玉辉、杨豫：《欧洲精神与欧盟制度析论》，载《欧洲研究》2006年第1期，第90页；石佳友：《"后现代"欧洲对中国的意义》，载《欧洲研究》2005年第1期，第12页。
② 戴轶尘：《伊朗核问题中的欧盟共同外交》，载《社会观察》2007年第4期，第23页。
③ Radek Khol, "Civil-Military Coordination in EU Crisis Management", in: Agnieszka Nowak (ed.), *Civilian Crisis Management: the EU Way* (*Chaillot Paper* No. 90), Paris: (EU) Institute for Security Studies, p. 125 and p. 133.

效正是反应性制度主义所强调的。[1]

黑格尔说过，"凡是合理的都是存在的，凡是存在的都是合理的"（Was vernünftig ist, das ist Wirklich; und was wirklich ist, das ist vernünftig.）[2]。欧盟危机管理的模式特点在于其内部开放度和集体参与的通道，它以共同行动的收益与必要性转化成员们的认同程度，但也因此存在决策分散、脱节和低效率等弊端。构建向效率倾斜的合作文化，达到决策的相对集中固然应该是欧盟改进其危机管理的努力方向，但这不意味着它会简单地回归到民族国家的权力模式。制度主义理论所提倡的恰恰不是传统的民族国家建设，而是民族国家经过确立共同的治理标准体系，在保留自身基本属性的同时融为新型的国家社会（a society of states）。欧盟正是以网络性建设确立自身的标准体系，加深成员国的认同等隐性方式来抵消自身的权力缺陷，以制度的力量逐步地侵蚀和软化国家主权。这个过程所积累的各种不经意甚至是不情愿中的进步，反过来又将产生示范效应，推动新的认同和新的制度网络建设。欧盟历经挫折和失败仍不断前进的真谛就在于此。

三 结语

危机管理研究的主要对象是领导人（或集团）在利益受到高度威胁或突发性对抗的压力下的决策行为、危机决策的相互反应以及政府在决策中进行内部组织的过程三类。最后一类研究"将政府看做是由若干组织（按层次和职能机构）形成的一种复杂关系网络，危机决策是这种组织结构下相互作用的输出"[3]。本章选取了第三类研究视角，将欧盟危机管理活动与

---

[1] 〔德〕贝娅特·科勒—科赫、托马斯·康策尔曼、米歇勒·克诺特：《欧洲一体化与欧盟治理》，第315~316页。早在2003年伊朗核危机浮出水面后不久，英、法、德外长共同出访德黑兰展开对伊谈判。外界评论指出，此举"不只是解救了处在危机边缘的伊朗，也挽救了欧盟的共同外交政策"。见戴轶尘：《伊朗核问题中的欧盟共同外交》，载《社会观察》2007年第4期，第23页。

[2] Georg Wilhelm Friedrich Hegel, *Grundlinien der Philosophie des Rechts 1820*. 转引自William Archibald Dunning, *A History of Political Theories from Rousseau to Spencer*, New York: The Macmillan Company, 1920, p.446.

[3] 胡平：《国际冲突分析与危机管理研究》，北京，军事谊文出版社，1993，第156页、第159~160页。

其所处的"复杂关系网络"之间的联系作为主题,意在从宏观上把握这一特殊国际政治行为体的个性。

上面的论证表明,危机管理是整个欧盟安全建设和对外关系进程中的一个环节。它不可能超脱于联盟的内外环境条件而独善其身,其目标、机制、能力和实际运行无不受到国际体系和内部动力的影响。冷战后全球化进程的加速发展既促进了技术扩散、人员流动、制度交汇和观念碰撞,也提高了危机发生的频率和国际管理的难度。这一历史时期的国际危机管理主要转为"由第三方通过和平的外交手段或强制性的军事手段干预使危机得到缓和与解决"[1]。显而易见,危机管理已成为国际政治竞争的战略高地。在此背景下,欧盟凭借其一体化所取得的超国家体系优势,特别是其经济和制度力量参与国际危机管理竞争实属必然。随着一体化的持续进展,欧盟的安全疆界延伸到更广阔的地域,同时也深入到价值观与制度安全的层面。虽然欧盟在危机管理中不乏对强制性军事手段的应用,但如同它使用和平的外交手段的目的,是为了降低和化解危机的"外溢"效应,在恢复危机地区的秩序后,用欧盟的制度推进当地改革,进而达到"良治"与和平。由此辨识欧盟的危机管理模式,可见其有别于美国管理之道的深刻和精细之处,从而准确地理解其国际竞争力的独特性和可持续性。

与此同时,必须承认超国家主义在欧盟对外关系,特别是危机管理中的作用是有限的。在欧洲政治一体化完全成型之前,民族国家仍然是危机管理的行为主体。由于成员国主权既有的竞争性、联盟的行政功能缺陷和欧洲各国社会动员体制的区别,欧盟的对外行动能力(他重力)与其客观拥有的人口、地域、经济、军备和文化资源(自重力)还远不相称。[2] 尤其当其危机管理陷于困顿和失败时,欧盟作为一个整体的行为属性和存在状况就变得模糊不清。同样值得注意的是,危机管理的成败也会不断刺激欧盟成员国观念和行为的转变,而联盟层面的一体化制度创新也会引导成员们产生新的共识和自我约束力,欧盟危机管理机制就是在国家和超国家两个重心之间的频繁摆动中逐次进步的。据此判断,未来欧盟危机管理的

---

[1] 赵绪生:《论后冷战时期的国际危机与危机管理》,载《现代国际关系》2003年第1期,第27页。

[2] 陈玉刚:《国家与超国家——欧洲一体化理论比较研究》,上海,上海人民出版社,2001,第294页。

发展方向极有可能是继续强化在共同外交和安全方面的标准，在现有的法律、财政、行政框架下整合分散的权力，通过些小的、局部的示范效应，构建向效率倾斜的合作文化，达到决策的相对集中。这无疑是一个历史的博弈过程，无论这个过程将充满怎样的曲折和反复，它将由欧洲的历史传统和现实条件所决定，并最终为欧盟有效地应对未来的国际危机带来更大的可能和更多的机遇。

最后应该提到的是，欧盟是全球体系中正在兴起而又特殊的行为体，其管理国际危机的理念和不断改进的实践对同样处于快速发展中的中国具有诸多启示：

第一，欧盟危机管理的原则所包含的对抗性较低，也不以军事威胁为后盾，因而是维护世界和平、促进多极化发展的基本力量。欧盟强调国际规则、国际组织在危机管理中的核心地位，坚持多边合作方式，注重外交谈判等非军事方式，其有限的军事力量投送也多服务于维持秩序和干预人道主义灾难的目的。这些特点不仅与中国的一贯主张交集相通或已大部为中国接受，也是中欧在未来国际危机管理中加强合作的重要政治基础。

第二，欧盟危机管理更以危机后的地区治理见长，通过对危机地区的战后援助，输出其经济、法律和社会保障制度，消除未来冲突的隐患。这种"次危机管理"做法促进了管理的长效性，具有相当的普适意义。随着中国国际化进程的加快，中国承担的国际义务必将增加，参与周边和世界其他地区危机处理的机会也将不断增多。因此，借鉴欧盟的经验对改进中国参与国际危机管理的观念、方式是必要和有益的，更进一步说，这对于统筹和构建未来中国外交的"软力量"也具有一定的启发。

第三，欧盟危机管理机制的合作主义内核和超国家制度设计对中国参与建设本地区多边安全机制也具有积极的参考价值。目前，东亚地区政治秩序处于结构转型时期，大国的传统关系格局正在被打破，旧的同盟关系有所弱化，局部的多边政治与安全机制（如东盟所带动的诸多对话架构）已显露雏形。随着中国与周边国家关系不断改善，朝核危机的最终解决，建立东亚地区和平与安全机制的时日已然可待。未雨绸缪计，中国应及早研究相关经验，为此做好准备。

参考文献

〔美〕詹姆斯·多尔蒂、小罗伯特·普法尔茨格拉夫:《争论中的国际关系理论》(第五版),阎学通、陈寒溪等译,北京:世界知识出版社,2003。

陈玉刚:《国家与超国家——欧洲一体化理论比较研究》,上海,上海人民出版社,2001。

胡平:《国际冲突分析与危机管理研究》,北京,军事谊文出版社,1993。

〔德〕贝娅特·科勒—科赫、托马斯·康策尔曼、米歇勒·克诺特:《欧洲一体化与欧盟治理》,顾俊礼等译,北京,中国社会科学出版社,2004。

资中筠:《冷眼向洋:百年风云启示录》,北京,生活·读书·新知三联书店,2000。

周弘主编《共性与差异——中欧伙伴关系评析》,北京,中国社会科学出版社,2004。

陈汉文:《在国际舞台上》,成都,四川人民出版社,1985。

赵绪生:《论后冷战时期的国际危机与危机管理》,载《现代国际关系》2003年第1期,第24~26页。

邱美荣:《试析冷战后欧洲危机管理风格的变化》,载《欧洲研究》2005年第1期。

陈志敏:《欧洲联盟的军事化:从民事力量向军事力量的变形?》,载《欧洲研究》2004年第5期。

蔡玉辉、杨豫:《欧洲精神与欧盟制度析论》,载《欧洲研究》2006年第1期。

阿米塔夫·阿齐亚:《地区主义和即将出现的世界秩序:主权、自治权、地区特性》,载《世界经济与政治》2000年第2期。

Agnieszka Nowak (ed.), *Civilian Crisis Management: the EU Way* (*Chaillot Paper* No. 90). Paris: (EU) Institute for Security Studies, 2006.

David Skidmore and Valerie M. Hudson (ed.), *The Limits of State Autonomy: Social Groups and Foreign Policy Formulation*, London: Westview Press, 1993.

Peter B. Evans, Harold K. Jacobson, and Robert D. Putnam (ed.), *Double-Edged Diplomacy: International Bargaining and Domestic Politics*, Berkeley, CA: University of California Press, 1993.

William Archibald Dunning, *A History of Political Theories from Rousseau to Spencer*, New York: The Macmillan Company, 1920.

XII 欧盟对巴尔干的冲突调解政策

——一种新制度主义的分析[*]

巴尔干国家内部的种族对立有着漫长的历史,当冷战后欧盟参与到巴尔干纷争调解时,它能改变巴尔干冲突的恶性循环吗?为了回答这一问题,我将对下列问题进行探讨:(1)为什么巴尔干国家在冲突的恶性循环当中不能自拔?从新制度主义的视角看,是什么因素促成了冲突的路径依赖?(2)欧盟为什么要干预巴尔干冲突?它自身有哪些特点会影响巴尔干的冲突调解?(3)欧盟是怎样制定冲突调解政策的?它选择了什么样的制度和工具,并实施了什么样的互动机制?(4)欧盟的冲突调解政策能在巴尔干建立一种和平的路径依赖吗?本章试图运用新制度主义中的历史制度主义来发现和解释冲突的制度根源,然后把这种根源作为一个独立变量来考察不同巴尔干国家对欧盟制度调解的不同反应和所产生的不同结果,进而考察欧盟冲突调解政策的效果最终如何。

一 巴尔干冲突的潜在根源

历史制度主义认为,当一种制度形成或一种政策确立后,行为体所做出的选择将会对未来的政策产生持续的在某种程度上是决定性的影响。历史制度主义者经常用"路径依赖"来解释这种因果关系,当一种政府项目或者组织走上一条路径,它就会有内在的惰性,最初的政策选择会持续下去。这条路径可能发生改变,但需要大量的政治压力才能发生变化。在大

---

[*] 作者:刘作奎,毕业于首都师范大学,历史学博士,中国社会科学院欧洲研究所助理研究员。

多数巴尔干国家,旧的路径依赖的维护者在面临新的路径依赖的压力时,通常会做出利益核算;沿用旧的路径还是选择新的路径取决于实际核算的结果。对巴尔干国家来说,冷战后对旧的路径的依赖是冲突的根源,而新的路径依赖则是欧盟想要对这些国家施加的新的和平制度框架。

那么巴尔干冲突的根源是什么呢?为什么它会持续这么长时间并形成恶性循环?

我把讨论的问题集中在巴尔干一个具体区域,因为该地区现存11个国家,不同国家有着不同的历史背景和发展阶段。考虑到冲突的同质性,本章重点考察西巴尔干国家,尤其是塞黑(科索沃除外)、波黑以及马其顿。这三个国家是欧盟现在以及将来一段时间解决冲突的重点区域。这三个国家都因为种族对立和政治问题而产生冲突,冲突的根源相同但又有各自的代表性,基本上能够代表整个巴尔干冲突的不同表现形式,具有一定的典型性。

巴尔干冲突的制度症结是种族的不平等和不容忍。由于这种不平等,存在许多民主、人权和自由问题,连同政治、经济和社会差异最终导致冲突,集中表现在:(1)对各种利益的不平等获取机会;(2)不同的认同;(3)缺乏政治合法性。[1] 由于历史、宗教和文化发展轨迹的不同,南斯拉夫人民培育出不同的民族性,形成了不同的认同,导致执政的民族缺乏整体的民主和群众基础,政治合法性不足,进而不断引发非执政民族的挑战,甚至是推翻执政民族的冲突。第一次世界大战结束后,南斯拉夫建立了一个统一的国家,但是,种族对抗和不容忍从一开始就伴随着它。两次世界大战期间,信奉东正教的塞族居支配地位,信奉罗马天主教的克族对塞族怀有深深的敌意,认为自己被外族所控制。塞族和克族的这种对抗在第二次世界大战期间终于以暴力冲突的形式爆发。随着1946年在铁托领导下的"第二个"统一的南斯拉夫的建立,铁托在各种族之间确立了一种阶级兄弟关系并通过抵抗纳粹德国而获得了政治合法性,但"根深蒂固的种族不满一直存在着,并酝酿着不稳定和分裂"[2]。许多克族人继续反对塞族

---

[1] 政治合法性是指人们相信国家的正义性,相信国家有发号施令的权威,对这些命令的服从不仅仅是由于恐惧和个人利益,而且相信这些命令在某种意义上具有道义上的权威,公民应当服从。见杨烨主编《运行在国家与超国家之间——欧盟的立法制度》,江西高校出版社,2006,第159页。

[2] L. J. Cohen, "The Disintegration of Yugoslavia", *Current History* 91, No. 568, November 1992, p. 370.

在政治和文化上的支配地位，并导致了 20 世纪 80 年代末南分裂期间及其后的再度冲突。铁托改革失败所造成的负面效应更显雪上加霜；他试图用联邦主义的解决方案来消除不平等，但没有成功。1980 年 5 月 4 日铁托逝世，国家统一的主要联系纽带消失了，种族间利益和认同的冲突越来越无法调和。它们在政治体系中表现出政治化和制度化的不容忍和歧视，对政治体系的不平等参与和缺乏独立的、可评估的、民主的制度，加深了不同种族群体间的分离。为了改变这些状况，弱势民族更倾向于寻求民主权利、经济利益，甚至是自治和独立；而获益种族则试图阻止这种要求，因而冲突的恶性循环和路径依赖产生了，并在很多时候使隐性冲突转变成显性冲突。

二 欧盟在巴尔干的冲突调解：一种新制度主义的分析视角

冷战后，欧盟开始介入巴尔干地区的冲突调解，其动因如下。

（一）战略考虑

巴尔干地区的稳定、和平与发展对欧盟来说利益攸关。巴尔干居于欧洲的心脏地带，该地区的不稳定在非法活动、有组织犯罪、难民潮和移民等方面对欧盟具有危险的溢出效应。20 世纪 90 年代初期和中期欧盟在面临南斯拉夫分裂时表现糟糕，留下不少隐患，这些不稳定因素的存在和发展对欧盟具有极大的威胁。用欧盟东扩事务委员莱恩的话说："在 20 世纪 90 年代巴尔干战火焚烧的时候，欧盟在太多的时候表现得碌碌无为，我们千万不能冒着这种事情再发生的危险了。对许多人来说，在西巴尔干的成功可以被视为是欧盟外交政策具有公信力的基石。"[1] 同时，巴尔干地区作为欧盟东扩的重要战略目标，必须先行实现政治变革和局势稳定；利用入盟进程加强巴尔干国家的制度建设变成了欧盟的重要战略选择。

---

[1] Olli Rehn, "Brussels must Offer the Balkans a Credible Future", *Financial Times* (*London*), April 3, 2006.

（二）影响欧盟干预巴尔干的因素

第一，欧盟信奉制度的力量，把自身一体化的制度模式选择看成是解决巴尔干冲突的很好样板。它认为制度、规则和法律会影响和改变不同国家和不同种族之间的冲突结构。基于欧盟一体化的成功经验，欧盟认为，在巴尔干旧的路径依赖下建立一种新的制度和框架是可行的。

第二，随着欧洲一体化的发展，欧盟形成了一种支柱化结构（《马斯特里赫特条约》确定的三根支柱）。作为共同体的第一支柱和共同外交与安全政策的第二支柱在冲突中发挥了各自不同的作用。欧盟独特的制度和政策工具是欧盟的重要资源，如欧盟成员资格、贸易特惠、经济援助及条件限制、政治对话等，可以用来改变巴尔干的冲突结构。

第三，巴尔干国家要求加入欧盟的愿望，成为欧盟介入该地区冲突调节的重要切入点。

三 欧盟冲突调解模式的实施和评估

欧盟在巴尔干政策实施的步骤可以分为三步：第一步，设计冲突调解的总体框架，通过该框架，欧盟试图影响巴尔干国家步入和平轨道；第二步，为了实施这一框架，欧盟运用相关的制度和工具来达到冲突调解的目标；第三步，对实施效应进行评估来确定冲突调解的结果，并在此基础上讨论入盟条件是否成熟问题。

第一步，欧盟设计了一种制度框架，旨在通过建立冲突调解的框架来消除种族间的对立和不容忍。在所有三个国家中，欧盟都想在哥本哈根标准的框架内建立一种功能性国家[①]，通过权力分享、领土划分、建立和规范民主法律制度，完善国家内部统一市场等国家构建的办法来消除对立。

[①] 功能性的国家是指统治集团能够形成一个稳定和权威的核心，配备完备的国家立法、行政和司法等制度和经济领域统一的货币、关税制度，能整合所有必要的国家资源来制定、实施维持国家运行的重大政策。与功能性国家相对应的就是弱功能性国家，就是指国家无法形成单一的统治中心或者是存在中心却被架空，统治集团没有权威性，无法整合相关国家资源来指导国家运行，没有统一和完善的国家政治经济制度。考虑到西巴尔干国家的相关特性，我们称之为弱功能性国家。

在塞黑，欧盟主导的《贝尔格莱德协议》于 2003 年 2 月 4 日签署，结束了塞黑族之间的冲突。框架协议要求签字国承诺制定新宪法，建立一个功能性的联邦国家，让渡种族权力到一个新的国家中心来克服种族对立，进行结构性改革来结束种族间紧张并恢复稳定的政治环境。它拥有一个一院制议会、由议会选举的总统、一个法院及由五位部长和三个总统（两个共和国总统和一个联邦国家层面的总统）领导的共同军队组成的理事会。在联邦行政机构中实行两个共和国代表轮流执政的制度（包括外交代表）。经济和货币政策（保留各自的货币）、贸易和关税、警察和签证等都完全掌握在两个共和国手中。欧盟规定国家联盟的主要任务是修订两个共和国宪法，建立合适的机制来确保联邦层面的财政稳定，加强国家联盟管理能力，妥善处理加入欧盟事宜以及协调两个共和国的贸易和关税制度。

在波黑，美国联合欧盟与相关国家联合签署了《波黑和平总体框架协议》（即《代顿协议》），结束了塞族、穆族和克族之间的暴力冲突。它规定了波黑在国际法上作为一个国家继续合法存在，但这个国家由两个实体和三个种族共同体组成。两个实体是波黑联邦和色普斯卡共和国，三个种族共同体是塞族、穆族和克族。协议强调"致力于和平、正义、容忍和协调"[1]，分权、保护少数民族权利以及确保种族平等是其基本特征。两个实体在坚持波黑主权和领土完整的条件下可以分别与邻国平等地建立关系。《代顿协议》旨在对三个种族共同体提供最大限度的平等保证来阻止未来的冲突，避免某个种族在国家框架内居于支配地位。协议出台许多制度机制来保护各民族共同体的利益，诸如在议会的投票权，一院制立法制度和共同的国家总统等。

但《代顿协议》使每个实体都有自己的议会、政府、警察和军队，执行该领土权限内一个国家的大部分功能。它是一个混合体，有着不平衡的结构，大约 80% 的权力掌握在各实体手中。2002 年 3 月 27 日，（欧盟）高级代表[2]与波斯尼亚政治家一道做出了重大的宪法修正并缔结了《莫拉克维

---

[1] Dayton Peace Accords on Bosnia, Annex 4, constitution, US Department of State (1996－03－30).
[2] 这里并不是指欧盟共同外交与安全政策的高级代表。波黑高级代表是《代顿协议》签署后于 1995 年由波黑高级代表局创立的，用来监督协议的民事执行。高级代表和高级代表局代表了通过和平执行理事会指定的国际共同体。不过，目前高级代表也是欧盟的特别代表。在大多数时间里，高级代表不但代表国际共同体也代表欧盟，现在它受欧盟指派并为共同外交与安全政策服务。

卡—萨拉热窝协议》；欧盟此时已经扮演了主导角色，因此协议体现了欧盟的意愿。该协议给了波斯尼亚领土所有选区的民族和市民相同的地位，确保维护每个共同体的利益以及它们在决策机构中的代表性。欧盟还在波黑努力建设一种功能性的治理模式，（三个实体成员）的总统有太多的权力，需要让渡到国家政府层面而组成一个有效的国家政府。在这种背景下，国家构建的首要问题是加强国家层面的立法[1]。但由于欧盟的制度框架主要是强调先保持民族的平等与融合，并通过发展和完善经济领域的问题来解决政治问题，因此建立真正自由的市场经济，加强经济竞争、打击腐败和黑市成为首要目标。

在马其顿，欧盟主导的《欧赫里德协议》由马其顿政府和阿尔巴尼亚族代表在2001年8月13日签署，结束了它们在马其顿西北部几个月的武装冲突。协议确立了提高阿尔巴尼亚族在马其顿共和国权益的框架。签字国承诺推行一系列宪法修正来结束种族间紧张并恢复一种稳定的政治环境。修正的宪法条约第八条规定："各个层面的公共实体和公共生活相关领域的所有共同体所属的人都具有平等的代表性"，附件C第四条强调"发展权力共享型政府"，第五条规定发展"非歧视性和平等的代表制度"[2]。在此框架下它再次强调建立"一个现代的民主国家"[3]。当前的主要任务是加强国家层面的功能建设，进一步消除种族间的敌意，打击犯罪和建立独立的司法权，在欧盟的帮助下引入社会和经济改革，完善选举制度等一系列功能性国家所需要的基本制度。目前，马其顿由议会选举组成的联合政府是框架协议的坚定支持者和执行者，这就保证了欧盟的制度框架能够有效地被执行。

第二步，欧盟建立和使用相关的制度和工具实施这一制度框架。在处理巴尔干冲突问题上，欧盟使用不同的制度来帮助和促进这些国家完成主要目标，其中两个欧盟支柱——共同体支柱和共同外交与安全政策支柱在此过程中发挥主导作用，它们动用的工具主要是条件限制原则。

共同体和共同外交与安全政策支柱都通过给予欧盟成员资格以及其他

---

[1] Gergana Noutcheva, *EU Conditionality and Balkan Compliance: Does Sovereignty Matter?* Doctoral dissertation, University of Pittsburgh, 2006, p. 60.

[2] Ulf Brunnbauer, "The Implementation of the Ohrid Agreement: Ethnic Macedonian Resentments", *Journal on Ethnopolitical and Minority Issues in Europe*, Issue 1, 2002.

[3] See the full text of the Ohrid Agreement, Article 1. 4.

援助来实行条件限制。在某种程度上，共同体支柱采取的是肯定性条件限制，更多使用能够产生长期影响的工具，如经济援助、贸易特惠、政治对话。而共同外交与安全政策支柱施加的是否定性条件限制，更注重实用性并且能够产生短期效果和影响的工具，如派遣快速反应部队和维和部队来干预冲突、维持和平，对不服从欧盟规定的国家收回经济援助和终止政治对话。欧盟之所以采取这种双管齐下的办法，除了欧盟的结构性原因外（《马斯特里赫特条约》确定了欧盟的三个支柱结构），还因为欧盟既想以和缓的方式培育巴尔干国家的民主气氛，但又因为这种制度模式有空降式、强制性色彩，因此需要用一软一硬的办法。

在塞黑，经过欧盟共同外交与安全政策高级代表索拉纳的斡旋，塞黑双方签订了《贝尔格莱德协议》。如前所述，该协议的主旨就是建立一个单一性功能国家，索拉纳的否定性条件限制的焦点也集中在此，即如果国家联盟没有满足两个行为体保持功能性国家的要求，欧盟将撤回所有援助及其未来入盟的资格。共同体支柱则采取肯定性条件限制原则，主要包括出台《东南欧稳定公约》以及"稳定和联系进程"，这两个工具都强调在国际援助下，塞黑国家联盟加快经济和政治领域的改革进程。欧盟制定改革的年度进展报告，详细审查具体的经济发展、政治改革等情况，并给予相应的援助。肯定性条件限制并不与国家联盟的生存直接相关，相反只直接针对哥本哈根标准来实施政策。[①]

在波黑，共同外交与安全政策在不同阶段尤其发挥了不同的重要作用。这里必须提到的是高级代表的重要作用。《代顿协议》后，连续出现了四名高级代表并分别在四个不同阶段发挥了不同的作用，他们分别是卡尔·比尔特（1995~1997年期间）、卡洛斯·温斯滕多普（1997~1999年期间）、沃尔夫冈·皮特里希（1999~2002年期间）和帕蒂·埃斯多恩（2002~2005年期间）。在第一阶段，比尔特尽全力致力于波黑的稳定、重建和人道主义援助，但他除了建议、监督和协调外没有真正的强制执行的权力。第二阶段，高级代表的权威被有效增强了。1997年12月波恩和平执行理事会赋予高级代表有广泛影响的、接近行政执行的权力（波恩权力），包括有权超越地方政府决定并且有权取消或者修改议会决定。如果

---

① Nathalie Tocci, *The EU and Conflict Resolution: Promoting Peace in the Backyard*, Routledge, 2007, p. 167.

国内立法和行政实体没有按期颁布规章，他可根据情况自行颁布。第三阶段，高级代表重点集中在三项战略重点上，强化制度建设，转变经济模式，加快难民重返家园。这三管齐下的办法被皮特里希又补充以本土化（ownership），他愿意与被选举的政府和市民社会代表以一种伙伴关系共商国是。最后一个阶段，高级代表逐渐开始转移波恩权力，从决定性和干预性地使用这些权力转向更具前瞻性地使用改革推进的办法。克里斯蒂安·艾伯纳总结出这一时期欧盟政策的特点是调整、鼓励和加速改革进程。[①]高级代表的所有这些努力都是试图逐渐增强国家层面的制度，并开放政治空间促进相关国家建设在宪法层面出现明显的变化。它逐渐实施否定性条件限制来达到功能性的国家构建，不过实施的力度和范围在不同阶段有不同的特点。与此同时，共同体支柱也采用了"稳定和联系进程"、《东南欧稳定公约》工具，并以哥本哈根标准为基础，配合高级代表展开工作，借助肯定性条件限制，欧盟对波黑在《代顿协议》和莫拉克维卡—萨拉热窝框架下的发展做出研究。设定相关的政治、经济和法律标准，欧盟每年评估其进展状况，并决定给予援助和入盟的时间表。

在马其顿，《欧赫里德协议》签署后，欧盟委员会任命了欧盟特别代表来帮助确保欧盟对外行动的一致和协调国际共同体的行动努力。根据欧盟2005年共同指导原则，欧盟特别代表致力于巩固和平的政治进程以及全面实施《欧赫里德框架协议》，通过"稳定和联系进程"以及《东南欧稳定公约》促进马其顿向欧洲一体化进一步迈进。欧盟特别代表对政令的实施负责，在高级代表的掌管和操作指令下行动，并与马其顿政府和参与到政治进程中的党派保持密切接触，同时，还向欧盟提供建议来加速政治改革进程。第二根支柱在潜在的政治紧张领域为促进稳定发挥了支配性作用，例如2003年12月15日发起的EUPOL Proxima行动。在这里，否定性条件限制在短时间内应对冲突方面发挥了作用，不过在执行否定性条件限制方面没有像塞尔维亚黑山以及波斯尼亚和黑塞哥维那那么明显，因为马其顿的国家构建一直顺利而平稳地进行，没有出现大的波折，因此欧盟使用否定性限制的机会就会比较少。欧共体在《稳定与联系协议》的背景下

---

① Christian Ebner, "Are the Bonn Powers still Necessary?" in: Predrag Jurekovic & Frederic Labarre, *From Peace Making to Self-Sustaining Peace: International Presence in South East Europe at a Crossroads?* Vienna, National Defence Academy, 2004, p. 127.

支持马其顿的改革，除了给予潜在入盟候选国资格外，《稳定与联系协议》也加入了框架协议的条款。因此，援助集中在与实施框架协议相关的内容，《东南欧稳定公约》也让马其顿积极融入到区域合作计划中，并积极进行政治和经济改革以支持该国逐渐走入欧洲一体化框架中。

第三步，对制度和工具实施的效果进行评估。

当欧盟的制度模式输入到西巴尔干国家时，每个国家对立的种族群体都被赋予了新的身份。这种新的制度身份必定会改变它们的行为和动机。而欧盟则根据这种条件和服从原则来对制度输入的效果进行评估，确定政策实施后的效应到底如何。

塞黑在国家联盟的框架内，两个共和国的统治集团分别会考虑这种制度安排是否会使它们各自的利益最大化。《贝尔格莱德协议》在新的政治框架内给予了两个共和国绝对平等的地位，而没有考虑两个共和国规模、体制的不同和历史传统的差异。在塞尔维亚，许多塞尔维亚的联邦主义者和实用主义者认为，国家联盟在法律上确立了黑山事实上的独立，给了它与其规模不相称的权力，进而使联邦决策更加复杂化，因而会阻碍改革。[①]此外，在漫长的历史时期内，黑山人形成了不同于塞尔维亚的认同和传统。尽管它们在一个国家或者共和国内曾经历过长期的友谊，但前南斯拉夫两个共和国的不平等日益引起黑山人的关注。贝尔格莱德和波德戈理查之间针对共同国家和它的未来的对立的政治观点和指责在20世纪90年代晚期到了临界点。黑山人一直把自己看成是塞尔维亚人中最优秀的，是东正教的最高代表。《贝尔格莱德协议》引发了剧烈的政府危机，黑山自由联盟强烈坚持独立，促使总统杜贾科维奇与社会党人菲利普·武贾诺维奇在2003年1月组成新政府。黑山反对党和塞尔维亚民主反对党激烈反对，使杜贾科维奇很少有斡旋空间来使国家联盟运作。这意味着在国家联盟的政治层面，很难组成一个事实上的国家议会（事实证明是这样，它是一个功能紊乱的实体）。

最困难的是在经济层面。黑山政府自1998年开始事实上执行了自己的独立于联邦政府的经济政策。从那开始，塞黑经济就分开了。到2000年，两个共和国形成了不同的贸易政策，建立了不同的关税管理。两个经济体进一步分离的原因包括：经济力量不成比例——比率是17∶1，塞尔维亚规

[①] Nathalie Tocci, *The EU and Conflict Resolution: Promoting Peace in the Backyard*, p.155.

模更大一些；不同的经济结构——塞尔维亚实行保护主义，而黑山则实行开放政策。两种经济制度需要协调来继续"稳定和联系进程"，但从一开始国家联盟就表现出非常的无效率和功能紊乱。

在2004年的"稳定与联系进程"年度报告中，欧盟发现两个共和国在该框架内没有什么进展。在报告中它指出"委员会开始研究在2003年秋与塞黑开启《稳定与联系协议》的协商，在该国采取新的宪法章程后，提交了一份创建单一贸易政策和单一市场的行动计划。随着塞尔维亚的议会选举，新政府需要时间处理遗留问题，尤其包括政治条件限制、宪法问题以及行动计划。因为这个原因，可行性研究被推迟了"[1]。这导致欧盟放弃这一制度框架并采用了"双轨"[2] 政策，直到黑山在2006年公投中宣布独立。欧盟在塞黑国家建设功能性国家来达到冲突调解成了一个失败的案例。

在波黑，情况与塞黑有所不同。由于欧盟和其他国际组织的全力支持，它们成功地使波黑从依靠外部力量转向本土化治理。波黑在走向功能性的国家性方面不同民族取得了共识。在 UNDP 2002 年调查中，85.8%波斯尼亚聚居区的人、52.3%克罗地亚聚居区的人和63.9%塞尔维亚聚居区的人同意新的宪法修正，随后这些数据都相对出现增长。这证明波斯尼亚作为所有区域和所有文化共同体的市民和民族组成的一个单一国家公共支持率日益增多。

当谈到经济一体化时情况则不是如此。面对经济利益的时候，各个实体很难达成一致，这就使得国家层面的经济运行功能很弱。在新的制度框架下，塞族、穆族和克族主导群体将会考虑是否他们从这种安排中获得了最大化的利益。尽管波黑内战结束了，但在经济领域，存在着经济利益的世袭制度。在20世纪80年代，改革中的联邦主义者针对由政治精英、官僚和工人组成的"极权联合"进行改革，但没有获得应有的经济利益，而且国家的经济也一直增长乏力。米兰·斯库里克作了相关研究并指出，在波斯尼亚有着传统深厚的继承主义，利益群体的代表控制着绝大多数地方市长职位。这种制度从结构上嵌入到当前的波黑。战前和战时经济所延续

---

[1] EU Commission, "The Stabilisation and Association Process for South East Europe", Third Annual Report, Brussels, 30, March, 2004, COM (2004), 202/2 final, p. 8.

[2] See Dragan Duric, "Montenegro's Prospects for European Integration: on a Twin Track", *South-East Europe Review*, 4/2004.

的特权继承制确保了代理制度的生存和受益者链条的牢固性。代理制度决定了财产的分配和获取经济利益的机会,利益政党和有权势的财产继承人自上而下控制着波黑的企业,他们联合垄断着波黑的饭店、娱乐场所、餐馆、银行、烟草、森林、电讯、能源和自来水公司等。[1] 这些获利者组成重要的国家政党,并且每个居于支配地位的国家政党都选择了自己的继承人来维持各种各样的利益。这种利益关系在国家结构中是纵横交错的,从宏观层面来看,塞、穆和克族的领袖是各个族的最大经济利益代表,它们每一族都组成了庞大的各族利益链条维护者,彼此之间在经济领域难以妥协;从微观层面来看,在三大族下面又存在不同利益集团彼此为控制经济资源的互相争夺,这些复杂交错的网络分割了波黑整个国家的经济,难以形成功能性的市场。欧盟制定的宪法和法律对于这种顽固体制的干预软弱无力。财富分配和对权利与机会的获取是极端不平等的,经济活动的私有化无法规范化,非法和非正式的经济剥夺了政府的税收,据估计每年的数目约为5亿美元。[2] 灰色和黑色经济盛行导致了腐败。

欧盟对波黑经济进行的年度评估也证实了这一点。2003年欧盟委员会审查了波黑经济改革的重点(建设统一的市场经济和打击灰色/黑色经济),欧盟的评价为"进展缓慢和不明显"[3];"总体而言,不同层面政府对经济和财政政策的协调和达成一致仍旧存在问题";"市场力量的功能化受到在经济中的公共部门和脆弱的贸易环境以及法律环境的阻碍。在不同实体之间的市场被分割化了"[4]。在2005年的报告中,它描述道:"国家和国际组织层面所做的调查和评估证实了腐败仍旧是波黑一个严重的问题。腐败几乎影响到国家和社会的所有层面。"[5] 欧盟的制度框架没有损害波黑

---

[1] Michael Pugh, "Postwar Political Economy in Bosnia and Herzegovina: The Spoils of Peace", *Global Governance*, Vol. 8, Issue 4, Lynne Rienner Publishers, 2002.

[2] Peter van Walsum (OHR Economics Division), cited in "UN Envoy Says Officials Involved in Corruption", UN wire, 17 August 2000.

[3] European Commission, "Report from the Commission to the Council on the Preparedness of Bosnia and Herzegovina to Negotiate a Stabilisation and Association Agreement with the EU" (Feasibility Study), COM (2003) 692 final, 18.11.2003, 17.

[4] Commission of the European Communities, "Bosnia and Herzegovina 2006 Progress Report", COM (2006), 649, final, p. 21, 25.

[5] European Commission, "Bosnia and Herzegovina 2005 Progress Report", COM (2005), 561, final, p. 18.

各族的价值观念和认同,因此它们并不反对欧盟的制度安排;但涉及建设功能性市场经济方面,由于关系到切身经济利益,因此它们对欧盟的安排采取了部分接受部分假服从的办法,仍在经营各自的利益版图,导致欧盟的安排无法取得设想中的进展。

马其顿则在欧盟规定的框架内取得了快速进展。在2004年度报告中,欧盟给予这样的总体评价:马其顿采取了许多卓有成效的措施,这些措施表明了马其顿想要加速欧盟在"稳定和联系进程"框架下的改革。这些措施包括更好地协调实施马其顿和欧盟契约关系中的义务和在"稳定和联系进程"下的建议。[1] 这两个条约都强调了建设功能性国家以及市场经济。在欧赫里德框架内,马其顿相对有效地执行了欧盟的条件限制。阿尔巴尼亚族和马其顿族能够和平共处,敌意和不容忍得到有效的压制。在2006年的进展报告中,欧共体认为:"所有相关党派都同意建立以经济为基础的市场","在维持基本的经济政策方面达成了广泛的政治一致"[2],所有的经济指标都取得了进步。"各党派之间的持续对话对于采纳和实施重要的政治改革和相关的立法是至关重要的。《欧赫里德框架协议》的实施对于孕育未来改革的积极环境是至关重要的。"[3] 但是在实现国家功能方面,两个种族在议会代表性方面、处理加入欧盟的时间表上、究竟采取何种措施缓解两个种族对立等方面还存在着分歧,需要进一步协商。

四 欧盟在西巴尔干能建成新的路径依赖吗?

欧盟能否在三个巴尔干国家建立新的路径,将取决于旧的路径依赖的严重程度,并将直接影响到最终的结果。欧盟成员国资格从长远来看会带来经济和政治收益,但从近期看会造成对立群体为此而付出将实质性的权力和利益转移到一个国家中心的代价,因此就会产生服从条件的成本。如

---

[1] Commission of the European Communities, "Stabilisation and Association Report 2004", Brussels, COM (2004), 204, final.
[2] Commission of the European Communities, "The FRYOM 2006 Progress Report", COM (2006), 649, final, p. 18.
[3] Commission of the European Communities, "The FRYOM 2006 Progress Report", COM (2006), 649, final, p. 7.

果欧盟成员国资格带来的长期收益大于服从条件的短期收益，种族群体就会选择接受欧盟的制度模式，新的路径依赖就容易建成。如果长期收益小于服从成本，种族群体倾向于拒绝欧盟的制度安排，欧盟所设想的路径依赖则不会成立。如果长远收益等于或短时间难以核算是否等于服从成本，种族群体会选择接受但不会取得大的进展，这种情况也称为假服从，新的路径依赖建设过程则表现为进展缓慢甚至是停滞。

在塞黑，种族对立非常严重，旧的路径依赖在欧盟框架下难以轻易被改变，所以欧盟的安排失败了。在马其顿，它作为一个主权国家的合法性早在南斯拉夫社会主义共和国时期就确立了，承认对于巩固一种破碎的国家认同感是非常关键的[1]，并因此导致马其顿族和阿尔巴尼亚族之间的对立不如塞黑和波黑那么严重，双方在同一战车上合作才能双赢的共识很早就扎根了。另外，马其顿族在整个国家的主导地位也有利于问题的解决，因为阿尔巴尼亚族可以作为一个合作者参与到国家建设当中。但双方在经济发展道路等一些具体问题上仍存在着分歧。在某种程度上，一种和平与发展的路径依赖已经在马其顿建立起来。在波黑，情况居于两者之间，经济领域的改革进展缓慢，进而溢出到政治领域。塞族、穆族和克族的对立有着很长的历史，制度安排缓解了政治上的紧张，但经济利益的链条并不容易打破；在无法打破利益平衡的时候，波黑冲突各方就会选择默认欧盟的制度调解，但不会真正服从，因此进展也就会相对缓慢。新的路径依赖虽然没有被拒绝，但要想真正建立起来仍然需要时间。格戛纳·努切娃总结了上述现象，她认为欧盟的政治和经济条件限制随着不同国家和对不同制度背景嵌入的程度不同而变化，政策也会产生不同的结果。[2] 根据上述分析，我们可以做出如下结论：在冲突各方中，价值和认同问题最难克服，利益分享问题在其次，而手段的差异则相对容易解决（见表12-1）。[3]

---

[1] Duncan M. Perry, "Macedonia: A Balkan Problem and a European Dilemma", RFE/RL Research Report, 19 June 1992, p. 36.

[2] Gergana Noutcheva, *EU Conditionality and Balkan Compliance: Does Sovereignty Matter?* University of Pittsburgh, p. 8.

[3] 此处需特别感谢贝娅特·科勒—科赫教授为我提供的深刻见解和总结。

表 12-1　巴尔干国家的冲突类型与调解概率

冲突类型	价值和认同冲突	利益冲突	方式方法冲突
	双方都倾向于独立和自治	双方都要求平等分享各种利益	双方都要求用不同的路径来达成双赢
冲突调解成功的概率	低	中	高

当我们做出上述比较的时候就会发现种族对立的严重程度决定了结果。我们可以三个西巴尔干国家在"稳定和联系进程"中取得进步的程度来做一比较（见表 12-2，截止时间是 2004 年）。

表 12-2　三个巴尔干国家在"稳定和联系进程"中的进展

"稳定和联系进程"的各个阶段	马其顿	波黑	塞黑
特别咨询小组	1998 年 1 月	1998 年	2001/02 年加强持久对话机制 2003/04 年
可行性研究	1999 年 6 月	2003 年 11 月	
《稳定与联系协议》协商	2000 年 1 月		
签署《稳定与联系协议》	2001 年 4 月		
《稳定与联系协议》实施	2001/2004 年		
候选国地位			

从表 12-2 中可以看出，当马其顿和波黑都进行了可行性研究时，塞黑仍旧在起步阶段徘徊不前。而波黑在进行了可行性研究后再无进步，马其顿则进展迅速。

客观地讲，种族对立程度并不是唯一的影响冲突调解的独立变量。欧盟不同支柱间的不协调以及条件限制的明确性和时效性也是潜在的影响因素；限于篇幅我们不在此探讨。与此同时，塞黑虽然拒绝接受欧盟的一个功能性国家的制度安排，但两个共和国都接受了大多数哥本哈根标准的条件限制，并且在入盟"稳定和联系进程"、稳定公约上都取得了进步。种族对立是我的一个研究视角，试图通过对一组弱功能性国家的冲突调解的考察来得出一个规律性的结论，来为今后欧盟对外冲突调解政策提供一个带有科学方法性的参考。在这里，我不否认西巴尔干国家在入盟道路上取得的进展，我也不否认欧盟在引导巴尔干走向一个民主、自由和市场经济的地区所取得的成果。

参考文献

Neal G. Jesse and Kristen P. Williams, *Identity and Institutions-Conflict Reduction in Divided Societies*, Albany, State University of New York Press, 2005.

Dr Gojko Vuckovic, *Ethnic Cleavages and Conflicts: the Sources of National Cohesion and Disintegration—the Case of Yugoslavia*, Aldershot, Ashgate, 1997.

Gergana Noutcheva, *EU Conditionality and Balkan Compliance: Does Sovereignty Matter?* University of Pittsburgh, 2006.

Bruno Coppieters and Michael Emerson, etc, *Europeanization and Conflict Resolution, Case Studies from the European Periphery*, Academia Press, 2004.

Farimah Daftary and Stefan Troebst edited, *Radical Ethnic Movements in Contemporary Europe*, New York and Oxford, Berghahn Books, 2003.

Philip G. Roeder and Donald Rothchild, *Sustainable Peace: Power and Democracy after Civil Wars*, Ithaca and London, Cornell University Press, 2005.

Guy Peters, *New Institutionalism: Institutional Theory in Political Science*, Ashford Color Press Ltd, UK, 1999.

Ho-Won Jeong, *Peace-building in Post-conflict Societies, Strategy and Process*, Lȳnne Rienner Publishers, Inc, 2005.

Francis Fukuyama, *State Building: Governance and World Order in 21st Century*, New York, Cornell University Press, 2004.

Nathalie Tocci, *The EU and Conflict Resolution: Promoting Peace in the Backyard*, Routledge, 2007.

XIII 欧盟与拉美国家关系及"欧洲方式"*

一 引言

本章所探讨的欧盟与拉美国家的关系介于20世纪50年代末期至21世纪初期。20世纪50~60年代，虽然拉美国家有意与欧洲开展政治合作，但欧共体的拉美政策仅局限于与拉美主要国家的贸易交往。由于冷战时期美国与西欧的政治军事联盟和美国与拉美的条约体系主导着大西洋两岸的美、欧、拉关系，同时由于50~60年代欧洲和拉美地区的内部整合还未达到公认的国际行为体的程度，欧拉关系对双方而言都处于各自国际议程的边缘地带。20世纪70~80年代，欧洲开始进一步介入拉美事务，包括帮助拉美国家解决债务问题和促进拉美的民主化进程，特别是积极卷入中美洲和平进程，并由此开始确立区域性国家集团之间的正式对话制度。至1990年代，欧拉对话已经形成了欧洲联盟和拉丁美洲地区、次区域集团以及特定国家之间发展关系的一系列固定机制。在这一过程中，欧洲在拉丁美洲的政策实践体现了欧洲建设中处理政治和国际关系的、有别于其他国际行为体特别是美国的行为方式和特色，被称为解决拉丁美洲问题的"欧洲方式"。为了探讨这一时期的欧拉关系与"欧洲方式"，本章将依次阐明欧拉对话的含义、欧拉关系的分析层次和"欧洲方式"的内容，并通过欧拉对话的建立和发展进程说明欧拉关系及其"欧洲方式"的意义。

---

* 作者：张凡，中国社会科学院研究生院博士毕业，中国社会科学院拉美研究所副研究员。

二 欧拉对话与"欧洲方式"

(一) 欧拉关系与欧拉对话

1958年，欧洲经济共同体成立伊始，共同体委员会就通过意向备忘录的方式向拉美国家表达了与拉美地区建立紧密关系和进行合作的愿望，并特别指出共同体内部的贸易安排不应阻碍两大地区之间的商业往来。1963年，共同体理事会根据委员会的建议，批准成立了委员会官员与拉美国家驻布鲁塞尔使节之间的联络小组。拉美国家使节也通过备忘录的形式希望欧共体实施针对拉美的地区性政策以加强双边联系。欧拉双边工作小组在其后的几年内相继就双方贸易问题展开了一系列磋商。但拉美国家将工作小组升格为混合委员会的愿望未能得到共同体理事会的积极响应。

1970年，拉美国家通过"拉美协调特别委员会"发表了一份《布宜诺斯艾利斯宣言》，要求在欧拉之间建立政治对话机制并开展更为紧密的经济合作。欧共体理事会正面回应了拉美国家的要求，确立了拉美国家驻欧使节与共同体委员会之间的定期对话安排。但这一定期对话并未给欧拉关系带来实质性的变化，共同体的拉美政策仅局限于与拉美主要国家订立商务条约。只有加勒比国家在这一时期通过《洛美协定》加入了非洲和太平洋前殖民地国家，成为欧洲一项特别安排的成员。

1974年，欧洲议会与拉美议会之间的议会对话正式开始，该对话以民主、人权和拉美的发展为主要关注点。1980年，共同体理事会根据意大利的建议，调整了欧拉对话的安排和渠道，确立了拉美驻欧使节与共同体常驻代表委员会和共同体委员会之间的会议以及拉美驻欧使节与共同体委员会之间的会议两种对话形式。1982年，英阿马岛战争爆发，欧拉对话中断。

1984年，共同体委员会发布了一份加强欧拉关系的政策文件。同年，共同体委员会与孔塔多拉集团和中美洲国家之间的"圣何塞对话"启动。"圣何塞对话"被视为欧盟外交政策最为成功的典范之一。1986年，委员会在致理事会的文件中建议实行新的拉美政策，承认拉美地区的多样性并支持次区域一体化进程。同年理事会海牙会议宣称强化欧拉"地区间"关系,并指出西、葡入盟后对欧拉关系的正面影响。1986年,里约集团成立,为欧拉地区间关系的发展创造了一个对等的伙伴。1989年,委员会与拉美驻欧使节对话恢复。1990年,共同体与里约集团的对话制度正式确立。

1991年,伊比利亚美洲峰会(西、葡和拉美国家首脑会议)正式启动。至1995年欧洲理事会马德里会议采纳委员会建议并确立欧盟对拉丁美洲的新战略之际,欧盟已经与拉美主要国家和次区域集团签署了一系列合作协议。除与特定国家和次区域集团建立广泛的联系外,委员会还出台了涉及拉美整个地区的政策文件。1999年,包括共同体所有成员国和拉美所有国家的欧拉峰会开始举行。世纪之交,欧拉关系的发展除依据欧盟与拉美国家和次区域集团之间的一系列协议外,主要是按照两大地区之间的若干对话制度在运作和展开。

在冷战趋于缓和和结束之后,"对话"一词频繁用于国际关系领域。对话意味着国际体系中的行为体通过接触、交流和谈判处理彼此之间的关系,避免相互隔绝、阻难和对抗。20世纪末叶,"对话"已成为欧洲联盟对外行为中一系列复杂而精致的工具和手段的称谓。与某些国家或国家集团在不同的政府层次和政策领域展开定期的磋商,是欧洲联盟对外战略和政策的一种主要途径,也是欧盟这一特殊的国际行为体所最"适用"的一种交往方式。对话作为固定的机制为国际行为体之间常常很不稳定的关系设置了若干"最低限度"的规则:依据这样一种机制,参与各方的定期会商构成了机制的"有形"、"可视"的部分,各行为体必须按一种"共同的"议程规划具体的行动,因此,有可能在某种最低限度的"制度框架"中达成协议。[①]

当定期会商机制被视为"对话"的时候,它也是在向对话者和观察者传递着一种特定信息:虽然在现实中未必如此,但在正式和法律的意义上,这是平等伙伴间的一种互动互惠渠道。在与第三世界国家特别是前殖民地国家建立对话联系时,欧洲联盟实际上也在塑造着自己的形象:来自欧洲的合作伙伴已经取代了历史上的前征服者。这充分反映了20世纪世界

[①] 参见 Christian Freres and Jose Antonio Sanahuja, *Study on Relations between the European Union and Latin America: New Strategies and Perspectives*, Instituto Complutense de Estudios Internacionales, 2005, p. 56。

历史的变迁，特别是国际体系中行为体间关系的巨大变化。对于欧洲联盟的对话伙伴而言，这种变化无疑是积极的，而欧盟的姿态也是值得欢迎的。

事实上，拉丁美洲在欧盟对外关系中显现重要意义始于1970年代。1979年，尼加拉瓜桑地诺阵线执掌政权；其后，中美洲各国内外政治势力的角逐导致长达十余年的地区冲突。这种状况促成了解决中美洲问题的"欧洲方式"乃至一项更广泛的欧盟拉美政策。至21世纪初叶，欧洲联盟已经与拉丁美洲建立起包括各种政策领域和不同地域范围的联系，这些政策被欧盟委员会归入两大类别："地区关系"和"专门对话"。前者主要指欧拉两大地区的对话机制，包括欧盟与里约集团[①]的对话和欧盟与拉美和加勒比地区[②]的对话。后者即"专门对话"，指欧盟与拉美国家和国家集团间的联系，所谓"专门"是指对话最初专门针对特定国家或地区的迫切问题而设，其后逐步纳入了更为广泛的其他问题领域。

（二）欧拉对话的分析层次

至少可以从三个分析层次来认识欧拉对话这一"伙伴关系"的主要特征：全球结构层次、地区间层次、地区内层次。在全球结构层次，欧拉关系是地缘政治、地缘经济博弈和国际秩序演变的有机组成部分，其中"美国因素"发挥着至关重要的影响。第二次世界大战结束以后，西欧国家和拉美国家同属"西方"，并通过各种条约体系与美国结成盟友关系。但欧洲和拉丁美洲的利益和诉求与美国的利益和目标并非完全吻合，欧美关系和美拉关系既有互利、合作的一面，又有矛盾甚至冲突之处。特别是在冷战终结以后，由唯一的超级大国所主宰的国际秩序未必符合欧洲和拉美多数国家的利益，甚至恰恰相反，由于缺乏制衡的力量，一超独大很有可能导致忽视或危害盟友利益的单边行为。与此同时，全球化的趋势及各种国

---

① 里约集团成立于1986年，最初由8个国家（阿根廷、巴西、哥伦比亚、墨西哥、巴拿马、秘鲁、乌拉圭和委内瑞拉）组成，1990年智利、厄瓜多尔、玻利维亚和巴拉圭加入，2000年哥斯达黎加、萨尔瓦多、危地马拉、洪都拉斯、尼加拉瓜和多米尼加共和国加入，同时接纳了加勒比共同体和共同市场的代表，因此里约集团已包括所有的拉美国家并与加勒比共同体建立了联系。1990年，欧共体与里约集团开始政治对话，其后双方定期举行部长级会商。

② 即欧拉峰会。1999年，欧盟与拉美和加勒比地区国家元首和政府首脑在里约热内卢举行首次峰会，建立了地区间"战略伙伴关系"。2006年维也纳峰会为欧拉第四次峰会。

际行为主体相互依存关系的发展也为新的国际秩序的建构提供了多种可能。因此，欧拉关系的发展一方面有国际体系内力量分布的背景并遵循着势力均衡的逻辑，在美、欧、拉三边关系中相互借重以平衡美国的压力；另一方面则延续、更新了传统国际法和国际组织的思路，在战后欧洲以及拉丁美洲发展经验的基础上，强调地区建设和一体化、地区间合作、多边主义以及国际制度的地位和作用，进而在一定程度上以新型的"全球治理"超越政治现实主义的"权力政治"。

在地区间关系的层次上，欧拉关系中存在着贯穿始终的三大领域或"主题"：文化的、政治的和经济的。随着欧拉对话的逐步展开，双方刻意强调两大地区间的历史文化纽带和共同的价值观念，从而开发出一种特定的"话语"，使双方易于接受并认同对方"天然伙伴"的地位，为地区间的合作创造一种良好的氛围。但是，这种文化上的亲和力并不能完全取代甚至有时也无法掩饰各种国际行为主体（包括国家或国家集团）之间的利益关系。欧洲和拉丁美洲正是带着自己的政治目标和经济利益走向对话的。欧拉间的政治对话已通过各种地区间的、次地区的和双边的机制形成一个复杂的网络，但经济关系仍在很大程度上维持着典型的南北关系的分野。拉美国家越来越无法接受欧盟"援助而非贸易"的政策，并越来越强烈地希望改变政治和经济关系严重失衡的状态。而一旦涉及具体的经济利益，由于受到个别国家或部门的掣肘，欧盟的政策便显得首鼠两端。

就地区内层次而言，地区或次地区集团成员国的个别立场和具体目标以及成员国之间的利益平衡构成了共同的联盟或地区政策的最主要的原动力。但成员国本身事实上也不是单一的行为主体，而是涉及众多次国家行为主体的多元社会，其中文化、经济制度和政府体制也对国家偏好的形成产生着重要影响。更为复杂的是，地区整合的结果是某种超国家或政府间机构的设置，而在这一层次的不同机构之间也存在职责甚至利益诉求的差异。上述情况在欧洲和拉丁美洲有类似的表现，但在欧洲表现得更为明显。

这里有两个问题值得特别关注。首先，所谓"多层治理"问题。欧盟研究中的"多层治理"概念涉及不同层次的政府机构的运行，也涉及政府与非政府组织的相互依存。这一概念的"外溢"效应是多方面的，这里仅强调两点：其一，针对国际秩序的全球治理实际上延伸了许多欧盟治理的理念和机制，诸如多边主义和地区主义；其二，就拉丁美洲应对外部挑战的反应而言，鉴于欧拉对话的特殊形式，拉美国家在很多场合"不得不"在国家"之上"和"之下"组合相应的层次，以适应多层次多领域的谈判结构。其次，治理的概念包含着一个"规范"的维度，即所谓"善治"问题。在欧盟研究中，有关"非军事强权"和"规范强权"的讨论已进行多年，欧洲建设进程中的基本规范"原则上"也是拉美国家可以接受和尊崇的，但在实践中两大地区的表现又具有明显的差异，这种情况既体现为文化的亲和力和共同的价值观，又反映了欧拉伙伴关系的不对称性。[①]

（三）"欧洲方式"

显然，在欧拉关系的发展特别是欧拉对话的建立过程中，虽然全球权力结构和美国主导地位始终是其最基本的背景条件，但国际体系的演变和欧拉地区间关系的特点也为超越传统外交和政治现实主义的新型全球治理打开了一扇机会之窗。一般而言，在国家和全球层次之间的地区和地区间层次正在出现的治理结构，可以提供国家或全球层次没有或不能提供的问题解决方案，同时为全球治理提供先期的习得过程和合法性基础。具体到欧拉关系的实践中，在欧洲和拉丁美洲双边关系不对称的条件下，欧拉对话机制意味着不发达地区和国家在国际政治中参与渠道的拓展，即在基本权力结构不变的情况下，弱势地区仍有机会参与构建特定层次的治理结构。欧洲与拉丁美洲针对美国的政策协调以及在地区与全球问题上的合作既可以约束美国的单边行为，又可能对美国的政策施加影响。与此同时，欧盟和拉美次区域集团对全球以及各自地区问题采取政治—经济手段而非军事手段的政策偏好，对全球治理的演进方向具有重要的影响，即凸显了欧拉区域性国家集团的非军事的、文明的行为主体（civic actors）的角色定位。上述情况与欧盟处理拉美问题的"欧洲方式"（European Approach）密切相关。

所谓欧盟处理拉美问题的"欧洲方式"，是指在欧拉关系的发展特别是在欧拉对话建立的过程中，欧洲联盟所偏好的政策目标和手段及其特色。"欧洲方式"最初是在介入 1980 年代中美洲和平进程时形成的一种有别于美国的、"欧洲的"立场和采取的行动，后来则用来描述欧盟针对整

---

① 有关欧拉关系不对称问题的论述，见本章第四部分。

个拉丁美洲所采取的带有欧洲色彩的一系列政策和行动。"欧洲方式"主要包括下列内容。

1. "文明强权"（civilian power）与"规范强权"（normative power）

"文明强权"包含三个关键特征：以经济手段谋求国家/集团目的；以外交合作方式解决国际问题；以及运用具有法律约束力的超国家机构谋取发展和进步的意愿。"规范强权"的概念则不仅关注欧盟的机构和政策，它还涵盖了认知过程，包括象征性意义。"规范强权"是思想观念的力量，它通过对欧盟国际身份的认识超越了仅仅将欧盟局限于是否具备国家特征的争论，同时它还肯定了欧盟塑造国际规范（即何为"正常"、"正当"）的能力。其核心价值包括和平、自由、民主、法治和人权，此外还涉及欧洲建设中所体现的社会团结、反对歧视、可持续发展以及"善治"等规范。[1]

2. 公民社会取向

欧盟的拉美战略以促进公民社会的成长壮大为重要内容，和平、民主、地区合作与一体化等均努力吸引公民社会的参与和卷入，欧洲的政党和其他非政府组织亦积极开展与拉美伙伴的交流与合作，使欧拉关系不仅仅局限于官方正式交往，而且还带有明显的自下而上的特点。这是欧洲透过社会经济途径处理政治和国际关系问题实践的延伸，而拉丁美洲正是欧盟在对外行为中尝试这种途径的早期试验场之一。

3. 功能主义逻辑

欧拉关系包括经贸交往、发展合作、文化交流和政治对话等领域。欧洲联盟为拉美国家提供的贸易优惠和发展援助是其长期战略的有机组成部分。经济合作所产生的利益以及发展援助所获得的福利是为拉美社会、政治变革创造条件。民主、人权和"善治"则被视为经济发展的重要前提。经济发展和政治民主带来社会状况的改善，最终有助于国家和整个地区的和平与稳定。通过对历史文化纽带和共同价值的强调，欧拉两大地区享有得天独厚的合作氛围和亲和力。欧盟倡导区域合作和一体化，目的在于连接经济利益和政治合作，并通过社会状况改善促进和平解决冲突，进而达到各个层次的"善治"。

---

[1] Cf. Jan Manners, "Normative Power Europe: A Contradiction in Terms?", in: Journal of Common Market Studies, Vol. 40, No. 2 (2002), pp. 235 – 58.

三 欧拉对话的建立与"欧洲方式"

(一) 对话建立的基本背景与"欧洲方式"的出现

欧洲联盟与拉丁美洲对话的"制度化"进程实际上始于1980年代，即当时的欧共体对中美洲和平进程大规模的政治介入。而此前相当长的历史时期内，欧洲对第三世界的关注主要集中于非洲。在1979年尼加拉瓜革命胜利以后，欧共体成为中美洲和拉丁美洲的一个活跃的政治角色，并形成了一种针对拉丁美洲问题的"欧洲方式"。长达十年的中美洲动乱在欧洲激起了广泛的政治反响。欧共体的积极介入旨在帮助找到和平解决争端的途径。

1981年5月，密特朗成为法国总统以后改变了法国的中美洲政策，进而推动了欧洲中美洲政策的改变。在法国的推动下，欧洲理事会决定各成员国及委员会应协调行动，通过帮助中美洲国家的经济、社会发展来促进该地区的政治稳定。共同体委员会提出了相应的计划和建议，理事会同意增加向中美洲地区的援助。总体而言，共同体各国对中美洲左翼政治力量的态度相当温和，以避免将这些力量推入苏联的怀抱。[①] 各成员国的共识是，中美洲应在没有外来干涉的情况下自己解决本地区的问题。欧洲国家并不主动提出倡议，而是支持中美洲国家自己提出的和平方案。因此，当孔塔多拉集团[②]成立并提出有关和平计划时，得到了共同体及成员国的有力支持并成为其后数年共同体政策的基础。

1984年9月，欧共体成员国外长与中美洲国家外长在哥斯达黎加圣何塞举行了会议，这是欧共体第一次与该地区国家集团作为整体开展正式磋商，标志着共同体拉美政策的一个重要转折点。在欧洲方面，为了形成共同的立场，分别启用了"欧洲政治合作"和共同体框架两种途径。而为了

[①] 英国反对将尼加拉瓜纳入援助计划。理事会决定在计划中避免提及尼加拉瓜的名字，但在实际运作中允许其受益。
[②] 孔塔多拉集团成立于1983年1月，最初由哥伦比亚、墨西哥、巴拿马和委内瑞拉组成，1985年7月，阿根廷、巴西、秘鲁和乌拉圭以"支持集团"的名义加入。

形成自己的共同立场,中美洲国家不得不首次走到一起,在与欧洲同行举行会议之前进行了一系列的磋商。事实上,由于美国有意阻挠,中美洲的萨、洪、危、哥四国与尼加拉瓜革命政府之间矛盾重重,在军备控制、武器输送、外国顾问、军事基地、与本国反对派对话等几乎所有实质性问题上都无法达成一致。孔塔多拉集团的斡旋至少使这些国家坐到一起,表达实现和平的意向并列出需要解决或讨论的问题,这已经是一项了不起的成就。欧洲对孔塔多拉集团的支持实质上就是促使有关各方选择外交谈判的途径解决危机。以此为开端的圣何塞进程日后显示出了十分重要的意义。

1985年11月,在卢森堡举行的第二次会议上,欧共体和中美洲的外长们签署了经济合作协议和最后文件以及政治和经济公报。最后文件规定,欧共体、中美洲国家以及孔塔多拉集团将举行一年一度的部长级会议。这是欧共体首次与第三世界国家建立定期政治对话制度。政治公报则明确支持孔塔多拉集团和《孔塔多拉协议》。欧共体的部长们宣布,他们将通过外交途径支持并帮助和平协议的实施,并在评估、管理和核查程序方面提供援助。欧共体的目标是"在孔塔多拉进程倡议的基础上"举行谈判,为该地区找到一种"来自该地区本身"并遵循独立、不干涉、自决以及边界不可侵犯原则的全面的政治解决方案。据此,欧共体的立场与美国的中美洲政策形成了鲜明的反差。

事实上,在中美洲和平问题上,美国最重要的盟友欧共体及其成员国不仅没有与美国站在一起,反而在很大程度上与美国唱反调。这一点构成了所谓"欧洲方式"的关键内容。与美国关于中美洲动乱源自"莫斯科—哈瓦那轴心"和"共产主义煽动"的观点不同,欧洲人认为动乱根源必须在地区内部寻找,主要是严重的贫困和社会经济问题。因此,欧共体倾向于将中美洲动乱作为南北问题而谋求一种"地区性"的政治解决方案,而不是作为东西方争夺的组成部分去寻求"全球性"的解决方案。虽然无论全球性还是地区性解决方案都影响着欧洲人观察中美洲危机的视角,但地区性方案在西欧无疑占据主导地位。欧洲人更加重视诸如危地马拉、洪都拉斯、萨尔瓦多以及革命前的尼加拉瓜等国所存在的严重的社会不公、丧失了合法性的政治体制以及对公众参与政治生活的普遍压制。根据这一逻辑,中美洲的变革是不可避免的,西方国家试图维持该地区现状的任何努力只能刺激激进势力并导致更多的暴力,同时驱使该地区转向苏联集团寻求帮助。因此,任何可行的促进地区稳定的解决方案必须以中美洲国家内部社会经济和政治条件的改善为前提。①

(二) 欧洲介入的渠道之一——政党

上述立场在欧洲社会党和社会民主党人身上表现得尤为明显。基于1970年代在西班牙和葡萄牙民主转型时期积极介入的经验，欧洲政党开始更多地关注拉丁美洲，其目的一方面是要建立政党间的、洲际的、广泛的政治联系，另一方面还要移植一种欧式的"注重跨国和地区合作的政治风格"。中美洲地区的经济和社会危机突显了公民社会的脆弱，而这正是欧洲可以做出"贡献"的地方。作为欧洲介入的"思想导师"，欧洲社会党的领导人认为中美洲为欧洲社会主义重塑反对资本主义的历史身份提供了一个平台，社会党人不仅可以为地区民主化做出积极贡献，而且通过批评和抗衡美国的政策树立了自己的欧洲形象。社会党人的积极态度和作为符合欧洲人这一时期提高国际地位并在两个超级大国之间争取更多回旋余地的普遍愿望，同时将自己的国际主义和政治传统及"第三条道路"思想引入了拉丁美洲。②

这一时期，欧洲社会党人在中美洲的介入可以分为三个阶段，但其间社会党人的立场和态度发生了一些明显的转变。在第一阶段（1978～1981），欧洲政党对中美洲的革命性变迁持积极支持的立场，德国社会民主党、法国社会党、西班牙工人社会党等与拉美左翼政党间的党际关系十分活跃。在第二阶段（1982～1986），由于对中美洲革命力量的失望情绪日益高涨，欧洲社会党人的看法发生变化，行动开始收敛。尼加拉瓜革命政府和反政府武装以及萨尔瓦多左翼游击队和政府都积极参与了大规模的暴力活动，这种情况使欧洲社会党人的政策重心转向和平谈判。在第三阶段（1986～1989），社会党人开始强调自己作为"诚实的掮客"身份，积极寻求和促进通过外交途径解决争端。③

---

① Wolf Grabendorff, "West European Perceptions of the Crisis in Central America", in: Wolf Grabendorff, Heinrich-W. Krumwiede and Jorg Todt (ed.), *Political Change in Central America: Internal and External Dimensions*, Westview Press, 1984, pp. 286–287.

② Cf. Eusebio M. Mujal-Leon, *European Socialism and the Conflict in Central America*, Praeger, 1989, pp. 92–98.

③ Cf. Eusebio M. Mujal-Leon, *European Socialism and the Conflict in Central America*, Praeger, 1989, pp. 92–98.

欧洲社会党人看法和政策的转变实际上反映了整个欧洲态度的变化。这种变化与欧洲介入中美洲和平进程的另一个深层原因密切相关：发生在拉丁美洲的事件有可能从一个地区性问题升级为全球性问题。出于对与苏联发生全面对抗的深切担忧，特别是欧洲人冷战时期一个挥之不去的噩梦——苏联与美国驻欧部队之间的核交锋，欧洲无法对美国专注于美苏全球力量平衡的政策亦步亦趋；而在美国看来，中美洲革命运动的兴起恰恰意味着这种力量平衡的改变。因此，介入中美洲问题的"欧洲方式"从一开始就与超级大国在拉美的争夺相关。总而言之，欧洲人希望避免冷战双方敌对的加剧，因为这会给欧洲带来灾难性的后果。与此同时，假如冲突局限于中美洲范围之内，那么对欧洲的直接威胁就微乎其微，欧共体就可以针对该地区各种危机提出与美国截然不同的看法和方案并"担当"其后果。因此，所谓"欧洲方式"满足了欧洲人塑造特定国际形象的愿望，其动机和性质（关注合作、发展）与美国的政策（关注力量、安全）显然大相径庭。由此一来，欧洲既不必承担太多的代价或风险，同时却使欧共体"占据了所有的国际道义制高点"[①]。

然而，随着中美洲冲突越来越带有影响国际关系全局的色彩并开始触及欧美关系中更为重要的内容，欧洲社会党人开始向更为"现实"的方向转变。特别是在法国和西班牙，由于社会党人已"担负政府责任"，两国始能较早地认识到与美国的中美洲政策相对抗弊多利少，因为两国外交政策议程上包含着其他更为重要的议题，为此与美国的合作必不可少。与此同时，20世纪80年代后期中美洲形势的发展也为欧洲重新介入创造了条件。尼加拉瓜和萨尔瓦多政府与反政府武装的冲突已陷入胶着状态，而《孔塔多拉协议》也已为新的地区性倡议（阿里亚斯计划以及第二个《埃斯奇普拉斯协议》）所取代。欧洲抓住了这一机会力促冲突各方举行谈判，但同时既软化了对美国中美洲政策的批评，又努力保持了在中美洲各国政府和反政府派别之间不偏不倚的立场。

（三）欧洲介入的内部动因

1980年代欧洲"内部"状况也构成了"欧洲方式"出台的一个重要

---

① Andrew Crawley, "Europe-Latin America (EU-LAC) Relations: Toward Interregional Coalition-building?" in: Heiner Hanggi et al. (ed.), *Interregionalism and International Relations*, Routledge, 2006, p. 172.

背景。80年代初期和中期，欧洲一体化进程似乎处于停滞状态。伴随着70年代的经济困难，欧洲建设也遭遇了一系列挫折。"欧洲硬化症"和"欧洲悲观论"是这一时期出现的用以概括欧洲人心态的典型词汇。当欧洲建设在欧洲内部显得日益乏力的时候，中美洲局势却提供了采取政治行动、塑造政治形象的良机：一个"负担得起的、及时的而且相对而言不那么复杂的"途径，可以使欧洲作为国际舞台上行为主体的形象得以展现。作为一个"问题领域"，中美洲既没有与哪一个成员国的特殊利益直接相关，也不存在单个成员国相对于其他成员国居主导地位的情况，因此具备采取共同政策的更大可能性。而中美洲战乱在很大程度上是政治性质的，与后来即1990年代发生在欧洲自己"后院"的危机不可同日而语，而正是这后一种源于深刻的种族、宗教和部族仇杀的危机才形成对欧洲方式的更严峻的挑战。[1]

1980年代后期，欧洲"内部"的两件事情则进一步推动了欧洲在中美洲和拉丁美洲的介入，即共同体新一轮的扩大纳入了西班牙和葡萄牙，以及以欧洲单一法令的形式完成对《罗马条约》的一系列修订。伊比利亚新成员国的入盟意味着这些国家的前殖民地将会受到更多的关注，而欧洲单一法令的实施则预示着欧共体的国际地位将发生重大变化。

毋庸置疑，与安全考虑和其他政治偏好平行或交结，欧共体及其成员国存在着对民主和发展的普遍诉求。比政府层次的诉求更加直接而广泛，欧洲非政府组织的活动以社会公正和人权为主要内容，与欧洲政党的议程呈相辅相成之势。就"欧洲方式"的接受方拉丁美洲国家而言，许多政治领袖期待欧洲发挥更大的作用，这种作用可以体现为地区冲突各方之间的斡旋者，或者是作为拉美国家与美国之间的缓冲，甚至成为美国军事干涉中美洲和加勒比地区的约束力量。因此，欧洲在拉美的介入实际上涉及很多复杂的因素。

（四）欧洲介入的主要作用——国际合法性

欧洲与中美洲国家之间的圣何塞进程所涉及的经济和政治对话均以促进地区的和平、民主和一体化为主要目标。经济合作和援助尽可能向地区性项目倾斜。在政治方面，由于定期会议机制的确立，中美洲国家必须在会前首先聚会以形成自己的地区议程，作为与欧洲同行谈判的蓝本。虽然

---

[1] Cf. Andrew Crawley, "Europe-Latin America Relations", pp. 172 – 173.

欧洲人刻意避免主动提出倡议，但其所表现出来的政治诉求仍为中美洲国家提供了有别于美苏两霸的另一种选择，并给予饱受美国压制的孔塔多拉进程以十分宝贵的外部支持。欧共体及其成员国的中美洲政策从一开始就有悖于美国的政策，有时双方还形成竞争之势，但美国政府对此基本上采取了低调处理的做法。就共同体成员国而言，虽然存在意见分歧，但仍形成并维持了一种共同的立场。就此而言，以及将政治与经济关系一并处理的实践，标志着"欧洲政治合作"的进一步发展。①

1990年代初期，长达十余年的中美洲战乱终于画上了句号。美国布什总统当选后调整了中美洲政策、布什政府提出了"美洲事业倡议"（此举在拉美受到普遍欢迎）、冷战终结、尼加拉瓜大选桑地诺阵线败北；苏联停止了对古巴的援助等因素相互作用，使中美洲局势发生了巨大的变化。这些变化又恰逢中美洲和平进程即多边外交谈判进程逐步机制化之际。1987年11月，孔塔多拉集团及其支持集团正式成为8国集团即里约集团，在孔塔多拉进程、阿里亚斯计划和里约集团建议的基础上出现了一系列积极的外交倡议。有关谈判已远远超出了解决冲突本身的范围，而涵盖了地区经济发展及各种跨国问题等广泛的领域。1990年12月，欧共体国家外长与里约集团国家外长签署了《罗马宣言》，通过定期会议制度设立了固定的政治联系，并开始就贸易、经济发展、科学技术，以及打击毒品和恐怖主义等问题开展广泛的合作。在大规模介入拉美事务的第一个10年里，欧共体及其成员国所发挥的主要作用是为拉丁美洲的各种倡议、计划、方案提供了国际合法性，帮助和推动拉美国家的努力最终为国际社会所接受。由于介入中美洲和平进程而建立起来的制度化联系，诸如圣何塞进程和与里约集团的对话，为重新界定欧拉关系奠定了基础。

四 欧拉对话的发展及其意义

（一）地区、次区域和双边对话机制

1990年代初期，欧盟的拉丁美洲政策逐步成形。这一政策的发端并非

---

① Simon J. Nuttall, *European Political Cooperation*, Clarendon Press, 1992, pp. 229–230.

欧共体及其成员国针对拉美大陆详细拟订的一项计划，而是 80 年代对中美洲动乱的一种偶发的、即时的反应及其后积极而系统的介入。这种介入的后果之一是双方确立的相对固定的对话机制，成为冷战结束以后欧拉关系发展的基础和主要运作方式。1990 年，欧共体成员国与里约集团国家外长年度会议机制正式确定。1991 年，南方共同市场（由巴西、阿根廷、乌拉圭和巴拉圭组成）成立，其后数年一直被认为是最接近欧盟模式的一体化实践，1992 年 5 月与欧盟签署"机构间合作协议"，1995 年 12 月签署"地区间合作协议"，建立了部长级定期会议制度。欧盟与中美洲国家的圣何塞对话进程仍在继续并被注入了新的内容。欧盟与安第斯共同体也于 1996 年正式确立了政治对话制度。此外，欧盟还分别与智利（1996 年）和墨西哥（1997 年）签署了"框架合作协议"和"经济联系、政治协调和合作协议"。鉴于圭亚那、苏里南和伯利兹通过《洛美协定》与欧洲联系，而 1999 年开始举行的欧拉峰会包括古巴在内的拉美 33 个国家，上述情况意味着 1990 年代末期所有拉美国家均与欧盟建立了正式的工作关系。

世纪之交，欧拉政治对话机制在地区、次区域和双边层次上共形成八项定期制度：

（1）1999 年在巴西里约热内卢召开了欧拉首届峰会，双方建立战略伙伴关系，确立了地区间最新也是最重要的政治对话制度；

（2）1990 年在意大利罗马启动的欧盟—里约集团对话；

（3）1974 年创立的欧拉议会会议，为双边第一个地区间的政治对话论坛；

（4）"圣何塞对话"，欧盟与拉美次区域集团最早的政治对话；

（5）欧盟—安第斯共同体政治对话；

（6）欧盟—南方共同市场政治对话；

（7）欧盟—智利政治对话；

（8）欧盟—墨西哥政治对话。

其中（1）~（3）为地区对话层面，（4）~（8）为次区域和双边对话的层面。

1994 年 10 月，欧盟总务理事会批准了《关于欧洲联盟与拉丁美洲和加勒比关系的基本文件》，就欧洲与拉美地区、次区域和国家之间的一系列新型关系规定了方向和目标，其基本精神在于将经济目标与政治目标结合起来，并根据拉美不同国家和国家集团不同的社会经济和政治状况区别对待，运用不同的政策工具以满足不同的政策要求。这份基本文件成为其后十多年来欧盟一直遵循的拉丁美洲战略。如果说1980年代欧洲的拉美政策是在努力顺应中美洲危机处理、和平及民主化进程，那么1994年的新战略就是在应对冷战终结后的全球化趋势、新地区主义以及新兴市场的经济诉求等新的现实。为此，欧盟自90年代中期以后发布了一系列针对拉丁美洲的政策文件，主要有：《欧洲联盟与拉丁美洲：目前的形势和更紧密伙伴关系的前景》［COM(95)495］；《21世纪前夕欧盟拉美新型伙伴关系》［COM(99)105］；《拉美、加勒比与欧盟第一次峰会后续行动》［COM(2000)670］；《拉美地区战略文件：2002～2006年规划》［AIDCO/0021/2002］；《欧洲联盟与拉丁美洲之间更紧密的伙伴关系》［COM(2005)636］等。

总体而言，欧盟的政策是遵循着一种"三分法"的途径展开的，对于较为贫困的国家如中美洲和玻利维亚等，关系的重点是援助和经济发展；对于中等收入国家如安第斯哥伦比亚、委内瑞拉等国则缔结范围广泛的合作协议；而对于墨西哥、智利和南方共同市场等所谓"新兴市场"国家，关系更进一步：逐步给予原本局限于欧盟周边和洛美国家的联系国地位[1]。因此，1990年代，除建立一系列政治对话机制外，欧盟在拉美的活动和援助也明显增加。欧拉合作关系开始涵盖更多的领域或部门，例如人力资源开发、研究与发展合作、科学技术以及制度建设等。在地区间的合作关系中，欧盟特别强调了对拉美一体化的支持。[2]

1999年的欧拉里约峰会是近十年两大地区间迅速发展的关系的最高潮。在所谓的里约议程中，两大地区强调了共同应对全球挑战的意愿，以及追求多边合作和建立共识的信念。在政治领域，两大地区承诺加强现存对话机制，捍卫民主、人权、法治，保证可持续发展和社会包容，并维护文化遗产和建立公民社会。在经济领域，双方宣布将在世界贸易组织内加强合作以促进全面、互惠的贸易自由化并将地区一体化作为纳入全球化进程的一个有效途径。在文化、教育、科技、社会和人文领域的合作包括了地区间交流、技术转让、科学研究和技术开发等。里约峰会的一个具体成果是欧洲联盟和南方共同市场以及欧盟和智利决定启动谈判，以达成"双

---

[1] 2007年，欧盟将启动与中美洲以及安第斯共同体的联系协定谈判。
[2] Andrew Crawley, "Europe-Latin America Relations", p.175.

边的、逐步的和互惠的贸易自由化",从而走向第一个地区性一体化集团间的政治和经济联系协定。上述谈判被视为建立战略性伙伴关系的有机组成部分。里约峰会所设想的战略伙伴关系带有某种理想主义的色彩,其目标被设定为通过合作应对全球挑战,以共同的立场、共同的政策来促进更好的全球治理。《里约宣言》申明,全球挑战不仅要求在全球和地区间层次上的治理,而且要在国家和国内层次上做出相应的努力,包括巩固民主体制、促进社会经济发展、鼓励跨国联系及完善公民社会。而欧拉伙伴关系的战略性在于双方有意通过合作和建立共识来塑造国际秩序,它意味着在共同的理想、价值和立场的基础上形成地区间合作的共同战略。显而易见,《里约宣言》带有极强的"欧洲"色彩,是"欧洲方式"的重要里程碑。但要达到《里约宣言》所宣示的目标不仅需要欧拉双方强烈的政治意愿,而且要求相应的大量资源投入。①

(二) 欧拉关系的不对称及其问题

自 1999 年首次峰会以来,欧拉两大地区已举行了四次峰会。欧拉峰会目前已形成固定的机制,表明欧盟与一个长期处于其对外政策边缘地带的地区建立了伙伴关系,同时也表明历来被视为美国"后院"或"势力范围"的拉丁美洲有意与欧盟建立更为紧密的联系。欧拉峰会的议程涵盖了众多的领域,参会国家总数达到了 60 个,甚至会议地点的变化也颇具象征意义,即从"拉丁国家"(里约、马德里和瓜达拉哈拉地处拉美或与拉美有密切联系的国家)到"非拉丁国家"(即第四次维也纳峰会东道国奥地利),意在拉近新成员国——也即"非拉丁国家"——与欧拉合作事业的距离。

作为固定机制的欧拉峰会是两大地区对外战略的重要组成部分。无论对于欧洲和拉丁美洲作为地区整体而言,还是对于欧洲国家和拉美国家作为国际舞台上的单独角色而言,欧拉峰会的定期召开都发挥了强化各自国际地位的作用。但是,在欧拉峰会从酝酿到形成固定机制近十年的"进程"中,也伴随着来自参与各方的失望、疑虑和批评。在每次峰会的前夕,各方无不对峰会抱以巨大的期待;而每次峰会结束之时,具体成果的

---

① Kirsten Westphal, "Biregionalism: Projecting a New Pattern of Governance? EU's Relations with Latin America", in: Wolf Grabendorff and Reimund Seideimam (ed.), *Relations between the European Union and Latin America*, Nomos, 2005, pp. 153 – 154.

阙如又会带来不绝于耳的抱怨之声。历次峰会都为正在进行中的谈判进程注入了"新的活力",但却未能以"具体的成果"和可行的行动方案达成人们普遍期待的目标。

欧拉峰会进程是欧洲和拉丁美洲之间复杂的关系网络中的一种形式,由于令人瞩目的"峰会效应",它已成为两大地区关系的橱窗和检验场。但除峰会外,两大地区间长期以来还存在着其他联系和纽带,包括区域和次区域集团之间的关系,以及大量的国与国之间的双边关系。与此同时,各种形式的跨国交流还涉及众多的角色诸如政党、工会、教会、利益集团以及日益增多的各种非政府组织。欧洲与拉美这种地区间的多层次、多角色的关系发展状况一度成为国际关系领域中引人注目的新现象——"地区间和跨地区主义"(inter-and transregionalism)——的重要个案和标志之一。两大地区间关系的加强及其相互合作的具体形式将决定各自在国际舞台上如何定位,同时作为具备制度化程度最高的一体化集团的两个地区,欧拉对话将在一定程度上决定"地区间主义"(Interregionalism)的形成和走向。鉴于地区因素已成为未来国际体系演变的重要内容,欧拉对话的发展形势将对新的国际秩序的建构产生深远的影响。

然而,两大地区对双边关系的发展所施加的影响却迥然不同,因为无论从政治、经济还是社会文化方面来讲,欧拉对话的最突出的特征之一就是地区间关系的不对称性。欧洲和拉美的不对称首先体现在国际政治中的代表性和分量上,双方的偏好和政策目标不仅反映了各自的利益诉求,而且隐含着在国际体系中不同的权力地位。与此同时,大多数拉美国家被卷入所谓第三次民主化浪潮,步南欧西、葡等国后尘被视为政治发展进程中的后来者,其民主体制尚未完全巩固和成熟。就经济上的不对称而言,由于发展水平的不同,欧洲和拉美在贸易、投资、技术和管理等各个方面的交往都体现着"发达"和"发展中"世界的关系。在地区一体化实践中,两大地区内部整合的程度、范围特别是制度建设存在明显的差异。在社会文化领域,虽然欧拉双方均强调彼此间共同的文化和价值,拉丁美洲更多地表现为欧洲文化和价值的追随者。因此,拉美国家对欧拉关系的依赖程度远远大于欧洲国家,对双边关系的发展演变也更为敏感。欧洲联盟在欧拉对话中的优势地位既预示着欧洲在很大程度上可以主导双边合作的政治条件、资源分配和价值规范,同时也意味着欧洲必须承担更大的责任并为双边关系的起伏和停滞招致更多的责难。

欧拉关系不对称性的一种表现是欧拉峰会所确定的一系列目标：这些目标给世人带来的第一印象是欧拉合作事业所针对的是"拉丁美洲"而非"欧洲"，因为这些目标的实现途径是欧洲"帮助"拉美；与此相关，欧拉关系中一个长期争论的问题是欧洲是否"关注"拉美。深层次的原因之一便是这对伙伴间关系的不对称性，而欧洲显然是对话进程演变的主导方。

（三）欧拉对话的意义

欧拉关系的发展不过是传统国际政治历史演变的一个阶段，抑或是正在出现的新型全球政治和治理的一个个案？依据不同的观察视角，欧拉关系会引发人们不同的思考。

第一，从现实政治和外交博弈的角度出发，1990年代欧盟在拉美的所作所为不过是一种结盟的实践，意在使变动不定的国际体系最终走向有利于实现欧洲"地区利益"的状态。虽然欧美之间以及欧洲内部就一些具体问题存有严重分歧，但建立在"西方价值"基础上的共识和盟友关系犹存。然而对于欧洲而言，国际政治秩序的重塑仍表现出"欧洲价值"与美国模式的分野，因此，促使世界其他地区接受欧洲的一套观念和模式意义重大。欧拉里约峰会宣示建立"战略伙伴关系"，结盟意图显而易见。拉美固然需要借重欧洲之力平衡美国，但作为主导方的欧盟能够积极促成这种伙伴关系却也是对全球政治、经济形势变迁的一种理性回应，其主要考虑既包括欧洲在全球范围内强化其政治、经济和文化影响力的一般意愿，又是遏止欧洲在拉美日益丧失政治、经济和文化领地势头的一种具体努力。而后者是冷战终结后美国调整其拉美政策的一种直接效应，特别体现在"美洲事业倡议"以及"美洲自由贸易区"的谈判之中。[①]

在欧拉战略伙伴关系的建立过程中，地区一体化和民主政治被视为双边关系的两块基石。前者强化了欧盟作为地区和次地区整合模式的地位和作用，后者则为欧盟通过发展援助等手段树立政治形象、积累政治资本提供了得心应手的渠道。与此同时，在欧拉对话建立和发展的二十多年中，一个反复出现的主题是强调两大地区的文化亲和力和共同的价值观。在2002年的马德里峰会上，一份专门的文件《共同价值与立场》正式出台，意在表明欧拉双方在几乎所有的国际问题上均秉持共同的价值观。然而，

---

① Cf. Andrew Crawley, "Europe-Latin America Relations", pp. 175-176.

在欧拉地区间关系这一层次上，共同的价值、慷慨的援助甚至固定的对话机制是否足以构成并维系紧密的战略伙伴关系还需要考虑一项基本的现实因素，即1990年代以来拉美国家最重要的政策目标就是在摒弃多年实施的进口替代模式以后重新融入全球经济的主流。而正是由于欧盟对农业部门的高度保护，拉美国家的农产品贸易受到了严重的阻碍乃至伤害，这是欧拉两大地区在全球多边贸易谈判中争执不休的最主要的问题，也是横亘在地区间关系中的最难逾越的障碍。欧盟与墨西哥以及欧盟与智利的自由贸易协定业已签订，因为农业问题在这两对关系中相对而言并不突出。但欧盟与南方共同市场的谈判已成为多年多轮进行的马拉松，农产品是症结所在。在欧拉《共同价值与立场》的宣言中，双方申明的共同点包括开放市场、解除贸易壁垒以及各国应"从各自经济的比较优势中获益"。但在一个拉美国家视为利害攸关的领域中，言辞与现实的脱节却置欧盟于进退维谷的窘境。

不仅如此，欧洲建设进程本身由于其特殊性不仅制约着欧拉关系的发展演变，也决定着欧拉关系的多面性和复杂性。欧洲联盟诞生于二战结束后的特殊历史环境，这种环境的主要特点之一就是对造成欧洲长年战乱和种族屠戮的民族主义的否定。欧盟的发展是"国家间"与"超国家"治理的一种结合，这种结合是对威斯特伐利亚国际体系的一种超越。而欧盟本身作为一种政治实体的建构在很大程度上是"精英驱动的、以条约为基础的法律秩序"[1]。因此，欧洲建设的后果之一就是与"现代"、"前现代"国家不同的所谓"后现代"国家的出现。虽然南方共同市场一度被视为是以欧盟为摹本走向"后现代"体系的一个实例，但其现实状况仍与欧盟有着本质的差别，而拉美大多数国家则可以被归为"现代"体系范畴[2]。从这种观点出发，由历史文化联系所产生的亲和力仍无法掩盖不同发展进程和水平造成的偏好差异和诉求鸿沟。相对而言，拉美国家决策和政治行为的标准更为简明单一：虽然愿意诉诸多边主义、地区主义，但在全球层次上主要是借重欧洲之力平衡美国；虽然在地区间关系中强调共同文化和价值，但追求的重点是经济利益；虽然实行地区一体化和民主原则，但目的却在于维护国家主权；等等。欧洲决策及行为却面临采取双重甚至多重标

---

[1] Jan Manners, "Normative Power Europe", pp. 540 – 541.
[2] Cf. Robert Cooper, "Why We Still Need Empires", *The Observer*, Sunday April 7, 2002.

准的压力：内部发展的法治基础和协商努力，外部行为的力量诉求和现实政治；欧洲建设规范向外部世界的"投射"；欧洲内部成员国间、联盟层次与国家和次国家层次之间以及联盟机构之间的博弈和平衡；等等。而欧拉关系的内容和形式更多地取决于欧洲而不是拉美的行为和标准。

欧拉第二次峰会并未如预期的两年间隔举行，而是推迟到了2002年5月，时值西班牙担任欧盟轮值主席国。第三和第四次峰会分别于2004年和2006年举行。总体而言，这三次峰会均以一般性声明告终。能够称得上具体成果的有第二次峰会时欧盟与智利签署的联系协定；第三次峰会形成了多边主义、地区一体化和社会凝聚三大主题，其中社会凝聚直指拉美这一世界上收入不平等状况最为严重的地区，但所使用的是欧式的称谓[①]；第四次峰会则将欧盟与中美洲和安第斯国家的联系协定问题提上了日程。但除了欧智联系协定外，其他问题都流于空泛的讨论，特别是拉美国家所期待的如欧盟与南共市的联系协定等问题的解决仍遥遥无期。欧拉对话势头的放缓，说明两大地区都已进入了一个新的调整时期，拉美国家未能就与欧洲更紧密的合作提出自己的议事日程，而欧盟也似乎已到了更新其拉丁美洲战略的历史关头。

第二，从新的全球治理的角度观察问题，欧拉关系首先涉及全球结构和国际秩序。虽然拉美国家在欧盟对外战略中处于边缘，但在欧美之间既合作又竞争的状态中，以及大西洋三边关系乃至整个国际秩序的建构中，拉美仍不失为欧洲的一个重要对话者和伙伴，这既有力量平衡的考虑，又与塑造"正常"、"良好"的国际秩序相关；欧盟与墨西哥、智利和南方共同市场的联系协定直接针对美国主导的"美洲自由贸易区"谈判，欧盟所支持的拉美地区、次区域一体化方案也与美国的倡议形成竞争态势。而拉美国家则不仅也有意借重欧洲力量平衡美国，而且积极追求多边主义、地区主义。双方合作及其方式是对"美国治下的和平"的一种挑战并提供了另一种选择。在这个过程中，多边合作的国际秩序既是目的也是手段，它将部分地再现欧洲建设中形成的规则、程序和制度，同时欧洲的一体化模式对于拉丁美洲不同文化和次区域的整合也具有极大的吸引力。正是由于其一体化实践以及具有发展中世界最接近欧洲的文化生活和政治运作，拉

[①] 贫困和不平等是拉美地区长期以来难以解决的社会顽疾，但在欧拉对话中采用了"社会凝聚"或"社会团结"的提法，似乎也涵盖了欧盟扩大后在社会政策中所面临的挑战。

美才被视为欧洲的"天然伙伴"。也正是在全球层次的分析中,"欧洲方式"显示了其所具有的力量优势,即对经济的、外交的、观念的政策工具组合的运用一方面是欧盟扬长避短的一种策略,另一方面也是欧盟的一种"规范性"选择;既有着基于普适价值的正当性和可接受性,又有着欧洲建设的历史实践和在拉美的政治介入经验所提供的支持。

在地区间关系层次中,近年来经济因素日益成为欧拉对话的主要驱动力或障碍之一。在最一般的意义上,双方均有意推动建立以多边合作为基础的国际经济和金融秩序。但由于极不对称的双边关系,以及欧盟内部经济政策特别是共同农业政策改革受阻,除个别国家外,欧盟与拉美次区域集团的联系协定久拖不决,极大地限制了地区间合作向纵深发展,同时也影响着拉美国家的"战略选择":当美国一步步通过双边自由贸易协定将拉美国家逐个拉入一个新兴的泛美经济体系之际,欧拉联手平衡"盎格鲁—撒克逊"影响的宏愿必将大打折扣。但必须注意到,欧拉伙伴关系的主要基础是政治对话与合作。欧拉两大地区同属所谓西方文明,历史联系、文化纽带、共同价值和类似的政治传统构成了追求一体化和地区间合作关系的基础,而一体化和地区间合作又是双方回应全球性挑战的主要途径。欧拉对话还包括一个合作机制的建立或称制度化的维度,凭此欧方得以"投放"其软实力,而拉丁美洲则据此形成"在其他情况下难以形成"的共同立场。

欧拉战略伙伴关系发展的主要驱动力量来自两大地区内部。欧洲建设不同历史阶段的要求和问题与拉丁美洲并无直接关联,但拉美却为欧洲解决自己的问题提供了一个"外部平台",与其他地区性政策相比较,欧盟内部就拉丁美洲问题取得一致具有更大的可能性;拉美的调整、改革和发展一方面需要外部的支持和帮助,欧洲的实践和政策为拉美国家提供了更多的选择机会,另一方面拉美的变化(例如政治民主化和贸易自由化等)也为欧盟的介入准备了更方便的条件,而双边关系的不对称更有利于"欧洲方式"发挥作用。欧拉关系的"互惠"性质主要体现于此。对于欧洲而言,欧拉战略伙伴关系展示了欧盟协调成员国利益并形成共同立场的能力,从而强化了欧盟作为国际舞台上单一行为主体的地位。它同时向世人表明,拥有多样、不同利益的一组国家如何作为一个整体、在一系列政策领域与另一个地区进行交往。对于拉丁美洲来说,欧拉峰会的主要效应之一就是向发达世界发出信息,拉美作为一个整体可以成为重要的政治和经济伙伴，且拥有其他第三世界地区无可比拟的优越条件和吸引力①。这种"内部的"整合有望构成新的全球治理结构中的一个必要层次。但这种内部需求同时也可能成为战略伙伴关系深化的主要障碍，尤其是在内部共识无法达成的时候。进入21世纪以来的欧拉关系所面临的就是这种情况。一个最明显的例子是，欧盟与拉美次地区集团间的联系协定与其说是"双边"关系问题，不如说是欧洲内部政策的改革问题。这是未来欧拉地区间关系发展所面临的一个主要挑战。

作者附记　Peter Birle、Guenther Maihold、Hans-Juergen Puhle、Wolfgang Wagner, and Jonas Wolff 为本章的撰写提供了帮助，特此表示感谢。

参考文献

de Brito, Alexandra B. (Guest Editor), "The European Union and Latin America: Changing Relations", Special Issue, *Journal of Interamerican Studies and World Affairs*, Volume 42, Number 2, Summer 2000, School of International Studies, University of Miami.

European Commission, Annual Report 2001, *On the EC Development Policy and the Implementation of the External Assistance*.

European Commission, April 2002, *Latin America Regional Strategy Document: 2002 - 2006 Programming*.

Feinberg, Richard E. (ed.), *Central America, International Dimensions of Crisis*, NY, Holmes & Meier, 1982.

Freres, Christian, and Antonio Sanahuja, "Study on Relations between the European Union and Latin America: New Strategies and Perspectives", Madrid, Instituto Complutense de Estudios Internacionales, 2005.

Grabendorff, Wolf, Heinrich-W. Krumwiede, and Joerg Todt (ed.), *Political Change in Central America: Internal and External Dimensions*, Boulder: Westview Press, 1984.

Haenggi, Heiner, Ralf Roloff, and Rueland Juergen (ed.), *Interregionalism and International Relations*, London and New York: Routledge, 2006.

Hoffmann, Andrea R., *Foreign Policy of the European Union towards Latin American Southern*

---

① Cf. Andrew Crawley, "Europe-Latin America Relations", p.180.

Cone States (1980 – 2000), Frankfurt am Main: Peter Lang, 2004.

Magone, Jose M., *The New World Architecture: The Role of the European Union in the Making of Global Governance*, New Brunswick and London: Transaction Publishers, 2006.

Mujal-Leon, Eusebio M., *European Socialism and the Conflict in Central America*, NY: Praeger, 1989.

Nuttall, Simon J., *European Political Co-operation*, Clarendon: Oxford, 1992.

Peterson, John, and Helene Sjursen (ed.), *A Common Foreign Policy for Europe? Competing Visions of the CFSP*, London: Routledge, 1998.

Purcell, Susan K., and Francoise Simon (ed.), *Europe and Latin America in the World Economy*, London: Lynne Rienner, 1995.

Roett, Riordan (ed.), *Mercosur: Regional Integration, World Markets*, London and Boulder, Lynne Rienner, 1999.

Smith, Peter H. (ed.), *The Challenge of Integration: Europe and The Americas*, New Brunswick and London: Transaction Publishers, 1993.

Telo, Mario (ed.), *European Union and New Regionalism: Regional Actors and Global Governance in a Post-Hegemonic Era*, Aldershot and Burlington: Ashgate, 2001.

Waites, Bernard, *Europe and the Third World: From Colonisation to Decolonisation C. 1500 –1998*, Basinggtoke and London: Macmillan, 1999.

White, Brian, *Understanding European Foreign Policy*, New York: Palgrave, 2001.

Contents

Forword Ⅰ   "European Model" and the World /1

Forword Ⅱ   "European Model" and EU /3

Introduction /1

1   The European State System

Nation Building, State Transformation and European
   Integration   *Zhou Hong* / 15
European State Building and European Integration—An
   Aristotelian Perspective   *Elmar Rieger* / 34
What Futures for the European
   Welfare States?   *Bernhard Ebbinghaus* / 52

2   EU Social Governance

A Critical Appraisal of EU Governance   *Beate Kohler-Koch* / 73
Transformation of the Roles of Social Partners through
   EU Governance   *Yang Xiepu* / 88
How to Organize Democracy in Multi-level and
   Multi-cultural States: Can it be Done?
   Should it be Done?   *Andreas Follesdal* / 102

Analysing the Convention on the Future of Europe:
Deliberation or Bargaining?   *Zhao Chen* / 127

3 EU Governance in Foreign Affairs

The EU's External Governance: Democracy Promotion
in Europe and Beyond   *Berthold Rittberger and Simon Meier-Beck* / 145
EU in ASEM: Its Role in Framing Inter-regional Cooperation
with East Asian Countries   *Zhang Jun* / 162
EU Energy Security Strategy and its Inspiration   *Yang Guang* / 177
The EU Crisis Management in Transformation   *Wu Baiyi* / 195
EU's Conflict Resolution Policy in the Balkans   *Liu Zuokui* / 211
Dialogue Between the European Union and
Latin America   *Zhang Fan* / 226

Introduction

European Integration and EU Governance: A Model under Discussion

Beate Kohler-Koch and Zhou Hong

The EU is in many respects unique but it has achieved to build 'unity in diversity' in a way which may serve as a model. Just because the EU is unique and because it is important due to its economic strength and its impact on world affairs, it is vital to better understand what the EU stands for in terms of values and objectives and how the EU operates. The individual chapters of the book, which originated from collaborative research, shed light on the model character of the EU in state-building and community formation, in the ways and means of governing internal diversity, and in exerting soft power in world affairs. After reviewing all the contributions, the authors conclude that the EU makes a model by being unique in itself, by forming an alternative model for peace and development, and by structuring relations within Europe and beyond by shaping and framing the norms and order of the world through 'soft power'. Considering that the EU is a system in the making, it will change also in reaction to outside pressure resulting from globalization, a process that is also influencing China.

1. The EU as model

In the field of comparative politics scholars are most hesitant to attribute any system the quality of being a model. It seems to be logical that this precaution should be even more valid when analysing the European Union (EU). After all, from the very beginning up to recent times the EU has been classified as a system 'sui generis', a political system with so particular features that it can neither be equated with a state nor with an International Organisation. For both reasons we have to explain to the reader what we mean when using the term 'model' and why we set out to put the 'EU model under discussion'.

When we use the term 'model' we do not presuppose that the EU is a political system which has achieved the optimal solution for securing peace, freedom and the welfare of its citizens nor do we expect that it has developed institutions and procedures that could be applied to any other system irrespective of context factors. We rather want to explore the ways and means which the EU has chosen in order to support the peaceful cooperation between its member-states which, after all, is the precondition for welfare and peace in Europe, and which are meant to face the challenges and exploit the opportunities that are common to many other political systems in present times. In this respect the EU is both unique and could serve as a model. It is unique because it is the only union of states and peoples that has achieved a pooling of national sovereignty and, therefore, qualifies as 'supranational'. It may serve as a model because closer trans-national regional cooperation is on the agenda to join forces in the era of globalisation. Furthermore, the EU is a system in the making calling for taking a fresh look at established political institutions and a laboratory for new modes of governance. We are well aware that the ways and means of organising the political process and of securing common action and compliance cannot be transposed from one society to another without thorough adaptation to the respective environment. We have to decipher the functional tasks of the institutions and how they interact in a given system architecture and we have to analyse the necessary transformation to make them work in a different environment. Consequently, we are not looking for a standard model for export but rather we are putting the EU under scrutiny. Our aim is, firstly, to better understand how the EU operates and, secondly, to get inspirations for potential improvements in different environments.

We are looking for inspirations from the EU because it shares some common characteristics with China. The EU is dedicated to achieve 'unity in diversity', to improve its capacity to act in accordance with the interests and preferences of its peoples and to gain a greater say in international affairs for the sake of global security, peaceful conflict resolution, economic and environmental sustainability. 'Unity in diversity' is an outstanding challenge since the recent enlargement which has increased EU membership to 27 countries with distinct historical traditions and individual (political) cultures. China on the other hand is labouring to harmonize unbalanced development among regions, sectors and people for better efficiency and greater justice. An ideal society in Chinese terms, 'He-Er-Bu-Tong' by ancient Chinese philosopher Confucius can be translated exactly as 'Unity in diversity' or as 'Harmony with diversity' (He = harmony or unity, Bu-Tong = difference).

The expansion of the EU towards the East and the South has aggravated economic and social disparities and with it the call for more economic and social protection. Existing cleavages between protectionists and free market advocates are accentuated though cleavage lines do not separate old and new members but rather cut across the EU. The same holds true for the European welfare systems. EU market integration has a marked impact on the transformation of the national welfare systems though it is mainly triggered by demographic changes and global competition. Alterations are definitely path dependent and established national institutions make all the difference. In view of the exiting diversities the coming of a European welfare state, therefore, is highly unlikely.

The majority of the new accession countries are small and only recently gained full political autonomy and thus are sensitive to any encroachment on their sovereignty. Institutions and decision making procedures have to be designed in a way to balance the demand for member-state control with the need for efficient cooperation. New modes of governance such as the 'open method of coordination' are meant to arrive at common problem solving strategies while preserving national and sub-national autonomy as much as possible. Market integration and EU wide regulations meet with distinctive and divergent national institution and regulatory systems. The process of 'Europeanization' is quite visible but has not led to convergence, let alone to uniformity but to a differentiated adaptation of national systems. Thus, the EU seems to be quite successful in achieving unity in diversity in its regulatory impact. The established governance system is also said to have achieved a high level of efficiency but lacks democratic legitimacy. In a historical perspective, democracy has always been linked to the nation state and good arguments support the claim that without the demos we will not have democracy. Consequently, a major concern of the EU is how to organize democracy in a multi-level and multi-cultural political system that is neither a state nor a (national) political community.

Though the EU is not a state it is an actor in international affairs. In the course of European integration, the European states have been quite reluctant to go beyond institutionalized cooperation in the realm of foreign and security affairs. In the last two decades EU member-states have been more determined than before to arrive at a common policy and to be more present than before in international relations. The EU still adheres to the self-image of a 'civilian power' though in the meantime it has also acquired some military capabilities. The defining characteristic of a 'civilian power' is not the lack of or renunciation of the use of military instruments but a conscious normative orientation. This normative orientation is most pronounced in the dedication of the EU to the promotion of democracy, the preference for multilateral diplomacy and an approach to conflict resolution that is firmly linked to sustainable peace building.

The research presented in his book consequently covers three main areas:

(1) state/community building and state transformation
(2) governance
(3) foreign affairs

2. A Chinese-European joint venture

The authors of this book come together from both Europe and China to cooperate in a joint effort to explore the European Model and its impact on the world. The project started 3 years ago and has been financed by the EU-China European Studies Centre Programme, which facilitated exchanges and mutual learning among European and Chinese professors, researchers and students by supporting joint teaching and research programs, joint international conferences, workshops and seminars, joint publications and other activities designed to strengthen the institutions devoted to European Studies in China.

Introduction European Integration and EU Governance: A Model under Discussion

Cross-cultural collaboration is not an easy task. It requires a high level communication, understanding, tolerance, and above all, deep commitment to collaboration. The cooperation went smoothly as it has been developed from a basis of decade-long cooperation, understanding and friendship between the Institute of European Studies (IES) of Chinese Academy of Social Sciences (CASS) and the Mannheim Centre for Social Research (MZES) of University of Mannheim on the institutional level, and with the dedication of both European and Chinese team leaders, Professor Beate Kohler-Koch and Professor Zhou Hong, on the personal level. Their previous cooperation include: students and professors exchanges within the framework of the EU-China Higher Education Programme, the Development of Core-Curricula on European Studies within the framework of Asia-Link Programme and other minor activities.

When the EU-China European Studies Centre Programme was inaugurated, both partners found new common interests to cooperate for. The topic chosen, the European model and its impact in the world fitted individual research interest on each side. They then agreed to launch a new round of cooperation, to which they committed their time and efforts and work with a coherent approach.

These joint efforts took a multidisciplinary approach; European and Chinese scholars divided their labours on a variety of cross-cutting questions. Many of the Chinese scholars had the opportunity to engage in (field) research during a stay in Europe. They profited from the favourable research environment (documentation and library facilities, supervision and methodological training) of the Mannheim Centre for Social Research (MZES), University of Mannheim. Europeans helped Chinese counterparts with up-to-date knowledge and methodologies by contributing to workshops and seminars, and by training young Chinese students and scholars in Europe. The results of the cooperation were shown in a conference held in Beijing in June 2007, when Europeans and Chinese came together to report and share their findings.

This book brings together political science, political philosophy, sociology, international relations and peace research. Most chapters are based on theory guided empirical research.

3. Statebuilding and community formation

The Constitutional Treaty (CT) was intended to be a signal for the qualitative leap in EU integration. In functional terms it was another attempt to amend the existing treaties in a way to improve the action capacity of the Union and to respond to the rising criticism about a lack of democratic legitimacy. But in political terms it was an attempt to give the Union major attributes that would bring it close to a state-like system. The new treaty was intended to be the basic law of the EU system; calling it a 'constitution' had the implication that the EU system had state-like qualities. Changes in terminlogy such as calling directives 'law' as well as the propagation of an EU anthem and flag supported the state-like appearance attributed to the EU. This very ambition fuelled misgivings among citizens and the 'no" vote in the referenda in France and the Netherlands are partially due to resistance against such far reaching aspirations. After a period of 'reflection', the European Heads of State and Government decided to go on with the reform process and to launch a revitalisation of the process of treaty reform. It is noteworthy that the compromise agreement has changed little in substance but omits all the symbolic features that imply state-like connotations such as a common anthem, a flag, and the change in title of 'Foreign Minister' back to 'High Representative'.

This strategy demonstrates the responsiveness of the political class to the sensitivity of citizens whose political allegiance is first of all with the nation state. Despite a widespread feeling of 'belonging to Europe' Europeans first of all identify with their own nation, they feel closer to and have more trust in their national compatriots than citizens in other EU member-states, and above all, solidarity and social security is associated with the nation state. Thus, the negative outcome of the constitutional referenda in two of the founding members of the European Union is reminding us that 'writing a constitution does not make a state'. The history of failing states gives us the lesson that-among other factors- the political integration of society is a necessary though not sufficient prerequisite for state building. Apart from agreeing on the ground rules of the exercise of political power, social integration provides the glue for the sustainability of a polity. As we know that the integration of societies into political communities is not a process of homogeneization it is worthwhile exploring the dynamics and contradictions of 'system building' in the process of European integration.

The writings of Stein Rokkan and his colleagues provide a promising analytical framework to better understand the driving factors and impediments to political integration, the interdepence of economic, societal and political system building and the differentiations within territorial systems. The process of European integration does not only take place within the territories and the institutional settings of the existing nation states but affects the integrative capacities of the national members. Consequently, a systemic evaluation of the functions of nation and state during the integration process becomes indispensable. Zhou Hong, after looking at Rokkan's theory on 'centre formation' and Bartolini's concept of 'system process', concludes that the movements of centre formation and system process took different routes until the age of territorial nation-state. It was in the nation states where all centres, political and cultural, as well as economic and social, form a 'synergetic constellation' and function in a relatively stable equilibrium under a new form of modern democratic state. As the European integration has opened borders for centres to expand and work in greater territories, the holistic roles of nation states in Europe face 'diffusion'. Economic and legal institutions inherited from the state-building process are about to transform themselves according to functional rules of 'spilling over', and expand beyond the national as well as functional borders, whereas social and cultural institutions inherited from the nation-building process in the history follow the logic of nationality and remain national. During the process of European integration, the social institutions inherited from both nation and state building processes, face decomposition, under the condition of being squeezed by the dislocated development of nation and state, carrying along only the functional parts. European integration thus reveals a process of 'jigsaw pattern state transformation'.

Elmar Rieger takes an 'Aristotelian' view. He claims that the vocabulary of constitutionalism which was used on the occasion of the Constitutional Convention is highly misleading. It suggested a process of state and community building that did not meet reality. He proposes to go back do Aristotle to arrive at a solid assessment of the nature of European integration. For Aristotle the state is synonymous with community and a community is based on a common understanding of the basic normative principles which are arrived at by public arguing. Without such a process of deliberate consensus building of common norms a political system is lacking the social and cultural prerequisites which would make it a community. The Convention, according to Rieger, did not achieve the public deliberation and consensus building on normative principles. Therefore, the process has to be classified as 'sham constitutionalism' disguising that the EU is not a polity in the making, but the establishment of a governance structure beyond the nation state which serves the interest of the member-states. The 'efficient secret' of the institutional reforms of the EU is that the governments of the member-states are aiming at institutionalising an additional layer of governance to deal more effectively with the conflicting demands of their home constituencies.

Bernhard Ebbinghaus turns to the more mundane question of the future of the European welfare states. In international comparison the European social model stands out for providing social protection and advanced employment security even in times of deep cutting structural economic changes and it is prominent for cooperative labour relations. Due to the Union's firm integration in world markets, shifts in global competitiveness put pressure on Europe's social market economies, security systems and industrial relations. In addition, socio-demographic changes call for thorough reforms. Europe's challenge is to maintain the comparative advantages of its social model, while modernizing and adapting it. The adaptation aims at controlling social expenditure through cut backs in welfare benefits, a shift in responsibilities from mainly public mandatory to more private voluntary insurance, and an increase in the flexibility of labour markets. National governments take responsibility though they have to pay tribute to the economic and regulatory framework of the EU and are induced to bring their own reforms in line with the concerns of other member-states through soft instruments of coordination. The adaptation of the European welfare systems is a parallel and coordinated effort which will not erase the distinctiveness of national welfare systems.

4. Governing diversity

The concept of governance gained prominence in international relations as much as it did in domestic politics. Attention has turned away from institutions to the political process of setting objectives and inducing societal actors to agree and to comply. In international relations and in an enlarged European Union with spreading responsibilities the inclusion of non-state actors holds the promise of generating broader expert knowledge and a wider representation of the diversity of interests. Furthermore, governance puts emphasize on negotiation and deliberation instead of hierarchical decision-making and, consequently, is believed to advance compliance.

Beate Kohler-Koch gives a systematic appraisal of EU governance. She argues that policy making in the EU still most of the time carries the imprint of the Treaty based 'Community method'. New modes of governance have been introduced to complement and support EU decision making. They have enhanced the role of experts and of the executive, pushed the delegation of power to lower levels of the administration and to quasi independent bodies, and incited the participation of target groups. In this way the EU has adapted in a flexible manner to the growing complexity and heterogeneity of the enlarged Union. The differentiation of instruments and procedures of policy-making supports the relatively smooth operation of the EU. But the spread of responsibilities further undermines democratic representation and accountability in the EU.

In her chapter on 'Transformation of the Roles of Social Partners through EU Governance', Yang Xiepu presents a focused study on the changing patterns of EU governance in social policy. The expansion of EU competence in the field of social affairs went hand in hand with a deeper involvement of the social partners in EU policy-making. First regulations subject to the 'Community method' assigned the social partners only an advisory role. The up-grading of the social dimension was supported by the social dialogue, the establishment of the Tripartite Conferences and extended informal consultation in the process of legislation. A qualitative change was introduced with the 'social partnership procedure' in the Maastricht Treaty which gave the social partners quasi legislative powers on social issues. The 'open method of coordination' (OMC) extended the participatory rights of the social partners further. They are now given a voice on a broader range of policies but they have to share it with civil society. The chapter highlights the coexistence of these different modes of governance and the different roles it attributes to the social partners.

The Constitutional Convention set out to bridge the gap between the Union and the people by strengthening principles of good governance, institutionalising mechanisms of democratic accountability and incorporating human rights into the Constitutional Treaty. The Reform Treaty which was agreed upon after the failed ratification of the Constitutional Treaty still contains the 'Principle of Subsidiarity', increased opportunities for democratic accountability and a marked focus on human rights including a reference to the Charter on Human Rights.

Andreas Follesdal agrees that widening and enlarging the European Union has increased the need for democratic legitimacy at the EU level. He exposes the central features of democratic rule based on normative democratic theory and draws some parallels between the basic principles and norms of good government and trustworthy rule in Western political thinking and Confucian thought. He takes the concern of other authors serious that without a European demos and in face of an increased heterogeneity of member-state interests and cultures a Union wide democracy might be difficult to achieve. But he argues that an appropriate application of the principle of subsidiarity and consensus oriented decision-making procedures might reconcile democracy and diversity. Furthermore, the new treaty strengthens already existing mechanisms of political accountability, introduces elements of participatory democracy and is more explicit on the promotion of human rights. Though the EU Charter on Fundamental Rights is no longer part of the Treaty, it is referred to in a way that gives the Charter legally binding force over EU institutions.

Whereas all the Treaty amendments that aim at improving the democratic quality of the Union are still path-dependent, the institutional framework for elaborating the Constitutional Treaty was quite innovative. Instead of the customary Intergovernmental Conference the member-state governments decided to confer the task to a Constitutional Convention in which parliamentarians of national parliaments and the European Parliament outnumbered the representatives of governments. A Convention was supposed to give preference to arguing over bargaining and thus avoid the pitfalls of inter-governmental negotiations which more often than not are locked in horse-trading over issues of status and power. Zhao Chen presents the theoretical arguments distinguishing deliberation and arguing from bargaining and the respective functional attributes. Whereas the concept of bargaining presupposes fixed preferences and projects the outcome of negotiations according to the distribution of interests and resources, the concept of deliberation presupposes the willingness and ability of actors to learn and to adapt their positions to the better argument. When designing a constitution for the future of the EU, member-states were well advised to opt for the modus of deliberation. It is, however, an empirical question whether or not the Convention provided an adequate framework for deliberation. Zhao Chen develops a methodology to explore the deliberative character of the Convention and documents the manifestation and also the limitation of deliberation in the Convention.

5. Soft power in world affairs

The unique formation and characteristics of the European Union is naturally imbedded in its behaviours not only back home but also around the world.

Yang Guang takes a close look at the EU energy security strategy and identifies three steps of its development since the 1960s. In this development, Yang Guang testifies 'a EU model' for energy security, which takes multi-dimensional approach, including energy security, environmental protection and the construction of the single market in the making of a holistic strategy: the strategy of building petroleum reserves, of constructing international energy supply networks and of introducing international dialogues whenever possible. According to Yang Guang, several key factors have contributed to the success of such a strategy: research-guided policy-making, successful coordination among different national strategic objectives, smooth implementation with legal provision, strong and adequate government intervention, and constant dialogues and cooperation among actors. Yang Guang believes that China could deploy some of EU approaches in its own efforts to secure energy supplies.

The transfer of competence in the field of foreign relations started far more slowly than in the field of internal politics. Though the EU has expanded its presence in international affairs in the last two decades considerably, it still is mainly an economic power and prefers soft instruments to exert political influence. Berthold Rittberger and Simon Meier-Beck explore the relevance and effectiveness of a novel instrument of the EU's external governance. Following the recent accession, the EU has agreed on a European Neighbourhood Policy (ENP) with countries in Eastern Europe, which is aimed at structuring the political and economic cooperation and at promoting democratization. The ENP takes up instruments and strategies employed by the EU in the process of enlargement. The authors argue that the policies of conditionality, which successfully promoted the adaptation and transformation in the prospective accession states, have a limited effect on the countries of the 'wider Europe' for whom EU membership is not on the horizon.

The ASEM represents an important platform for the EU to play a role and to extent influence beyond the borders of Europe. Zhang Jun takes the ASEM as a case for institutional analysis. She examines the underlying rules and principles of the existing structure within the ASEM, evaluates the institutional functioning of the mechanism established between the two regions and the four principles guiding the ASEM processes: promoting regional integration, enhancing multilateral ASEM, decentralizing trans-national cooperation and promoting issue-specific dialogue. With empirical evidences, Zhang Jun proves that since the EU does not have a powerful military force at disposal, it does not view military action as an effective way to meet current global challenges either, and prefers to use various 'soft powers" to achieve its foreign policy goals. As the EU is well-coordinated, able to mobilize more resources and equipped with various expertise, and more prepared to use 'soft' policies toward reaching its goals, the ASEM process put the European members in an advantageous position vis-a-vis the Asian partners.

Crisis management forms another area where the EU claims knowledge, expertise and uniqueness. Research on EU's crisis management is conducive to better understanding EU's characteristics in institutions and methods. Wu Baiyi takes the role of EU in crisis management for scrutiny. He looked at the EU crisis management regime, examines its contextual dynamics and constrains, analyzes its concepts, norms and behaviours that are being transformed as the result of integration. Wu Baiyi advocates that the capacities an EU country government commands for resource mobilization determine its decision-making in crisis management. As far as the EU crisis management model is concerned, its possession of both supranational and national resources manifests a unique advantage in the realm of international crisis management, and thus making a good inspiration for China.

In the early 1990s the EU was faced with the implosion of state sovereignty, secession and conflict close to civil war in its immediate neighbourhood. Especially in the case of former Yugoslavia it became manifest that state-building had not been a sustainable institutional remedy to overcome the long history of ethnic antagonism. Liu ZuoKui reminds us of the difficult co-existence of the Balkans' different ethnic groups and explores the EU's policy of conflict resolution. The EU initiated a series of instruments and has been engaged in institution building. The success of the EU's approach is contingent on EU membership. Negotiations for accession are linked to all kinds of conditionality which are based on the Copenhagen Criteria and are requesting these countries to conduct a set of political, economic and legal reforms. The Balkan countries would make cost-benefit calculations between becoming an EU member and keeping the current status. They anticipated that the EU framework would surely change the behaviours and motivations within the antagonistic groups and urge them to measure the long-term benefits of obedience against the short-term ones of disobedience.

Europe-Latin America relations, characterized as 'dialogues', are meant to be a stepping stone towards a new international order, guaranteed by international law and supported by institutions. But at the same time they are part of the game of geopolitics and geo-economics, based on the balance of power and strategic competition. Zhang Fan analyzes how with the establishment and development of the dialogue mechanisms, a 'European Approach' to Latin American problems emerged in contrast to power politics, especially to the United States' unilateral approach. Similar political traditions and close historical links, cultural affinities and common values have been cited as the basic underpinning for the commitment on both sides to their inter-regional relations. In the past years economic factors have become increasingly significant since the reinsertion into the global economy after their 'lost decade' during the 1980s is now the utmost priority in most of the Latin American countries. The building-up and strengthening of the EU-Latin-America relationship thus depend on the nature and scale of their economic conflicts and on how these conflicts of interests can be smoothed out by internal developments within each region.

6. Conclusions

Is there an EU Model that is distinct from others? Though the concept of governance has spread from international relations to domestic policy-making and conveys the impression that governance is a ubiquitous phenomenon with similar characteristics, our findings support the claim that EU governance is specific and can be taken as a model. The individual research contributions have provided ample evidence that the EU takes a specific governance approach. In the joint seminars, workshops and the international conference the question why and how EU governance is distinct has been addressed thoroughly. The uniqueness of the EU as a multi-national and multi-level system determines the ways it acts and the attitudes it adopts as an international actor. The very institutions that reconcile diversity with unity and enable the European Union to arrive at common action despite divergent interests and cultural traditions also project its foreign policy behaviour.

Studying the EU model is of great benefit for many reasons: Firstly, the EU is important enough to better understand how it operates and to be aware of the objectives it is pursuing. The EU is the biggest market in the world, has the greatest share in global economic exchange and is infusing its own market rules and regulations into global multilateral regimes. Furthermore, it is growing as an international actor in international diplomacy with considerable influence on the norms and rules of international conduct. Even more important are the achievements of the EU in the transformation of the internal relations within Europe. The EU has established peace, welfare and the rule of law in Europe and found new ways of uniting states and peoples. It is a system of governance with governments that despite some well known deficiencies is operating smoothly and effectively.

The EU makes a model:
(1) by being unique in itself,
(2) by forming an alternative model for peace and development, and
(3) by structuring relations within Europe and beyond by shaping and framing the norms and order of the world through 'soft power'.

As the EU is a system in the making, the rules, norms and standards it advocates and practices are also subject to change and receptive to outside pressure for change resulting from globalization, a process that is also influencing China.

Abstract and Authors

European Integration and EU Governance: A Model under Discussion

Zhou Hong and Beate Kohler-Koch

In their introduction to the book Zhou Hong and Beate Kohler-Koch explain what is meant by 'EU model'. In many respects the EU is unique but it has achieved to build 'unity in diversity' in a way which may serve as a model. Just because the EU is unique and because it is important due to its economic strength and its impact on world affairs, it is vital to better understand what the EU stands for in terms of values and objectives and how the EU operates. The individual chapters of the book, which originated from collaborative research, shed light on the model character of the EU in state-building and community formation, in the ways and means of governing internal diversity, and in exerting soft power in world affairs. After reviewing all the contributions, the authors conclude that the EU makes a model by being unique in itself, by forming an alternative model for peace and development, and by structuring relations within Europe and beyond by shaping and framing the norms and order of the world through 'soft power'. Considering that the EU is a system in the making, it will change also in reaction to outside pressure; last, not least resulting from globalization, a process that is also influencing China.

Nation Building, State Transformation and European Integration

Zhou Hong

This Chapter introduces Rokkan's concept of "center formation" and Bartolini's concept of "system process", analyzes the contributions made by the process of European nation-building and state-building towards the development of "centers" and "systems" within the territory of the nation state, and discusses the different behaviors of those "centers" and "systems" in the process of European integration. The author concludes that economic and legal institutions inherited from the state-building process shall transform themselves according to functional rules, whereas social and cultural institutions inherited from the nation-building process shall follow the logic of nationality and remain national. During the process of European integration, the social institutions inherited from both nation and state building processes, face dismemberment, under the condition of being squeezed by the dislocated development of nation and state, carrying along only the functional parts. European integration thus reveals a process of "jigsaw pattern state transformation".

Biodata

Dr. Zhou Hong is Professor and Director at the Institute of European Studies, Chinese Academy of Social Sciences.

European State Building and EU Integration
—An Aristotelian Perspective

Elmar Rieger

Is it really appropriate to use the vocabulary of constitutionalism when we try to make sense of the political nature of the European Union? Why, of all political structures beyond the nation state, did the European Union become the object of constitution building? In his paper the author proposes that in order to find an answer to the fundamental problem of the nature of European integration we should go back to Aristotle. It is argued that the very fact of the apparent inability to achieve a proper "name" for the European Union indicates that this entity is not a "community" in the Aristotelian sense. For Aristotle the community—and thus the state—is brought about by discussion of the just and the unjust, the good and the bad, the right course of action and the wrong course of action. Therefore, the first task of this contribution is "rectifying names": What is the state, and what is the meaning of a constitution? A second question this paper tries to answer regards the notion of "sham constitutionalism": What does it mean to "constitutionalize" a polity in the absence of social and cultural prerequisites? In the remainder the paper deals with the problem of what, if not a polity in the making, the European Union really is. What is the true telos of the European Union? What explains its success as a quite unique governance structure? What is its "efficient secret"?

Biodata

Dr. Elmar Rieger is Associate Professor at the Center for Social Policy, Bremen University.

What Futures for the European Welfare States?

Bernhard Ebbinghaus

Europe's market economies, social security systems, and industrial relations have come under pressures from economic internationalization, technological advancements, and socio-demographic changes. Europe's social model allowed a more socially acceptable adaptation to economic changes thanks to the developed social protection, advanced employment security and cooperative labour relations. Despite the common European social model, there are important differences across European welfare states. However, these social models face challenges due to globalization and also endogenous problems such as demographic and social changes. Ongoing reforms of these welfare states at the national level but also induced by the European Union's Open Method of Coordination will transform these social models. Among the reform tendencies are: controlling social expenditure through welfare cut backs; a shift in responsibilities from mainly public mandatory to more private voluntary insurance; increased flexibilization of labour markets through expansion of atypical work; and some governments negotiate with unions fare reaching reforms, while others alter the involvement of social partners in welfare administration. Europe`s challenge is to maintain the comparative advantages of its social model, while modernizing and adapting it to the new economic and social challenges.

Biodata

Dr. Berhard Ebbinghaus is Professor of Sociology, Co-director of the Mannheim Centre for European Social Research (MZES) and the Graduate School of Economic and Social Sciences (GESS), University of Mannheim, Germany.

A Critical Appraisal of EU Governance

Beate Kohler-Koch

This chapter argues that policy making in the EU still most of the time carries the imprint of the Treaty based "Community method". Nevertheless, new modes of governance have been introduced which complement the original modes of governance. They have furthered the differentiation of EU policy making, enhanced the role of experts and of the executive, pushed the delegation of power to lower levels of the administration and to quasi independent bodies, and incited the participation of target groups. This trend is most pronounced in the "open method of coordination" (OMC) which has spread to all those policy fields where Member States are eager to coordinate their action but are not willing to transfer competence to the EU. The chapter gives account of the shift to the new modes of governance and singles out their main characteristics. Furthermore it gives a critical appraisal by looking at the efficiency and the democratic legitimacy of the new modes of governance. Does the involvement of stakeholders and citizens hold the promise of furthering democratic participation? What are the benefits and the drawbacks of spreading responsibilities and introducing more informality in the decision-making process? The message of the overall assessment is that the EU has adapted in a flexible manner to the growing complexity and heterogeneity of the enlarged Union. But, on the other hand, the spread of responsibilities to different levels of government, to a multitude of functional areas and the involvement of an increasing member of actors make democratic accountability difficult.

Biodata

Dr. Beate Kohler-Koch is Professor emeritus, Mannheim University; project director at the Mannheim Centre for European Social Research (MZES), and Professor at the Bremen International Graduate School of Social Sciences. She is ordinary member of the Berlin-Brandenburg Academy of Sciences.

Transformation of the Roles of Social Partners through EU Governance

Yang Xiepu

The chapter deals with the impact of EC/EU institution-building on the interaction of the social partners in Europe, and how it attracted them to contribute to the "European social policy community". Under the "Community method", the traditional mode of EU governance, the social partners had a role to play in giving advice to policy-making. The instruments developed are the social dialogue, the Tripartite Conferences and other more informal ways of consultation in the process of legislation. With the signing of the Maastricht Treaty, the social partners at the EU level have gained the right to participate directly in the legislation process based on the social partnership procedure. In addition, in the Open Method of Coordination (OMC), a new mode of EU governance, the social partners, together with civil society organizations, are playing a pivotal role in the formulation, implementation, and overseeing of EU's policy. This chapter presents a detailed analysis of the different roles played by the social partners under the three types of decision-making mechanisms, that is, the normal legislating procedure, the social partnership procedure and the OMC, thus illustrating the main characteristics of EU governance.

Biodata

Dr. Yang Xiepu is assistant Professor at the Institute of European Studies, Chinese Academy of Social Sciences.

How to Organize Democracy in Multi-level and Multi-cultural States: Can it be Done? Should it be done?

Andreas Follesdal

This chapter argues that the Draft Constitutional Treaty for Europe and the later agreed Reform Treaty take several steps to make the EU more trustworthy in the eyes of European citizens. Both seek to ensure that the European Union comes 'closer to the people,' with at least three important elements: a new mechanism to implement the so-called 'Principle of Subsidiarity'; increased opportunities for democratic accountability; and an increased focus on human rights.

The chapter focuses on the issues of democracy and human rights, and suggests that the Constitutional Treaty and now the Reform Treaty will improve these trust-building features. Section 1 provides some background of the history of the European Union that explains the increased need for trust and trustworthiness among Europeans and their political leaders. Section 2 gives a brief sketch of some reasons for democratic rule, constrained by human rights. Though this is widely perceived to be a characteristic feature of European rule, such claims can also be found in ancient Confucian thought. Sections 3 and 4 takes issue with some objections questioning that democracy might not be appropriate for the large and complex European order. The paper argues that these objections do not stand up to scrutiny. Section 5 concludes by considering why and how the Reform Treaty might enhance democratic accountability and human rights promotion within the EU.

Biodata

Dr. Andreas Follesdal is professor and director of research at the Norwegian Centre for Human Rights, University of Oslo. He is a member of the Council on Ethics of the Norwegian Government Pension Fund.

Analysing the Convention on the Future of Europe: Deliberation or Bargaining?[*]

Zhao Chen

When drafting the Constitutional Treaty the European Union choose a different approach by establishing a Convention composed of representatives of national parliaments, national governments, the European Parliament and the Commission. Apart from the composition it differed from the preceding treaty amending process by emphasizing deliberation whereas in intergovernmental conferences bargaining will prevail.

The chapter firstly clarifies what is the meaning of deliberation, introduces the concept of deliberation and bargain in Communicative theory and Rhetoric theory and generalizes the gauge of deliberation. The article then moves from theory to a case study, and gives a detailed account of the deliberation in the Convention in respect to structure, atmosphere and institutional setting. The author explores the reason for the shift from bargain in inter-governmental conferences to deliberation in the Convention during the European integration process. Finally, he points out the limitation of deliberation in the Convention.

Biodata

Mr. Zhao Chen is assitant Professor at the Institute of European Studies, Chinese Academy of Social Sciences.

---

[*] Special thanks to Professor Beate Kohler - Koch from the University of Mannheim; Professor Zhou Hong, director of the Institute of European Studies, Chinese Academy of Social Sciences, and Wu Xian (give position + institutional affiliation); Professor Berthold Rittberger and Dr. Thorsten Hüller both from the University of Mannheim.

The EU's External Governance: Democracy Promotion in Europe and Beyond

Berthold Rittberger and Simon Meier-Beck

This essay takes issue with one novel instrument of the EU's external governance, the European Neighbourhood Policy (ENP). The ENP is designed to structure political and economic cooperation with the EU's 'new neighbours' following the recent enlargement rounds. The design of the ENP is a reflection of the policies and political conditionality employed by the EU member states during the process of enlargement to promote domestic change and adaptation in the prospective accession countries. The focus of this essay is on the effectiveness of the EU's policy to promote democratization in the target countries through the ENP. It proceeds by discussing the effectiveness of democratic conditionality in the context of the EU's enlargement towards Central and Eastern Europe and asks whether and how democratic conditionality can be a potentially effective instrument to promote democratization and domestic change in the countries of the 'wider Europe' for whom the ENP was designed.

Biodata

Dr. Berthold Rittberger is Professor of Political Science and Contemporary History, University of Mannheim, Germany.

Simon Meier-Beck is research assistant at the Chair of Political Science and Contemporary History, University of Mannheim, Germany.

EU in ASEM: Its Role in Framing Inter-regional Cooperation with East Asian Countries

Zhang Jun

This study is an institutional analysis that aims at answering the questions: What are the underlying rules and principles of the existing structure of ASEM? What will be the impact of the operating of the institution? What do these results imply for the future relations of the two regions i. e. on ASEM and the EU? The institutional structure of ASEM is based on four main principles: (1) promoting regional integration, (2) enhancing multilateral cooperation inside and outside ASEM, (3) decentralized transnational cooperation and the promotion of issue-specific dialogue, and (4) all activities, dialogues and discussions should be based on the free will to cooperate by the members. The paper argues that these principles and the relating norms and procedures have supported the consolidation of multilateral structure in East Asia as well as the promotion of knowledge-based policy discussion. But the ASEM process has not brought about a partnership among equals; rather it put the European members in an advantageous position vis-à-vis the Asian partners. The reason is that Europeans are well-coordinated, able to mobilize more resource and equipped with relevant expertise.

Biodata

Dr. Zhang Jun is associate Professor at the Institute of European Studies, Chinese Academy of Social Sciences.

EU Energy Security Strategy and its Inspiration

Yang Guang

The EU energy security strategy has matured through 3 stages of development since the 1960s. During this process of development and perfection, it has been gradually transformed from a strategy focusing on securing the security supply of a single energy into a more integrated security strategy that is compatible with multiple but inter-acting strategic objectives such as energy security, environmental protection and the construction of a single market. This strategy is composed with an internal dimension and an external dimension. The former underlines aspects such as development of alternative energies, improvement of energy efficiency and unification of the EU internal market; while the later stresses aspects such as emergency reaction capacity based on the strategic petroleum reserves, construction of reliable international energy supply networks and broad international dialogue.

In practice, several key factors have contributed to the success of this strategy, especially policy-making based on sufficient investigation and research, successful integration of different strategic objectives, smooth implementation by mean of law, strong and adequate government intervention, and efficient dialogue and cooperation. China shares similar energy security concerns and adopts similar energy security strategies as EU countries. The Chinese energy security strategy aims at the construction of a stable, economical and clean energy system. The domestic policy emphasizes on developing national resources potential, stimulating energy saving, diversifying energy mix and protecting the environment. The external part of the strategy is based on acquiring the emergency reaction capacity by building strategic petroleum reserves, encouraging Chinese enterprises to invest abroad and intensifying international technological cooperation. Several EU approaches might help to improve China's energy security strategy, such as enhanced regional cooperation for energy security, transfer of adequate energy technologies, implementation of energy policies by imposing environmental standards, and diversification of tools of governmental intervention.

Biodata

Mr. Yang Guang is Professor and Director at the Instifute of Westasian and African Studies, Chinese Academy of Social Sciences.

The EU Crisis Management in Transformation

WU Baiyi

The internal mobilizing and organizing process of a government is taken as an important subject for the crisis management studies. It assumes that decision-making in crisis is never an isolated act but an output from the entire government system that is as complex and interactive as a network. This paper adopts this research approach to look into the EU crisis management regime, examines its contextual dynamics and constrains and analyzes its transformed concepts, norms and behavior with relevant theories of integration applied. In the ending part, it attempts to reflect on possible trends of such transformation and its implications for China.

Biodata

Mr. Wu Baiyi is Professor and Associat Director at the Institute of European Studies, Chinese Academy of Social Sciences.

EU's Conflict Resolution Policy in the Balkans

Liu Zuokui

There existed a long history of the ethnic antagonism among the Balkans' different ethnic groups. The ambition to overcome them by building the multi-ethnic nation state of Yugoslavia as well as the splitting up into smaller nation states have failed to solve them institutionally. The EU took an interest and chose an instrumental approach. The main instrument is to offer EU membership. The accession option is linked to a policy of conditionality which is based on the Copenhagen Criteria, which asks these countries to conduct a set of political, economic and legal reforms and constructions. In this way the EU tried to facilitate the economic and administrative improvements of the Balkan countries and pave the way for establishing democracy, minority rights and thus peaceful cooperation between ethnicities. The political (party) elites in the Balkan countries on their part make cost-benefit calculations between becoming an EU member and keeping the current status because EU's framework will surely change the behaviors and motivations within the antagonistic groups when doing so they have to calculate the long-term benefits of complying and short-term ones of keeping their autonomy.

Biodata

Dr. Liu Zuokui is assistant Professor at the Institute of European Studies, Chinese Academy of Social Sciences.

Dialogue Between the European Union and Latin America

Zhang Fan

Between 1999 and 2006 there have been four Summits held among the heads of state and government of the countries of the European Union and Latin America and the Caribbean, and a "strategic partnership" has been established and developed, which is only a reflection of the unique form of a far more complicated network of relationships between the two large regions. Europe-Latin America relations, which are duly dubbed "dialogues", constitute first of all one alternative for the emergence of a new international order, based on international law and institutions, as well as part of the game of geopolitics and geo-economics, based on the balance of power and the strategic competition. The dialogues between Europe and Latin America thus have served to illustrate resistance to the dangers of U. S. unilateral exercise of power, while remaining one side of the triangular transatlantic relationship, in which the U. S. is the most important partner for both of them. The main basis of the European-Latin American partnership is political dialogue and cooperation. Similar political traditions and practice as well as close historical links, cultural affinities and common values have been cited as the basic underpinning for the commitment to their inter-regional relations, and both regions share a vision of integration as an answer to global change based on interests as well as values. A procedural component of a highly institutionalized process has been exercised in the political dialogue on which EU's projection of power relies and by which adjustments of common positions in Latin America are conditioned. The dialogue between Europe and Latin America is thus a tool to spread enduring procedures to build up a multilateral order with functioning international institutions. In the past years economic factors have become increasingly significant since for most of Latin American countries the single most important policy determinant has been the pursuit of reinsertion into the global economy after their "lost decade" during the 1980s. The partnership sticks to a very general principle in the sense of promoting a multilateral rule-based economic and financial international order. Nevertheless, when it comes down to concrete matters, because of its agricultural interests the EU has faced the most severe obstacles in its relations with Latin America. The restrictions on Latin American exports, both to the EU and worldwide, by the EU's Common Agricultural policy are well known and have thus far limited its capacity to develop a truly inter-regional association. It is to a great extent that the building-up and strengthening of the relationship have not depended upon the application of policy between the two regions but upon the internal developments within each region which have had little direct connection to the other. This has been revealed by the history of Europe-Latin America dialogues, as in the case of EU's involvement in Central America Peace Process in the 1980s as a consequence of the stalled and then reactivated integration in Europe, or in the formation of an identifiable form of inter-regionalism during the 1990s following the creation of the single market in Europe and the massive structural adjustments in Latin America, or even in the stagnation of the Europe-Latin America relations since the start of the new century due to the lack of an internal foreign policy consensus in both regions.

Biodata

Dr. Zhang Fan is associate Professor at the Institute of Latin American Studies, Chinese Academy of Social Sciences.

·欧洲模式研究丛书·

欧盟治理模式

主　　编／周　弘　〔德〕贝娅特·科勒—科赫

出 版 人／谢寿光
总 编 辑／邹东涛
出 版 者／社会科学文献出版社
地　　址／北京市东城区先晓胡同 10 号
邮政编码／100005
网　　址／http：//www.ssap.com.cn
网站支持／（010）65269967
责任部门／编译中心　（010）85117871
电子信箱／bianyibu@ssap.cn
项目负责／祝得彬
责任编辑／祝得彬
责任校对／王晓蕾
责任印制／岳　阳

总 经 销／社会科学文献出版社发行部
　　　　　（010）65139961　65139963
经　　销／各地书店
读者服务／市场部　（010）65285539
排　　版／北京步步赢图文制作中心
印　　刷／北京季蜂印刷有限公司

开　　本／787×1092 毫米　1/16
印　　张／18.5
字　　数／296 千字
版　　次／2008 年 7 月第 1 版
印　　次／2008 年 7 月第 1 次印刷

书　　号／ISBN 978-7-5097-0236-9/D·0099
定　　价／45.00 元

本书如有破损、缺页、装订错误，
请与本社市场部联系更换

版权所有　翻印必究